Arne Hoffmann

Unberührt

Menschen ohne Beziehungserfahrung –
Wege zu erfüllter Liebe und Sexualität

Kreuz

Trotz intensiver Bemühungen war es dem Verlag leider nicht in allen Fällen möglich, den jeweiligen Rechtsinhaber ausfindig zu machen: Für Hinweise sind wir dankbar. Rechtsansprüche bleiben gewahrt.

Bibliografische Information der Deutschen Bibliothek
Die Deutsche Bibliothek verzeichnet diese Publikation in der Deutschen Nationalbibliografie; detaillierte bibliografische Daten sind im Internet über http://dnb.ddb.de abrufbar

Kreuz Verlag, Stuttgart
in der Verlagsgruppe Dornier GmbH
Postfach 80 06 69, 70506 Stuttgart

www.kreuzverlag.de
www.verlagsgruppe-dornier.de

Umschlaggestaltung: P.S. Petry & Schwamb, Agentur für Marketing und Verlagsdienstleistungen, Freiburg
Umschlagbild: © H. Winkler/Zefa Images
Satz: de·te·pe, Aalen
Druck: Clausen & Bosse, Leck

ISBN 3-7831-2705-X
ISBN 978-3-7831-2705-8

Inhalt

Vorwort

»I want my sun-drenched wind-swept Ingrid-Bergmann-kiss.
Not in the next life. I want it in this.«
The Beautiful South

Geht man nach den Bildern, die in vielen Medien präsentiert werden, so bedeutet Jung-Sein fast automatisch heiße Leidenschaft, wechselnde Beziehungen und hemmungsloser Sex. Tatsächlich gibt es aber eine überraschend große Zahl von Menschen, die nichts von all dem erlebt haben. *»Kein Kuss, keine Umarmung, gar nichts«* beschrieb es Peter Praschl in der Zeitschrift AMICA. *»Nur eine Sehnsucht, die sich schon gar nicht mehr wie Sehnsucht anfühlt, eher wie ein nagender Schmerz. Keine ›Ja, ich liebe dich auch‹-Telefonate, keine Verabredungen halb acht vor dem Kino, kein Händchenhalten, Knutschen, Ausziehen. Nichts davon, nur bleierne Einsamkeit.«*

Der Bundeszentrale für gesundheitliche Aufklärung zufolge umfasst die Gruppe der »Jungfrauen über 18« etwa ein Drittel dieser Altersgruppe. Manche gehören dazu bis ins vierte oder fünfte Jahrzehnt ihres Lebens. Statistisch führen sie weitgehend noch ein Schattendasein, da sie bei Umfragen schwer zu erfassen sind. Immerhin aber ergab eine Studie, die Infratest Dimap im Auftrag des Magazins »ZeitWissen« durchführte, dass fast zehn Prozent aller 30-jährigen Männer noch nie Sex hatten. Das Gewis-Institut befragte für die Zeitschrift »Laura« gleichzeitig über tausend Frauen zwischen 16 und 60 Jahren und kam dabei auf eine Rate von fünf Prozent, die ebenfalls noch nie Sex hatten. Auch eine Studie des Leipziger Sexualforschers Kurt Starke ermittelte bei rund zehn Prozent aller männlichen Hochschulabsolventen aus dem Westen fehlende Erfahrungen in Sachen Geschlechtsverkehr bis zum 29. Lebensjahr. Wesentlich mehr Informationen liegen uns bislang nicht vor: Die Sexualwissenschaft blüht zwar, untersucht aber vor allem die verschiedenen Ausprägungen von Sexualität und nicht ihren Mangel. Noch dazu dürften die wenigen vorliegenden Erkenntnisse durch eine schwer einschätzbare Dunkelziffer getrübt sein. Sich als jemand zu outen, der seit Jahrzehnten gerne Sex hätte« dieses Ziel aber noch nie erreichen konnte, ist für viele mit einem extremen Makel behaftet.

Mehrere der für dieses Buch Interviewten sagten, sie fühlten sich mit ihrer Lebenssituation wie in einer regelrechten Parallelwelt. Selbst Erotik-Ratgeber machen da keine Ausnahme, belasten die Betroffenen oft nur zusätzlich. In Katja Hertins Buch »G.i.B. – Gut im Bett« etwa geben die von der Autorin Befragten auch die Zahl ihrer bisherigen Liebhaber an: 35, 62, 80, 100 sind gängige Nennungen. Wie fühlt sich ein »Unberührter« in einer Gesellschaft, in der der partnerschaftliche Trend für viele immer mehr in Richtung Tagesabschnittsgefährte geht? Was für viele Menschen fast wie von selbst stattfindet, körperliche Zärtlichkeiten mit einem geliebten und begehrten Menschen, ist für andere ein Lebensthema, ein Lebenswunsch geworden. Jahre, ganze Jahrzehnte, in denen dieser Wunsch nicht in Erfüllung ging, werden innerlich häufig als »verlorene Jahrzehnte« abgebucht. Auf dem deutschen Buchmarkt ist die Situation dieser Menschen bislang ein Tabu. Trotz zahlloser Neuveröffentlichungen gerade im Bereich Partnerschaft und Erotik herrscht bei diesem Thema großes Schweigen. Höchstens in einer Seitenbemerkung werden die Partnerlosen allenfalls einmal erwähnt. So äußert sich der Psychologe Wolfgang Krüger in Christian Thiels Flirt-Ratgeber »Vom Fröscheküssen« folgendermaßen: *»In der Therapiepraxis erlebt man manchmal extreme Fälle, zum Beispiel Männer und Frauen, die Mitte Dreißig und noch nie eine Partnerschaft eingegangen sind. Damit habe ich in meiner Praxis gar nicht so selten zu tun. Oft ist die Lebensgeschichte dieser Menschen ein wahres Drama, in dem der Betreffende sich an irgendeinem Punkt regelrecht entschlossen hat, möglichst niemanden mehr nahe an sich herankommen zu lassen, weil Nähe in seiner Entwicklung für ihn etwas Gefährliches war.«*

Das allerdings ist nur *einer* der verschiedenen Gründe, warum manche Menschen ihr ganzes Leben lang Dauersingles bleiben, anscheinend nur zu sich selber passen. Welche anderen Ursachen es noch gibt, bleibt verborgen, weil man eben über diese Menschen und ihre Probleme nicht spricht. Sie selbst werden nicht nur in ihrem täglichen Leben ausgegrenzt, auch ihre Anliegen werden nicht thematisiert. Viele Menschen, die sich ganz selbstverständlich in mehr oder weniger festen Partnerschaften befinden, haben den Eindruck, dass diese Partnerlosen schon irgendwie selbst Schuld daran sind. Irgendetwas muss doch mit ihrem Charakter nicht stimmen, denn sonst hätten sie doch längst jemanden gefunden? Insgesamt fühlen sich viele Dauersingles als die modernen Parias unserer ansonsten mit Sex übersättigten Gesellschaft: Die neue Kaste der Unberührbaren.

Vielleicht, so spekulieren manche, ist diese Berührungsangst der »normalen« Mitglieder unserer Gesellschaft aber genau darin begründet, dass vielen von ihnen bewusst oder unbewusst eines klar ist: Es hätte vielleicht nur eine Kleinigkeit in ihrem Leben falsch oder zumindest anders laufen müssen, und sie selbst wären ebenfalls hineingefallen in dieses Loch der Einsamkeit, aus dem mancher kaum wieder heraus, sondern immer tiefer hineingerät. Denn attraktiver und begehrenswerter fühlt man sich nach Jahren und Jahrzehnten des Alleinseins nicht.

Die Angst keinen Partner zu finden, ist insofern eine Angst, die viele bedroht. *»Besonders junge Menschen setzen sich extrem unter Druck«*, wird die Düsseldorfer Ärztin Tanja Heinze von dem Internet-Gesundheitsmagazin Lifeline zitiert. *»Beim anderen Geschlecht erfolgreich sein zu wollen, kann sich fast zu einer Art Hochleistungssport entwickeln ... – mit allen negativen Folgen.«* Entsprechend häufig sind psychosomatische Erscheinungen von Schwindel bis zu Kopfschmerzen, von Orgasmusproblemen bis Impotenz. Viele Ärzte erkennen die wahre Ursache nicht.

In den Niederlanden beginnen manche zumindest damit, Lösungsversuche für dieses Problem zu erarbeiten – und ein Geschäft aus dieser Not zu machen. Für stolze 2000 Euro bietet dort die Firma Aquarion sechsmonatige Kurse speziell für männliche Jungfrauen an: Kurse, zu denen nicht nur das Lernen über Lust und Liebe und das Entwickeln von Selbstbewusstsein gegenüber dem eigenen nackten Körper gehören, sondern auch eine garantierte Entjungferung durch die weiblichen Lehrkräfte. *»Die meisten unserer Schüler sind Jungfrauen zwischen 30 und 40 Jahren«* berichtete die Firmensprecherin Marion van der Stad einer holländischen Zeitung. *»Sie sind zu scheu, eine Prostituierte zu besuchen. Wenn es endlich dazu kommt, dass sie Sex mit einer Frau haben, wollen sie es richtig machen.«* Wer den Kurs erfolgreich abschließt, kann sich in einem Aufbaulehrgang zum perfekten Ladykiller weiterbilden lassen.

In den USA bedient man diesen Markt auf andere Weise: Ein Mann, der nach langer Zeit noch immer keine Partnerin gefunden hat und die ständigen Fragen von Kumpels und Verwandten satt hat, kann sich eine »Freundin« übers Internet bestellen. Die Website imaginarygirlfriends.com stellt junge Frauen zur Verfügung, die für nicht wenig Geld privat wirkende Briefe, Mails, Fotos und kleine Geschenke übersenden und auf dem Anrufbeantworter des Einsamen Nachrichten hinterlassen. Nur persönliche Treffen finden niemals statt.

So zynisch diese Herangehensweisen wirken mag: In Deutschland nimmt man in der breiten Öffentlichkeit nicht einmal wahr, dass hier ein ernsthaftes gesellschaftliches Problem bestehen könnte. Der Einzige, der auf dieses Thema aufmerksam macht, ist ausgerechnet ein Autor aus Frankreich, einem Land, das man gemeinhin mit Erotik und Liebeskunst verbindet: Michel Houellebecq. Dass er mit seinen Titeln die Bestsellerlisten stürmte, ist wohl nicht zuletzt der Schonungslosigkeit zu verdanken, mit der er diese Wunde offen legte. *»Gegenwärtig bewegen wir uns in einem zweidimensionalen System«*, heißt es bei ihm. *»Dem der erotischen Attraktivität und dem des Geldes. Alles andere, das Glück und das Unglück der Leute, leitet sich daraus ab.«*

Man kann allerdings unberührt sein und trotzdem auf einem bestimmten Gebiet sehr erfolgreich. Glaubt man »Rowohlts bunter Liste« bzw. »Rowohlts indiskreter Liste«, dann haben einige sehr bekannte Persönlichkeiten der Weltgeschichte zeitlebens weder Partnerschaft noch Geschlechtsverkehr erfahren: Der Physiker Sir Isaac Newton zählt ebenso dazu wie der Philosoph Immanuel Kant (er brütete zweimal in seinem Leben so lange über eine mögliche Heirat, bis beide Frauen vergeben waren). Den Alice-im-Wunderland-Schöpfer Lewis Caroll zog es eher zu jungen Mäd-

11

chen hin, auch wenn er seine über hundert Freundinnen 1880 vermutlich wegen des Klatsches aufgeben musste. Der Märchenerzähler Hans Christian Andersen war unfähig, eine Frau seines Interesses zu erobern, hatte Schuldgefühle wegen seiner Selbstbefriedigung, traf sich auf einer Parisreise mit Prostituierten zum Plaudern, zeigte sich aber angewidert und schockiert, als diese weiter gehende Handlungen vorschlugen. Die Schriftsteller George Bernard Shaw und John Ruskin waren durch ihr erstes sexuelles Erlebnis dermaßen verschreckt, dass sie es nie wieder versuchten. Und der Sexualwissenschaftler Havelock Ellis machte seine ersten eigenen Erfahrungen im Alter von 32 Jahren, um schließlich eine lesbische Frau zu ehelichen.

Aber zurück in das Deutschland unserer Tage. Hier existiert in der ganzen weiten Medienlandschaft eine einzige Plattform, wo Menschen ohne Beziehungserfahrung Thema sind. Und wie die Foren für viele andere ansonsten ebenfalls öffentlich tabuisierte Gebiete befindet sich auch diese Plattform im Internet. Von 1998 bis 2005 gab es bei dem Forenanbieter Parsimony mehrere miteinander vernetzte Foren unter dem Schlagwort »Absolute Beginner«: privat organisiert und ohne professionelle Begleitung. Dort trafen sich Mitglieder beider Geschlechter (wobei sich allerdings überwiegend Männer fanden), die auch im fortgeschrittenen Erwachsenenalter noch keine Erfahrung mit Sexualität und Partnerschaft machen durften, um über ihre Probleme sowie mögliche Ursachen und Lösungen zu sprechen und einander beizustehen. Vertreten waren vor allem Menschen zwischen zwanzig und vierzig. Ab Ende 1999 fanden über 80 teils mehrtägige Treffen der Forenmitglieder statt: Treffen, die in manchen Fällen dann doch zu einer ersten Partnerschaft und häufig zu neuen Freundschaften führten. Ende 2005 kam es zu einer Auflösung der alten und einen partiellen Umzug in neue Foren (URLs siehe im Glossar).

Unter den hunderten bei Parsimony angebotenen Diskussionsplattformen lagen die der Absoluten Beginner regelmäßig ganz oben, was Besucherzahlen angeht – offenbar das Resultat aus hohen Zahlen von Betroffenen mit großem Leidensdruck zum einen und dem Fehlen jeglicher anderen Anlaufstelle zum anderen. Auch verschiedene Zeitschriften widmeten dieser Gruppierung immer wieder mal einen Artikel: 1999 die AMICA, 2001 die HÖRZU, 2004 die UNICUM, 2005 die WOMAN, und während ich dieses Vorwort schreibe, ist gerade ein Beitrag für die ZEIT in Vorbereitung. Solche Artikel, so vereinzelt sie auch waren, führten bei vermutlich nicht wenigen Lesern wohl zu der Erkenntnis, dass sie keine sonderbaren Einzelfälle sind, wenn sie noch immer keinen Partner gefunden haben.

»Geht es um die Hintergründe für die Schwierigkeiten bei der Beziehungsanbahnung, so nehmen Außenstehende zunächst vor allem äußerliche Defizite als Hauptgrund an« vermeldete Forengründer »Lion« in einer Pressemitteilung. *»Oder vielleicht eine gewisse Verschrobenheit. Bei direktem Vergleich zu den in Beziehungen lebenden ›normalen Durchschnittsbürgern‹, die auch nicht gerade mit dem Aussehen eines Topmodels gesegnet wurden, zeigt sich jedoch, dass man das Thema nicht mit dieser einseitigen Kategorisierung abhaken kann. Auch kann man bei den ›Absoluten Beginnern‹ keinen erhöhten Anteil von Egozentrikern feststellen. Menschen ohne Beziehungserfahrung sind ›Menschen wie Du und ich‹, wie Freunde und Kollegen oft feststellen können.«*

Wer sich in die genannten Foren auch nur ein wenig vertieft, wird bald feststellen, dass diese Einschätzung zutrifft. Sicherlich bemerkt man bei manchen Betroffenen auch Selbstmitleid, Bitterkeit, Wut oder eine Anklage-Haltung. Ob das die Ursache ihrer Situation ist, ihre Folge oder Teil eines verhängnisvollen Teufelskreises, sei dahingestellt. Bei – nicht wenigen – anderen findet man aber sogar eine *größere* emotionale Reife als bei den Menschen, die mit Partnerschaften Erfahrungen gesammelt haben: möglicherweise weil diese Absoluten Beginner sich viel gründlicher mit den Themen Beziehung und Sexualität auseinander gesetzt haben. Das Wissen beispielsweise, dass gemeinsame sexuelle Erfahrungen auch Verantwortung füreinander bedeuten (zumindest wenn einem etwas an dem anderen liegt), findet man dort eher als in anderen Äußerungsformen unserer Ex-und-hopp-Bäumchen-wechsel-dich-Gesellschaft.

Je mehr über dieses Thema bekannt wird, desto unsinniger wird es, es einzig und allein in einigen Internetforen zu behandeln. Die damit verbundenen Fragen sind zweifelsohne für viele interessant – nicht nur für die Betroffenen selbst. Um welche Menschen handelt es sich bei ihnen? Gibt es Dinge, die sie alle gemeinsam haben? Worin unterscheiden sie sich? Wie kommt es, dass sie niemals einen Partner gefunden haben? Könnten auch Sie zu diesen Leuten gehören, wenn einiges in Ihrem Leben zufällig anders verlaufen wäre? Welche Erfahrungen haben diese Menschen gemacht? Wie gehen sie mit ihrem Problem um – und mit der Tatsache, dass es oft nur schlimmer wird, je älter sie werden? Wie beeinträchtigt es ihre weitere Partnersuche und ihr Verhältnis zu Gleichaltrigen desselben bzw. des anderen Geschlechts? Was erwidern sie auf neugierige Nachfragen von Verwandten, Kollegen oder Bekannten? Mit welchen Hoffnungen und Ängsten sehen sie ihrem ersten Mal entgegen? Mit welchen Methoden versuchen sie, ihr Problem zu überwinden oder damit »klarzukommen«? Zu welchen vielleicht noch tiefer gehenden Folgen führt es, wenn es unbewältigt bleibt?

Eine erste Annäherung an diese Fragen soll dieser Protokollband ermöglichen. Ich würde mir jedoch wünschen, wenn er nicht die einzige umfangreichere Veröffentlichung zu diesem Thema bliebe, sondern zu weiter gehender Beschäftigung Anstoß geben würde. Denn Absolute Beginner haben mit Problemen zu kämpfen, die in den gängigen Flirtratgebern und Datingguides einfach nicht auftauchen: beispielsweise ihre gesellschaftliche Isolation, ihre Unfähigkeit, überhaupt erst sexuell aktiv zu werden, weil sie es nie gelernt haben, ihre schier unstillbare, schmerzvolle Sehnsucht oder ihre verlegene Ratlosigkeit, wenn sie nach früheren Partnern gefragt werden.

Zwei wichtige Hinweise seien zum Schluss dieses Vorworts jedoch noch erwähnt, um Irreführungen zu vermeiden:

- Die Menschen, die sich in diesem Buch äußern, sind keinesfalls repräsentativ für die Gesamtheit der Absoluten Beginner. Es handelt sich schlicht um diejenigen, die für tiefer gehende Interviews bereit waren. Das waren naturgemäß nicht selten Menschen mit einem besonders hohen Leidensdruck – und genügend freier Zeit für wochenlange Befragungen per E-Mail. Jemand, der mit 40 noch keinen Partner hatte, sich damit aber rundum glücklich fühlt, wird sich eher nicht in einem Forum zu diesem Thema aufhalten, geschweige denn seine Zeit für ein solches Buchprojekt zur Verfügung stellen. Auch äußern sich auf diesen Seiten überwiegend Männer, trotz meiner hartnäckigen Versuche auch Frauen zu ermutigen, was ebenfalls zu einer gewissen Einseitigkeit und Verzerrung führen mag.
- Der Titel dieses Buches, »Unberührt«, verweist weit mehr auf eine rein sexuelle Ebene, als diesem Thema gerecht wird. Eigentlich geht es um den Bereich Partnerschaft und Beziehungen. Jemand kann reichlich sexuelle Erfahrung haben und dennoch Absoluter Beginner sein und darunter leiden.

Auf den folgenden Seiten stellen einige dieser Absoluten Beginner sich, ihre Erfahrungen und ihre Probleme ausführlich in eigenen Worten vor. Am Ende des Buches wird aus diesen und anderen bei der Recherche gesammelten Texten ein Fazit gezogen: Wie entwickelt man sich zum Absoluten Beginner? Welche Schwächen in unserer Gesellschaft tragen dazu bei? Und wie kann man sich selbst in fortgeschrittenerem Alter noch aus dieser Situation befreien?

Allen Mitwirkenden gebührt, nicht zuletzt für ihren Mut, mein herzlichster Dank!

Arne Hoffmann
im Januar 2006

Menschen ohne Beziehungserfahrung – Protokolle

Aik: »Ich bin die Gebrauchsanweisung eines Videorekorders.«

Aik, 25, beschreibt sich als »Ex-Graffiti-Terrorist, Teilzeitdesign-künstler, Fronveteran auf dem Ablehnungssektor des Partner-marktes und Einsamkeitsüberlebender«. Seine Mailadresse ist: aik_juramentado@yahoo.de.

Das erste Mal fiel mir meine fehlende Sozialkompetenz in der dritten oder vierten Klasse auf. Ich kriegte mit, wie ein Kumpel von mir mit einer Klassenkameradin redete. Mir fiel auf, dass das anders war. Mir war klar, dass ich anders bin. Dass ich nie so mit einem Mädchen reden könnte. Es war die Art und Weise. In-haltlich erinnere ich mich an nichts. Ich war zu jung, um das Wort »Flirt« zu kennen, aber ich entdeckte, dass es eine Form zwischenmenschlicher Kommunikation gibt, die ich nicht be-herrschte. Auffällig war, dass der besagte Kumpel ein anderes Verhältnis zu seinen Eltern hatte als ich. Es war positiv. Bei ihm. Bei mir nicht. Im Laufe der Pubertät wurde es noch mal richtig deutlich. Ich war frühreif und interessierte mich wesentlich früher für Frauen als die Jungen aus meiner Umgebung. Dadurch konnte ich besser beobachten. Ich sah, wie es bei den anderen klappte. Bei mir nicht. Als erstes entdeckte ich meine Angst, wo bei den anderen alles locker dahinfloss. Nach der Angst erlebte ich mit ungefähr 14 während einer stationären Therapie das nor-male Zusammenkommen verschiedener Geschlechter, während ich nur Außenseiter war. Es lag nicht daran, dass ich schüchtern war. Ich war anders. Das war das Problem. Angstüberwindung brachte mir nichts. Wenn ich die Gründe ausführe, wird das zu lang. Einen richtigen Einblick will ich durch ein geplantes Buch ermöglichen. Kindheit. Jugend. Seelenmüll. Die Folgen.

Kurzgefasst: Am Anfang war die Angst. In der Jugend war ich zu schüchtern, um mich Frauen mitzuteilen. Ich war bekannt.

Überall. Aber asexuell. Ungefähr ab 16 fing ich damit an, auf Frauen zuzugehen. Dann kam die Ablehnung. Die totale Ablehnung. Total heißt pur. Pur wie Schnee. Rein. Klar. Ohne Verschmutzung. Ohne Ausnahme. Ergebnis: Eine perfekte Null. Eine Null hat keine Ecken. Keine einzige. Das heißt nichts anderes, als dass ich keinerlei Interesse auslösen konnte. Nichts. Ein Beispiel: Ich war 15 und auf einer Privatparty mit einem Kumpel. Neben uns auf einer Matratze saßen zufällig zwei Mädchen. Mein Kumpel ging irgendwie mit der einen in den anderen Raum. (Er wurde auch von ihr angesprochen, als sie sich neben uns setzten). Die andere saß nun mit mir da. Entsetzter Gesichtsausdruck. Nervöses Umhergucken. Sie stand auf und lief alleine weg. Das ging blitzschnell. Ich kam zeitlich noch nicht mal dazu sie anzusprechen oder sonst was. Woran lag es? Woran liegt es? Vielleicht sollte man dafür Frauen befragen. Ich wecke in Frauen keine Emotionen für mich. Ich bin ein Neutrum. Ein Kumpel. Ein Bekannter. Kein potenzieller Partner. Kein Sexobjekt. Ich löse nichts aus. Kein Kribbeln. Kein gar nichts.

Bei meiner Therapie ging es um einen Suizidversuch und Depression. Ich sag´s mal so: Ich war bereits mit 13 so vereinsamt, dass ich mich umbringen wollte. Dann habe ich überlebt. Warum, ist eigentlich kaum erklärlich. Die Rückmeldungen, die ich erhalte, lauten: Freak. Ich bin merkwürdig. Mich finden Menschen nicht abstoßend oder unsympathisch, sondern nur merkwürdig. Diese Merkwürdigkeit führt bei Frauen dazu, dass sie nichts empfinden. Heute geht es mir beschissen. Pures Überleben. Ich behaupte mal, dass sich manch anderer in meiner Situation schon längst umgebracht hätte. Was mich davon abhält, sind erreichbare Ziele, für die ich selbst die Verantwortung trage. Urlaube und so. New York, LA … Irgendwie gibt es immer etwas, was man noch »vor dem Tod« erledigen muss. Ach ja, ein Buch schreiben. Es gibt kleine Selbstverbesserungsideen, aber im Großen und Ganzen gibt es keine konkrete Hoffnung. Es ist eine Hoffnung in absoluter Ungewissheit. Es ist keinesfalls Optimismus. Es ist der Glaube daran, dass selbst das Beschissene auf der Welt nicht perfekt ist. Mir ist aber ständig bewusst, dass das nur eine Kompensierung ist. Es gibt kein Entrinnen vor der Einsamkeit.

Ich bin in Therapie. Einerseits von der Krankenkasse gesponserte Therapie gegen Sozialphobie, andererseits besuche ich Seminare der schamanischen Therapie. Bringt beides nicht viel, wobei bei der Indianersache andere Blickwinkel entstehen. Darüber reden kann ich mit einem Freund. Meine Schwester weiß eigentlich auch Bescheid. Gemeinsames Wissen nützt aber nichts, wenn keine Änderung möglich ist. Was mir in dieser Situation die Foren bringen? Was bringt es einem Musiker, über seine vergangene Liebe ein Lied zu schreiben? Da sind wir schon beim Thema. In der gesamten Musik oder auch in Filmen geht es fast immer um Liebe oder um Sex. Selbst in einem Actionfilm, wo haufenweise Blut spritzt und Explosionen in Dolby Surround dein Trommelfell zerfetzen, kommt irgendwann eine attraktive Frau vorbeigewatschelt, die der Held in Rittermanier erobert oder einfach nur wegfickt.

Liebe und Sex ist überall. Selbst ohne Medien bist du davon ständig umgeben. Es gibt keine Fluchtmöglichkeit davor. Schau dir uralte Ölgemälde an. Auch dort geht es sehr häufig um die Darstellungen von Erotik. Selbst in Kirchengemälden. Schau dir Jesus am Kreuz an. Er ist abgemagert, aber trotzdem ästhetisch. Er hat keine starke Körperbehaarung, keine schiefe Nase oder Hautunreinheiten. Selbst Jesus ist irgendwie schön. Die Engel sowieso. Ihre Flügel sind weiß wie Schnee. Ihre Gesichter perfekt.

Die Realität sieht aber für einige Menschen anders aus. Jenseits der existierenden Liebe oder des ausgelebten Sexualtriebes gibt es noch Menschen, die »am Leben« nicht teilnehmen. Es ist eine Art Parallelwelt. Warum lese und schreibe ich in unseren Foren? In der normalen Umgebung wird mir ständig vorgeführt, dass ich nicht dazugehöre. Schließlich nehme ich an den normalen Alltäglichkeiten nicht teil. Ein Forum ändert das nicht, aber auf eine etwas kranke Weise vermittelt es Geborgenheit, die durch gewisse Gemeinsamkeiten entsteht, wohingegen in der Gegenwart normaler Menschen nur das Gefühl der eigenen Fremdartigkeit dominiert. Zurück zu dem Musiker. Es bringt einem Musiker nichts, wenn er ein trauriges Lied über seine vergangene Liebe präsentiert. Die Liebe ist dahin. (Schade eigentlich.) Er tut nichts anderes, als seinen Schmerz rauszulassen. Der Schmerz, der zunächst negativ war, wurde in etwas Positives sublimiert. Ich denke, der Fakt sieht so aus: Die meisten haben Sehnsucht nach Liebe, Geborgenheit oder auch einfach nur nach Sex. Da sie diese Sehnsucht nicht befriedigen, sammelt sich Frust, der dann in schriftlicher Form rausgelassen wird. Das kann auf völlig unterschiedliche Weise geschehen. Sublimierung kennt keine Grenzen. Was mich aufbaut, ist zu sehen, wie andere einen ähnlichen Zustand überleben.

Wie wohl mein Leben in einigen Jahren aussehen wird? Böse Frage. Genauso geht schlecht, da ich es nicht aushalten würde. Wie lange ich es noch aushalte, weiß ich nicht. Der Gedanke an meine Zukunft macht mir Angst und Depressionen. Was ich mir wünschen würde? Gelassenheit. Das Absterben von Bedürfnissen. (Oder auch nicht?) Natürlich wäre es schön, wenn Bedürfnisse befriedigt werden. Wer sie erst gar nicht hat, wird auch nicht enttäuscht. Alleinsein ohne Einsamkeitsgefühl. Glücklich ohne Partner. Der Vorzeigesingle. Sag JA zur Masturbation. Wer keine Bedürfnisse hat, ist frei. Wenn Wasser und Brot dich trotzdem glücklich lächeln lassen, dann bist du perfekt. Unantastbar. Problem ist nur, dass es nicht funktioniert. Bei mir. Die Sehnsucht ist zu groß.

Frauen. Sie sind normal. Gewöhnlich. Ein Produkt der Evolution. Sie funktionieren so, wie es ihnen die Evolution einverleibt hat. Sie erfüllen die Anforderungen des Überlebens der Gattung Mensch. Lass dich von einem starken Mann ficken. Werfe ein paar Junge. Produziere durch harte Selektion gutes Genmaterial Die Menschheit überlebt. (Wozu eigentlich?) Wer sich als Weibchen einem starken anpassungsfähigen Männchen unterwirft, hat höhere Überlebenschancen. Der Nachwuchs dann auch. Alle

Lebewesen verfahren so, auch der Mensch. Auch die Frau. Verurteilen kann ich das nicht.

Wäre es anders, wäre ich nicht hier. (Wäre das wirklich schlimm?) Frauen fehlt der Mut zum Misserfolg. Sie haben zur Entwicklung der Menschheit wenig beigetragen. Sie haben nur das unterstützt, was Männer sich ausgedacht haben. Nicht alle. Klar. Frauen, die Großes geleistet haben? Bildungsdefizit. Mir fällt jetzt nur Mutter Theresa ein und eine Forscherin, die irgendwo Gorillas gerettet hat. Das ist gut, aber erkennst du den Unterschied? Männer zerstören und schöpfen, Frauen erhalten. Die Zeiten ändern sich. Dinge, die Frauen erschaffen haben, häufen sich. Trotzdem fällt mir weiterhin auf, dass Frauen ungern irgendwo anecken. Ihr Trieb nach Anpassung ist zu stark ausgeprägt. Individualität ist ohnehin vom Aussterben bedroht und bei Frauen weitaus weniger vorhanden.

Wenn ich über Frauen nachdenke, empfinde ich Sehnsucht und Enttäuschung. Auf der einen Seite gibt es Dinge, die mich anziehen, auf der anderen Seite ist da nur pure Langeweile. Kein Überraschungseffekt. Alles ist an seinem Platz. Alles folgt einem Muster. Wir überleben, weil wir uns anpassen. Wer sich anpasst, verändert nichts. Frauen hinterlassen keine Spuren. Auch keine negativen. Schön für die Welt. Langweilig für mich. Wenn ich noch mehr darüber nachdenke, kann ich für das männliche Geschlecht auch keine wirkliche Begeisterung empfinden.

Ehrlich gesagt mag ich Menschen nicht. Tiere auch nicht. Es ist kein Hass. Es ist einfach keine intensive Faszination vorhanden. Alles funktioniert so, wie es funktionieren soll. Die Langeweile beginnt, wenn ich aus meinen Träumen in der Realität erwache. Wünschen würde ich mir: weniger Zögern. Keine Hemmung. Kein Bedürfnis nach Erfolg. Einfach nur das Bedürfnis zu handeln.

Das Spiel der Geschlechter? Die Frau sucht aus. Selektion. Der Mann macht den Hampelmann. Kuck dir die Tierwelt an. Das ist lächerlich. Tanzende Vögel. Zwitschern. Quakende Frösche mit fetten Blasen. Protzige Hirsche. Merkwürdige Geräusche. Gorillas, die sich wie Geistesgestörte auf die Brust klopfen. Arrogante Hähne mit prunkvollem Federkleid. Proletentum. Südländer mit Goldketten. Typen in teuren Autos. Bodybuilder in Muskelshirts. Finanzberater in teuren Anzügen. Tolle Tänzer. Agenten mit charmanten Sprüchen. Türsteher mit ernstem Gesichtsausdruck. Ein einziges Kasperletheater. Alle machen mit. Man will schließlich Erfolg haben. Nutten, die Geld verdienen wollen. Herdentrieb. Frauen sitzen in der Jury. Du bist attraktiv. Herzlichen Glückwunsch. Du bist nicht attraktiv. Tut uns Leid. Wer am besten funktioniert, gewinnt. Derzeit würde ich das Spektakel des Partnermarktes mit einem Entwurf eines Architekten vergleichen. Besser gefallen würde mir dagegen ein Bild von Salvador Dali.

Wenn ich beispielsweise Kontaktanzeigen durchlese, kommt es mir so vor, als wenn diese eine kleine Gruppe von fünf bis zehn Leuten verfasst hat. Mehr nicht. Vielleicht ist wirklich jeder Mensch einzigartig, aber für meinen Geschmack haben Menschen zu viele Gemeinsamkeiten. Ich weiß nicht, wie oft ich schon gelesen habe, dass Frauen einen Mann wollen, der größer als sie ist. Mindestens 1,80 groß. Wie groß auch immer. Natürlich gibt es Paare, wo der Mann kleiner als die Frau ist, aber mir ist keine einzige Frau bekannt, die besonderen Gefallen an kleinen Männern findet. Ich wünsche mir ein wesentlich breiteres Geschmacksspektrum. Neben dem Geschmack sollten sich auch die Verhaltensweisen in ein breiteres Spektrum entwickeln. Der linksbündige Flattersatz ist mir übrigens schon wichtig.

Ich habe in meinem Leben mehr Filme gesehen als Bücher gelesen. Meine Texte sind als begleitender Monolog zu Bildern gedacht. Mal ein Beispiel: Am Mittwoch, dem dritten Tag einer neuen Woche, von der ich mir viel erhoffte, sah ich die Frau meines Begehrens wieder. Sie trug ihr blondes Haar offen und durch die leichte Frühlingsbrise wirkte es wie ein Beet voller goldener Tulpen, die sich sanft der Bewegung des Windes anschmiegten. Der Anblick ihrer wohlgeformten Brüste machte die gesamte Schöpfungskraft Gottes deutlich.

Sollte ich mal in diesem Stil schreiben … bitte erschießt mich! Tötet mich ohne zu zögern. Anders: Es war Mittwoch. Zwei Tage einer weiteren Scheißwoche hatte ich erfolgreich überlebt. Tag Drei. Ich sah sie. Sie, die Frau, für die ich sinnloses Begehren verschwendete. Sie trug ihr blondes Haar diesmal offen, und es erinnerte mich irgendwie an diese dämliche Werbung für dieses Haarspray. Dreiwettertaft. Nur dass sie natürlich besser aussah. Titten. Die waren gottmäßig. Bei näherer Betrachtung könnte man fast dazu tendieren, all seine Porno-DVDs auf einem Flohmarkt zu verscherbeln, da sie in der Relation gesehen nur minderwertige Wichsvorlagen darstellen. Wenn ich so schreibe, ist alles in Ordnung. Halbwegs.

Wenn eine Frau tatsächlich (unter starken Medikamenten) Gefallen an irgendetwas an mir findet, muss sie davon ausgehen, dass ich auch das genaue Gegenteil davon bin. Psychologisch betrachtet suche ich das bei einer Frau, was ich in der Kindheit nicht erhalten habe. Liebe und Geborgenheit. Das muss aber gewiss nicht so weit gehen, dass ich übermäßig gehätschelt werden muss. So nach dem Motto, dass ich immer bekocht werde und man mich behandelt, wie einen Typen, der noch mit 40 Jahren bei Mutti wohnt. Irgendwie bin ich noch der Vierjährige, der seine Mutter braucht. Zeitgleich sollte die Partnerin aber auch mein bester Freund sein und ein maskulines Verhalten wie ein Kumpel an den Tag legen. Ach ja, dann gibt es noch etwas, was man als sexuelles Miteinander bezeichnen könnte. Das sollte schon möglichst oft und in diversen Varianten stattfinden.

Was ich in die Beziehung einzubringen hätte? Einen prächtigen Schwanz und eine gute Kondition. Das sollte auch reichen. Falls nicht, was wäre da noch? Ich denke, dass ich auch das bieten kann, was ich selbst brauche. Eine Partnerin hat für mich einen sehr hohen Stellenwert. Ihre Bedürfnisebene dürfte im Bereich Liebe und Geborgenheit mit Sicherheit überversorgt werden. Wer das nicht braucht, kann sich auch gleich verpissen. Leidenschaft. Auch wenn ich sehr nachdenklich und verkopft bin, kann ich zugleich temperamentvoll sein. Monotonie, Routine und Langeweile ist bei mir wahrscheinlich nicht zu befürchten, da meine Persönlichkeit breit gefächert ist.

»Wer aufhört besser zu werden, hört damit auf gut zu sein.« Das ist auch eine Lebensphilosophie von mir. Alltagstrott treibt mich in den Wahnsinn.

Bei den meisten ABs (siehe Glossar), die ich kenne, fällt mir eine Gemeinsamkeit auf. Oder auch mehrere. Zunächst wäre da Asexualität. Viele wirken so, als ob sie kein Interesse an sexuellen Aktivitäten haben. Sie strahlen nichts aus. Sie vermitteln nichts. Das fängt damit an, dass einige in einem Outfit herumlaufen, mit dem ich noch nicht mal Zigaretten holen würde. Der Kippenautomat befindet sich übrigens direkt neben der Haustür. Okay, leicht übertrieben. Nachts hole ich auch im Schlafanzug Zigaretten. Sie haben kein Verhältnis zu ihrem Körper. Beispiel. Vor Ewigkeiten meinte eine Frau ohne Beziehungserfahrung in einem Chatfenster auf meine Frage, ob ihre Muschi rasiert ist, dass sie das nicht tut, da sie ja keinen Freund hat. Viele denken: »Auf den Charakter kommt es an!« Dabei vergessen sie aber die alte Weisheit: »Das Auge isst mit.« Optisch präsentieren sich viele einfach nur schlecht. Als Ursache kann man dies aber nicht unbedingt sehen. Dafür sind einige zu gut gekleidet, und schließlich gibt es auch Normalos, die rumlaufen wie Blinde, die sich selbst Klamotten kaufen. Auffällig ist, dass viele sich für »technische« Dinge interessieren. Die Informatikerfraktion ist stark vertreten. Ich denke, es wird mehr auf den Verstand geachtet als auf die Gefühlsebene.

Etwas Deutliches fiel mir einmal auf, als ich erst auf einem Internettreffen war und anschließend zu einem AB-Treffen ging. Andere nonverbale Kommunikation und auch andere verbale Kommunikation. Bei den Normalos war Bewegung. Energie. Es wurde wild durcheinander geredet, ständig setzten sich die Leute um oder standen sogar. Einige gingen zur Bar, andere nach draußen.

Der Unterschied wurde extrem deutlich, und es war fast ein Schock für mich, als ich später zu dem AB-Treffen ging. Es war stiller. Ruhiger. Fast schon tot. Ohne den Vergleich wäre mir das nicht aufgefallen. Die Leute benahmen sich hier eher wie in einem feinen Restaurant. Wenn jemand sprach, redete niemand dazwischen. Mir war das fast unheimlich. Körpersprache. Die gab es nicht. Alle saßen wie Figuren am Tisch. Still. Bewegungslos. Tot. Natürlich gab es Unterhaltungen, aber mich erinnerte das an ein Treffen von Parkinsonkranken. Ich will nicht sagen, dass alle sehr verkrampft sind, aber ABs vermitteln keine Emotionen. Während Schüchterne sich unsicher mitteilen, teilen sich ABs selbstsicher gar nicht mit. Für einen normalen Menschen ist die Schüchternheit eines ABs nicht erkennbar. Er wirkt »technisch« und »unmenschlich« wie ein Roboter.

Die Gemeinsamkeit dieser Leute mit mir wäre die Erbärmlichkeit bei der nonverbalen Kommunikation. Ich denke, dass ich mich da schon positiv vom Durchschnittsbeziehungslosen unterscheide. Das Problem beschränkt sich bei mir auf das weibliche Gegenüber. Mir fehlt die Fähigkeit, bei einer Frau das erforderte Verhalten an den Tag zu legen. Da ist meine Körpersprache beschissen. Man merkt es mir nicht an. Die Frau merkt nichts. Genau das ist das Problem. Die Frau merkt nichts. Sie spürt nichts. Ich bin die Gebrauchsanweisung eines Videorekorders. Asexuell.

Ich war gewiss nicht der Stille in der Klasse. Oft musste ich neben dem Klassenstreber sitzen, damit ich den Unterricht nicht störte. Ich war der Einzige auf der Schule, der einen Mantel trug. Während sich meine Klassenkameraden in der Achten nicht aufs Klo trauten, weil sie Angst vor den mobbenden Zehntklässlern hatten, hing ich mit ihnen ab. Ja, jetzt beginnt fast die Nostalgie. Der Schein trügt.

Irgendwann begann jeder damit, dem anderen Geschlecht näher zu kommen. Der größte Trottel, der langweiligste Streber, das hässlichste Mädchen im Strickpullover. Alle. Außer mir. Ich war unter Menschen. Und weit weg. Heute ist es nicht anders.

Simon: »Es tut weh, die Realität zuzulassen.«

Simon, 25, studiert Physik.
Seine Webadresse ist mab_1978@hotmail.com.

So richtig bewusst wurde mir mein AB-Zustand (siehe Glossar) erst im Studium. Ich hatte zwar auch in der Schulzeit keinerlei Beziehungen, jedoch war ich damit in meinem Freundeskreis nicht allein. Andere hatten dasselbe Problem und somit war ich zwar schon damals recht bedrückt über die Situation, jedoch nicht ganz isoliert. Aber einer nach dem anderen meiner Freunde ist dann doch eine Beziehung eingegangen, zwar auch als »Spätzünder«, aber immerhin. Als dann noch mein letzter enger Freund eine Beziehung gefunden und somit für mich kaum noch Zeit hatte, da war mein AB-Zustand praktisch besiegelt. Alle Bemühungen seither, diesen zu beenden, sind fehlgeschlagen.

Ich glaube, meine Erfolglosigkeit liegt in erster Linie am Aussehen. Die Gesellschaft legt beim Thema Aussehen eine erstaunliche Doppelmoral an den Tag: Es gibt eine »politisch korrekte« Version davon; das ist die, die laut ausgesprochen wird: Das Aussehen zählt nicht, nur die so genannten »inneren Werte« zählen, auf den Charakter kommt es an und so weiter.

Gehandelt wird aber völlig anders: In fast allen Fällen wird der besser Aussehende bevorzugt, das ist das primäre Wahlkriterium. Erst im Anschluss werden dann tatsächlich Merkmale wie das Auftreten, Charakterzüge und Persönlichkeit hinzugezogen. Wer jedoch beim primären Wahlkriterium *Aussehen* nicht bestehen kann, dem wird gar nicht erst die Chance gegeben, auch nur irgendeine andere Eigenschaft zu seinen Gunsten zu zeigen. Wichtig scheint mir hierbei zu erwähnen, dass es ein Irrglaube ist, Frauen würden bei Männern kaum auf das Aussehen achten.

In Wirklichkeit tun sie es in mindestens gleich brutaler Weise, wie es Männer umgekehrt bei Frauen tun.

Da es jedoch gesellschaftlich verpönt ist, dies öffentlich zuzugeben, lügt man sich selber etwas vor: Die erwählte Person hat natürlich *nur* durch den besonderen Charakter überzeugt, dass sie auch gut aussieht, ist Zufall. Gleichfalls umgekehrt: Wird eine Person wegen des Aussehens abgelehnt, so basteln sich viele eine Entschuldigung zurecht: Die charakterlichen Eigenschaften haben angeblich nicht gestimmt oder dergleichen. Derjenige, der nun wirklich schlecht aussieht, stößt mit der Behauptung, es liege an seinem Aussehen, leider nur auf Kopfschütteln: Schließlich behauptet ja öffentlich jeder, das Aussehen sei nur zweitrangig, unwichtig gegenüber dem wahren Kern der Persönlichkeit. Es wird als »billige Ausrede« abgetan, die bezweckt, die eigenen Verhaltensweisen nicht ändern zu müssen.

Ich hatte in meiner Schulzeit ein Gesicht voller Pickel, eine dicke Brille und keine Markenklamotten – damit stand ich in der brutalen Sexualhierarchie ganz unten.

Natürlich liegen die schlechten Erfahrungen, die ich machen musste, nicht *nur* an meinem Aussehen. Bedingt durch die jahrelange Ablehnung habe ich entsprechende Minderwertigkeitskomplexe entwickelt und führe ein recht introvertiertes Dasein. Dies wirkt sich nun noch verstärkend auf die AB-Problematik aus – es ist also gewissermaßen ein Teufelskreis. Um diesen zu durchbrechen, muss ich quasi Selbstbewusstsein aus dem Nichts schöpfen. Bei mir hat dies dazu geführt, dass ich mir durch verbissenes Leistungsstreben im Hobbybereich oder im Studium eine Quelle des Selbstwertgefühls auftun wollte – im Prinzip eine neurotische Verlagerung meines Strebens. Erfolg bei den Frauen hat mir das nicht eingebracht.

Des Weiteren war ich bemüht, besonders verständnisvoll auf Frauen zuzugehen, gut zuzuhören und selber Gefühle zu offenbaren – dies hat (wie sollte es anders sein) stets zur viel zitierten Kumpelschiene geführt: Guter Freund ja, Beziehung nein!

Im Moment bin ich daher bemüht, mein Auftreten zu »überarbeiten«: Selbstbewusst, selbstsicher, bestimmt und männlich soll es sein. Eine Beziehungspartnerin zu finden ist keine Frage des guten Charakters oder des Nettseins, sondern es kommt auf die männlich-erotische Ausstrahlung an. Wer gut aussieht, hat damit ohnehin kein Problem. Er braucht sich über solche Fragen gar nicht den Kopf zu zerbrechen, es klappt von alleine. Für ihn klingen solche Theorien vielleicht sogar einfach lächerlich. Menschen wie ich müssen jedoch erotische Ausstrahlung erst erlernen.

Der Schlüsselgedanke, der (nicht nur) mir kam, ist der folgende: Man darf Frauen die Eigenschaften, die sie von potenziellen Partnern immer wieder fordern (zum Beispiel auch in Kontaktanzeigen) nicht glauben! Das *bewusste* Denken bewegt sich im politisch korrekten Bereich, gehandelt wird aber intuitiv, auf einer unbewussten Ebene.

Betrachten wir also mal ganz konkret, was von Frauen üblicherweise gefordert wird: Der Mann soll kein Macho sein, auf keinen Fall arrogant, er soll zuhören können, sich Zeit nehmen für sie, auf sie eingehen, er soll ein guter Gesprächspartner sein. Außerdem soll er auch selbst mal Gefühle zeigen. Das Aussehen ist angeblich unwichtig. Nachdem ich nun jahrelang genau diese Eigenschaften gezeigt habe und versucht war, auf den ganzen Menschen einzugehen, aber stets nur auf Ablehnung gestoßen bin oder – fast noch schlimmer – als seelischer Mülleimer missbraucht wurde, da dämmerte es mir allmählich, dass ich da wohl einiges falsch mache.

Und auch mir ist es immer wieder aufgefallen, wie sich die Frauen lieber für Kerle entschieden haben, die gerade diese Eigenschaften *nicht* aufweisen. Sondern sie haben sich lieber für arrogante, selbstverliebte Männer entschieden, bloß um sich dann bei mir auszuweinen, wie schlecht diese sie behandeln würden – ein Schicksal, das ich mit zahllosen anderen männlichen ABs teile. Kaum einer, der dieses Szenario noch nie erlebt hat! Als Trotzreaktion liest man immer wieder, man müsse ein Arschloch sein, um Erfolg bei Frauen zu haben.

Mir war es jedoch lieber, das Ganze mal etwas feiner zu analysieren. Das Ergebnis meiner Gedanken: Wenn es um die Anbahnung einer Beziehung geht, dann zählt allein die erotische Anziehung, die man auf das andere Geschlecht ausübt. Diese hat nichts mehr mit einer bewussten Entscheidung zu tun, sondern ist vielmehr instinktiv im Menschen verankert, ein Relikt aus der Urzeit sozusagen. Wobei dies keineswegs heißt, Charaktereigenschaften, wie sie stets gefordert sind, besäßen überhaupt keine Bedeutung. Allerdings ist die *Reihenfolge* anders als oftmals angenommen wird: Gemeinhin denkt man, man müsse am Anfang besonders aufmerksam und liebenswürdig sein, werden die Gefühle schließlich von der Frau erwidert, so sei die »Arbeit« vorbei, die Beziehung biete eine Art stabiler Toleranzzone, die wenig anfällig ist für egoistische Verhaltensweisen. Paradoxerweise ist es umgekehrt: Gerade am Anfang muss man mit an Arroganz grenzender Selbstsicherheit agieren, stets ein männliches Verhalten an den Tag legen. In der Beziehung selbst sind dann jedoch erwähnte »innere Werte« unabdingbar und überaus erwünscht. Von Frauen wird das gerne als »den Mann zähmen« wahrgenommen – zunächst das wilde Tier, das aber durch die Liebe zur Frau zum Schmusekater mutiert.

Wie also muss ich mich am besten verhalten, möchte ich einmal eine Beziehungspartnerin für mich gewinnen können? Erotische Ausstrahlung gewinne ich durch männlich-markantes Verhalten, das auf Dominanz im sozialen Gefüge schließen lässt. Wichtigstes Merkmal dabei ist absolute Selbstsicherheit. Es ist keineswegs schädlich, wenn man ab und zu die Grenze zur Arroganz überschreitet. Es gilt, den Beweis zu erbringen, dass man ein eigenes Leben führt, einen eigenen, großen Freundeskreis hat, weiß, was man will und dies auch durchsetzt.

Zudem sind psychische Probleme unerwünscht. Der größte Fehler, den Unbedarfte häufig machen, ist »Bedürftigkeit« nach Liebe auszustrahlen – ein sicheres Ausschlusskriterium für fast alle Frauen. Ich muss also selbstbewusst sein, stets zum Ausdruck bringen, dass ich auf die Liebe einer Frau nicht angewiesen bin, da ich ja mitten im Leben stehe und mit meinem Dasein auch vollkommen zufrieden bin, so wie es ist. Psychische Probleme wie Depressionen oder Ängste dürfen in der Anfangsphase nicht angesprochen werden. Wer sich all dies stets vor Augen hält, der wird eine gute Orientierung für seine Handlungen haben. Es ist nicht so, dass ich dies alles unbedingt schön finden würde. Allerdings ist unsere Gesellschaft nun mal so, und es bleibt mir nichts, als diese Regeln hinzunehmen.

Liebe in Deutschland ist – zumindest was die Anbahnung dieser anbelangt – nicht ein Zuwenden seiner Person zu einem anderen Menschen, ein Annehmen dieser Person ohne einen anderen Zweck als den der Liebe selbst. Sondern Liebe ist vielmehr eine narzisstische Selbstbestätigung, ein Abstecken seines Ranges durch ein prestigeträchtiges »Besitztum« in Form eines Beziehungspartners.

Allerdings ist dies kein rein deutsches Problem, sondern tritt vielmehr überall dort auf, wo ein vollkommener sexueller Liberalismus vorherrscht, also insbesondere im westlichen Europa und in Nordamerika.

Verschärft wird die Problematik für Männer durch einen Männerüberschuss in den relevanten Jahrgängen sowie durch eine in Deutschland übers Ziel hinausgeschossene Frauenbewegung. Diese hat zu einer enormen Verunsicherung unter jungen Männern geführt. Die Frage »Wer bin ich?« beziehungsweise »Wie soll ich sein?« lässt sich nicht mehr schlüssig beantworten, jede Option scheint falsch. Männer sind nicht selten verschüchtert. Die Omnipräsenz von Meldungen über »sexuelle Belästigung« von Frauen sind oft im eigenen Denken vorhanden, das Ansprechen einer unbekannten Frau wird nicht einmal mehr erwogen. Diese Angst ist für hässliche Männer durchaus berechtigt: Ein Vordringen in die Privatsphäre einer Frau wird ihnen wesentlich schneller als Belästigung ausgelegt, als dies bei einem attraktiven Mann der Fall wäre, dem dasselbe Verhalten häufig sogar positiv als soziale Aufgeschlossenheit angerechnet wird. Der Feminismus ist nicht gerecht; die »Political Correctness« verbietet uns jedoch, dies offen auszusprechen.

In gewisser Weise machen mich die Frauen in Deutschland schon ein bisschen wütend. Ich möchte und kann an dieser Stelle nicht über *alle* deutschen Frauen sprechen und alle über einen Kamm scheren. Jedoch gibt es gewisse Tendenzen, die mich durchaus ärgern. Dabei ist es gar nicht mal das stark auf die Optik ausgerichtete Selektionsverhalten, welches mich primär stört – dies ist zwar oberflächlich, aber dennoch nachvollziehbar, wenn man sich vorstellt, eine gewisse Wahlfreiheit zu besitzen. Es liegt mir fern, mich moralisch als höher stehend anzusehen. Was mich aber dennoch ärgert, ist diese Verlogenheit. Es ärgert mich maßlos, wenn Frauen immer wieder behaupten, sie achten nur auf Charakter und Persönlichkeit, aber gänzlich anders handeln. So erfordert es von einem deutschen Mann ein enormes Maß an Selbstvertrauen und Mut, eigene Gedanken einer übermächtigen PC-Bewegung (siehe Glossar) entgegenzusetzen und die Gesellschaft zumindest mitverantwortlich zu machen für sein Scheitern, stets in der Gefahr, von ebenfalls pc-verdorbenen Psychologen einer schweren neurotischen Störung bezichtigt zu werden.

Hierzu erscheint mir noch folgende Bemerkung wichtig: Attraktivere Menschen nehmen die von mir geschilderten Gesetzmäßigkeiten zumeist gar nicht wahr. Sie werden oftmals sagen, sie verhalten sich tatsächlich nur »nett« und einfühlsam und haben dennoch (oder gerade deshalb) Erfolg beim anderen Geschlecht. Dies ist jedoch nicht weiter verwunderlich, denn in Wahrheit gelingt es ihnen allein durch ihren attraktiveren Körperbau, eine erotische Anziehung auszuüben. Je hässlicher der Mann ist, desto wichtiger werden jedoch die von mir beschriebenen Taktiken. Im Grunde bewegen sich attraktive Menschen durch eine Scheinwelt, deren Oberflächlichkeit sie oftmals gar nicht bemerken.

Schwierig ist jedoch, die genannten Verhaltensweisen auch so im täglichen Leben durchzusetzen – Depressionen sind nicht weniger real als eine Mauer aus Stein, aber schwieriger zu überwinden. Hierbei handelt es sich leider um einen Teufelskreis. Der

AB-Zustand führt sehr häufig zu Depressionen, diese wiederum machen Maßnahmen, die zur Veränderung notwendig sind, beinahe unmöglich.

Meine traurige Erfahrung mit Psychologen ist, dass diese häufig die depressionsfördernde Wirkung der Erfolglosigkeit beim anderen Geschlecht nicht wahrhaben wollen und stattdessen lieber in der Kindheit rumkramen. Analytiker sind natürlich die schlimmsten. Es war mir stets rätselhaft, wie ein offensichtliches Problem (AB-Sein und die damit einhergehende Einsamkeit) schlicht geleugnet wird, um irgendwelche unbedeutsamen Kindheitserlebnisse breitzutreten. Selbst Verhaltenstherapeuten sind kaum in der Lage, wirksame Strategien zur Beendigung des AB-Zustands zu erarbeiten, da sie scheinbar über die realen Bedingungen des Beziehungsmarktes nicht hinreichend informiert sind bzw. diese selber leugnen.

Um diesen Teufelskreis wenigstens ansatzweise zu durchbrechen, hilft nur eines: Die Symptome bekämpfen! Man lasse sich also ein wirksames Antidepressivum verschreiben, mehr kann man nicht tun! Das ist auch der Weg, den ich gewählt habe.

Natürlich ist ständiges Sich-Verstellen bei der Partnersuche sehr anstrengend und bis zur letzten Konsequenz wohl auch gar nicht möglich. Allerdings ist es hilfreich, sich stets die Notwendigkeit dazu vor Augen zu führen: Der Erfolg beim anderen Geschlecht folgt den Gesetzen einer freien Marktwirtschaft. Meine gewöhnliche Oberfläche jedoch entspricht einem Produkt, das niemand will. Ich besitze aber das Selbstbewusstsein zu sagen, dass der Kern meiner Persönlichkeit etwas sehr Wertvolles ist. Bildlich gesprochen muss dieser Kern also in eine werbetechnisch wirksamere Verpackung – die Vermarktung muss verbessert werden.

Ein Psychologe würde schätzungsweise von mangelnder Kongruenz zwischen meiner Psyche und meinem Verhalten sprechen, von einem schwachen Selbstbewusstsein und von Projektion. Dieser Gedankengang entspringt aber keineswegs meiner depressiven Verzweiflung, sondern ist vielmehr das Ergebnis vollkommen nüchterner Beobachtung des täglichen Geschehens, so ekelhaft das Resultat auch sein mag.

Gerne wird das »Totschlagargument« gebracht: »Wer sich selbst liebt, der strahlt das auch aus und wird auch von den anderen geliebt.« Dies jedoch ist leider ein Gedanke, der der PC-Bewegung entspringt bzw. ihr entgegenkommt. Die Merkmale, die den Erfolg beim anderen Geschlecht bestimmen, sind einfach, brutal und ungerecht. Lange Diskussionen, die sich oftmals nur um kleinste Verhaltensnuancen drehen, aber die grundlegende Bedeutung der körperlichen Attraktivität noch nicht einmal erwähnen, dienen einzig dem Selbstbetrug. Diese Welt ist nicht schön, auch wenn die Erkenntnis schmerzt.

Zu diesem Thema gibt es auch Veröffentlichungen, die ich zum Teil bereits gelesen habe: Sie werden vor allem als E-Books vertrieben. Das Problem bei dieser meist amerikanischen Literatur zum Thema Verführung ist der hohe Preis: Hier wird die Verzweiflung der Erfolglosen ausgenutzt. Man sollte lieber schauen, dass man irgendwie kostenlos an gute Literatur kommt – das Internet kann dabei hilfreich sein. Viele stehen diesen »Seducing-Texten« sehr skeptisch gegenüber (wie auch ich anfangs). Dennoch bin ich der Auffassung, dass in ihnen einige brauchbare Tipps enthalten sind. Auch geht es nicht darum, Frauen »auszutricksen« oder zu manipulieren – vielmehr empfinde ich es so, dass ich schlicht meine fehlende körperliche Attraktivität durch »Verhaltensattraktivität« ersetze.

Bislang ist es mir selbst offen gesagt allerdings noch nicht gelungen, dauerhaft und mit der notwendigen Entschlossenheit besagtes männlich-dominantes Verhalten ohne das Eingestehen psychischer Schwächen im Alltag durchzusetzen. Je mehr ich mir bewusst wurde über die wahren Eigenschaften, die über Erfolg oder Misserfolg beim anderen Geschlecht bestimmen, desto stärker wurde in mir ein Gefühl des allgemeinen Unmuts, desto weniger lebensbejahend konnte ich mich geben, denn in mir ist ein tiefes Gefühl der Abscheu herangereift. Soll sich in Zukunft etwas ändern, so muss es mir zunächst gelingen, diesen Zustand zu überwinden und mich mit einer unschönen Realität zu arrangieren – kein leichtes Unterfangen!

Brauchbar sind darüber hinaus die Erfahrungen mancher Mitschreiber der AB-Foren. Für eine Veränderung der Verhaltensweisen ist es meiner Meinung nach jedoch unerlässlich, zunächst *selbst* die Erfahrungen zu machen, die die Richtigkeit der genannten erfolgversprechenderen Verhaltensweisen erkennen lässt. Nur so kann man sich mit voller Überzeugung danach richten. Anders gesagt: Es ist wohl fast unumgänglich, zunächst hundert Mal gegen die Wand zu rennen, bevor sich die neue Erkenntnis (die wohl der Intuition der meisten Menschen widerspricht) auch auf der Gefühlsebene durchsetzen kann.

Wer in den AB-Foren allerdings argumentiert, das AB-Sein komme vor allem durch seine Hässlichkeit, der sieht sich leider fast immer mit folgenden Gegenargumenten konfrontiert:

- »Aussehen zählt nicht, nur die inneren Werte zählen.«
- »Es gibt keine hässlichen Menschen.«
- »Das ist nur eine billige Ausrede, um sich nicht verändern zu müssen.«

Insbesondere von der PC-Fraktion sind dies gerne gebrachte Einwände. Dazu kann ich nur soviel sagen: Zum einen gibt es einfach eine Reihe von Menschen, die die Realität schlicht leugnen. Das sind Menschen, denen die PC-Bewegung den klaren Blick auf die Dinge zerstört hat. Ich gebe unumwunden zu, dass die Welt, so wie sie von diesen Leuten gerne dargestellt wird, die schönere, lebenswertere wäre – aber so ist sie nun einmal nicht. Es tut weh, die Realität zuzulassen.

Natürlich gibt es hässliche Menschen. Ich bin einer von ihnen, aber bei weitem nicht der einzige. Und ich habe »an mir gearbeitet«, wie es nur in meiner Macht stand, habe an meinem Charakter »gefeilt« und alles getan, um ein weltoffener, unvoreingenommener Mensch zu werden, der hohe moralische Werte an sich selbst stellt; dennoch war stets Ablehnung das Resultat.Und auch wenn es schwer zu glauben ist, so gibt es selbst heute noch die Nur-die-inneren-Werte-zählen-Anhänger; Menschen, die glauben, der Grund warum man als männlicher AB abgelehnt wird, liege allein in einer Schwäche des Charakters.

Denken wir doch einfach dieses Argument in aller Brutalität zu Ende (zugegebenermaßen ein etwas provokativer Gedanke): Aus meiner Zeit als Zivildienstleistender ist mir bekannt, dass junge Männer in Deutschland, die unter einer schweren körperlichen Behinderung (die also zum Beispiel im Rollstuhl sitzen) oder einer Entstellung des Gesichts durch Krankheit oder Unfall leiden, in den allermeisten Fällen keine Beziehungspartnerin haben. Wer nun so verblendet durch die Welt läuft und behauptet, dass das einzig angewandte Auswahlkriterium die inneren Werte seien, der impliziert damit automatisch, dass all diese Behinderten über einen schlechten, unausgereiften Charakter verfügen: Zweifelsohne ein Hohn für die Betroffenen!

Dennoch ist nicht nur Verleugnung der Realität Ursache für derlei Argumente. Denn grundsätzlich gibt es zwei Gruppen von ABs: Solche, die körperlich eigentlich attraktiv sind, aber tatsächlich durch ihre Verhaltensweisen eine Beziehung nahezu umöglich machen, und solche, die durch die gegebenen Umstände (zum Beispiel Hässlichkeit) nicht zum Zuge kommen. Erste Gruppe erhält zwar Angebote, geht aber aufgrund irgendwie gearteten Abwehrverhaltens nicht auf diese ein (häufig ein Problem der wenigen weiblichen ABs).

Man könnte diese als »Psycho-ABs« bezeichnen. Die zweite Gruppe würde zwar die Nähe zulassen, erhält sie aber nicht – das sind »Körper-ABs«. Selbstverständlich gibt es auch hässliche ABs, deren Verhalten zusätzlich eine Beziehung unmöglich machen würde (selbst wenn sie Angebote erhalten würden); derartige ABs sind wohl gar nicht so selten, da der angesammelte Frust über die zahlreichen Ablehnungen zusätzlich zu psychischen Problemen führt, die die Lage noch schwieriger werden lassen.

Die Problematik ist nun, dass Angehörige der ersten Gruppe die Existenz der zweiten Gruppe leugnen (sie schließen von sich auf andere). Dass es Menschen gibt, die tatsächlich wegen ihres Aussehens stets auf Ablehnung stoßen, ist ihnen nicht vorstellbar. Das jedoch ist ein kapitaler Fehler.

Welche Probleme bringt nun der AB-Zustand mit sich?

Depressionen und Einsamkeit sind ganz klar die Hauptprobleme, die auch negative Auswirkungen auf beinahe alle sonstigen Lebensbereiche haben. Ansonsten gibt es die üblichen Schwierigkeiten, mit denen sich auch »normale« Singles rumschlagen: Probleme bei der sinnvollen Freizeitgestaltung und der Planung eines Urlaubs – oftmals ganz alleine; des Weiteren muss ein teurer Single-Haushalt geführt werden. Vielfach findet man überhaupt niemanden, um mal etwas zu unternehmen, da der ganze Freundeskreis mittlerweile in Beziehungen lebt. Der ewige Single ist nicht mehr gern gesehen. Wenn man dann doch mal mit ein paar befreundeten Pärchen loszieht, dann fühlt man sich schnell wie das fünfte Rad am Wagen.

Ein weiteres Problem für ABs besteht darin, dass der AB-Zustand in Deutschland – wenngleich er gar nicht mal selten ist – ein Phänomen ist, das sich dem öffentlichen Bewusstsein entzieht. Es gibt praktisch keinerlei Literatur dazu (was sich mit deiner Veröffentlichung erstmals ändern wird!) und auch keine psychologischen Untersuchungen und somit auch keine speziellen Therapien oder nichtvirtuelle Selbsthilfegruppen.

Leider wird AB-Sein auch als persönlicher Makel angesehen: Wer noch nie eine Beziehung hatte, mit dem kann ja was nicht stimmen – so lautet oftmals die diskriminierende Logik. ABs werden in einem Zuge mit Perversen und Sexualverbrechern genannt – für den häufig ohnehin schon depressiven AB ein weiterer Grund, sich besser nicht zu »outen«. Hier ist noch viel Aufklärungsarbeit zu leisten.

Ganz gut passt hierzu ein Beispiel, das ein anderer Schreiber unseres Forums erlebt hat: Er unterhielt sich mit einer Frau, die nichts von seinem AB-Status wusste. Da meinte sie auf einmal: »Ich getrau mich in dieser Stadt kaum noch alleine auf die Straße. Als Frau muss man dauernd vor einer Vergewaltigung

Angst haben – hier laufen Typen rum, die hatten zehn Jahre lang keine Freundin mehr!« Sie tat also gerade so, als müssten Männer, die lange keine Beziehung hatten, fast zwangsläufig zum Sexmonster und Vergewaltiger werden.

Meiner Erfahrung nach ist so ziemlich das Gegenteil der Fall: Die meisten ABs sind in Wirklichkeit ausgesprochen zurückhaltend und wahrscheinlich fast zu höflich. Mir ist kein einziger Fall einer Sexualstraftat durch einen AB bekannt. Dass dieses Verhalten den ABs häufig zumindest unterschwellig unterstellt wird, stellt eine zusätzliche Demütigung dar. Es wäre wünschenswert, wenn man sich eines Tages nicht mehr dafür schämen bräuchte, offen zuzugeben, keine Beziehungserfahrung zu besitzen. Auch für die psychologische und soziologische Forschung findet sich hier noch ein weites Betätigungsfeld.

Mein Leben in fünf oder zehn Jahren? Das ist eine Frage, die ich mir häufig stelle. Ich könnte zum Beispiel unter der Erde liegen und von diversen Würmern, Maden und sonstigem Getier zerfressen werden – das halte ich für nicht unwahrscheinlich. Ich könnte ohne Freundin glücklich werden. Dies allerdings ist mir in all den Jahren nicht gelungen, und ich habe wirklich versucht, auch ohne Partnerin alles aus dem Leben »rauszuholen«, was möglich ist. Es gibt kein Glück ohne Liebe.

Eventuell verlasse ich Deutschland und versuche andernorts mein Glück. Den seelischen Schaden, den 25 Jahre in diesem Land bei mir angerichtet haben, wird das aber auch nicht mehr auslöschen können. Konkrete Pläne habe ich noch nicht, aber es wäre für mich denkbar, Europa zu verlassen, um in ein völlig neues Umfeld mit anderem Wertesystem zu gelangen. Vielleicht gibt es ja noch Länder auf dieser Erde (davon bin ich eigentlich überzeugt), in denen *tatsächlich* noch die charakterlichen Eigenschaften eines Menschen eine Bedeutung haben, Gesellschaften, die nicht nur auf einer seichten Oberfläche leben. Insgeheim hege ich die Hoffnung, dass es mir doch eines Tages gelingen könnte, meinen Missmut und die Verbitterung wenigstens zu Teilen abzulegen. In Deutschland dürfte das ausgesprochen schwer werden. Vielleicht finde ich doch noch eine Partnerin, und es wird sich dadurch einiges zum Positiven verändern – unwahrscheinlich, aber die Hoffnung schwindet nie ganz.

Oder in zehn Jahren ist alles wie heute. Ich quäle mich von Tag zu Tag und höre mir von Psychologen an, ich müsse nur »ich selbst sein, weltoffen und tralala … dann klappt das auch mit den Frauen«. Dann aber doch lieber die erste Möglichkeit – die mit den Würmern.

Nicht ich leide unter einem falschen Selbstbild, sondern die Psychologen unter einem zu positiven Weltbild – zumindest alle, mit denen ich bisher zu tun hatte. Es ist kein Wunder, dass man im Forum immer wieder von ABs liest, die trotz jahrelanger Therapien keinerlei Erfolge erzielen konnten. An dieser Stelle kann ich nur auf das Buch »Ausweitung der Kampfzone« von Michel Houellebecq verweisen. Um erfolgreicher sein zu können, muss man zwar die Lethargie und den Nihilismus überwinden, jedoch ist die Beschreibung der Gesellschaft in diesem Buch die richtige Grundlage, auf der alle Verhaltensweisen aufbauen müssen. Stimmen die Grundannahmen nicht, so kann sich auch kein Erfolg einstellen. Die in der Psychologie allgemein verbreitete Beschreibung unserer Gesellschaft ist eine Realitätsleugnung.

Ich bin mir sicher, dass eine Frau auch mit einem (bisherigen) AB eine erfüllende Beziehung führen kann. Natürlich kann ein Mann, der noch nie in einer Beziehung gelebt hat, nicht die gleiche Erfahrung vorweisen wie ein »normaler« Mann. Damit meine ich gar nicht mal vordringlich die sexuelle Unerfahrenheit. Ich bin der sicheren Überzeugung, dass gegenseitige Zuneigung und Offenheit in der Sexualität wichtiger und entscheidender sind als das jahrelange stumpfsinnige Erlernen irgendwelcher »Praktiken«. Schwieriger wird es jedoch bei Fragen, die das Zusammenleben in der Beziehung betreffen. Vielen ABs fehlt gewiss das richtige Gefühl für ein ausgewogenes Verhältnis zwischen Distanz und Nähe. Dennoch bin ich der Auffassung, dass die Angst, ein beziehungsunerfahrener Mann würde extrem »klammern« in der Beziehung, vielfach so nicht zutrifft. Ich könnte mir zum Beispiel nicht vorstellen, ein solches Verhalten in einer Beziehung zu zeigen. Durch das jahrelange Alleine-Leben bin ich es gewohnt, für mich selbst zu sorgen und auch viel Zeit ohne jemanden an meiner Seite zu verbringen. Durch eine Beziehung würde sich das gewiss nicht schlagartig ändern.

Natürlich hat wohl jeder AB mittlerweile die eine oder andere »Macke« ausgebildet. Aber nichts, was so schlimm wäre, dass es eine Beziehung in gegenseitiger Rücksicht unmöglich machen würde. Wenn die Frau sich bemüht, Verständnis dafür aufzubringen, dass der Mann in manchen Situationen vielleicht unsicher und unerfahren ist, und der (bisherige) AB sich bemüht, die Frau zu verstehen, dann kann in klärenden Gesprächen jedes Problem aus der Welt geschafft werden – davon bin ich absolut überzeugt!

Ein Problem ist gewiss, dass die Medien den Eindruck vermitteln, ein jeder »normale« Mensch würde über ein enormes Maß an Erfahrung im Bereich Beziehung und Sex verfügen. Der Einsame findet sich in der Welt der Medien überhaupt nicht repräsentiert und bekommt somit praktisch täglich sein Scheitern vorgeführt. Den traurigen Höhepunkt dieser Entwicklung finden wir in manch einer Talkshow, in denen überwiegend über Sex gesprochen wird. Ich möchte hier nicht falsch verstanden werden: Ich bin keinesfalls Weise prüde und stelle auch keine überhöhten moralischen Anforderungen an die Medien. Es ärgert mich aber, dass die Vereinsamung, so wie sie in unserer Gesellschaft massiv zunimmt, einfach geleugnet wird. Ekelgefühle ruft auch die Werbung in mir hervor: Kaufe das Produkt XY, dann wirst du mehr geliebt werden – so lautet die Botschaft, die unterbewusst übermittelt werden soll. Achtet man bei der Fernsehwerbung auf diesen Aspekt, so wird man rasch feststellen, dass die Hauptbotschaft nicht die Qualität des jeweiligen Produktes ist, sondern dass stets auch die emotionale Ebene angesprochen wird, die uns einen Ausweg aus der sozialen Isolation verspricht: Kaufe unser Produkt, dann klappt's auch mit dem Nachbarn – das ist wohl die Extremform.

Meine Konsequenz: Zumindest auf das Fernsehen verzichte ich mittlerweile vollkommen – ich verpasse dadurch nichts!

Unser AB-Forum hat mir mehr gebracht. Erstmal ist es natürlich beruhigend zu wissen, dass man nicht allein mit diesem Problem dasteht. Es ist doch hilfreich, wenn man sieht, dass sich sogar sehr viele mit den gleichen oder zumindest ähnlichen Problemen herumschlagen. Im AB-Forum bin ich kein exotischer Außenseiter mehr, sondern ich habe hier viel eher die Chance, auf Verständnis zu treffen, da ich mir bei fast jedem Beitrag eigentlich sicher sein kann, dass es irgendjemanden gibt, der vor demselben Problem steht oder eine vergleichbare Situation schon erlebt hat.

Auch unterscheidet sich das Forum in wohltuender Weise von den Standardsprüchen, die ein AB sonst so häufig zu hören bekommt: Hier muss niemand Angst haben, billig abgespeist zu werden mit »Jeder Topf findet seinen Deckel« oder »Du findest bestimmt mal eine ganz Liebe« oder was sonst noch so an stumpfsinnigen Kommentaren kursiert, deren einziger Sinn darin besteht, die Diskussion sogleich abzuwürgen.

Dennoch ist der Sinn des Forums nicht, sich gegenseitig zu bemitleiden, sondern im Idealfall sollen vielmehr Meinungen, Erlebnisberichte, Theorien und Lösungsvorschläge dem Einzelnen helfen, irgendwie doch noch an eine Beziehung zu gelangen. Natürlich klappt das nicht immer so gut, und man liest auch vielfach irgendeinen Mist. Aber das ist meiner Ansicht nach auch nicht zu vermeiden bei so vielen Leuten, die zwar das AB-Problem gemein haben, sonst aber eine doch sehr heterogene Gruppe darstellen.

Mir persönlich hat das Forum gewiss in manchen Bereichen weitergeholfen. Auch wenn vielfach nur ein schmerzhafter Trial-and-error-Lernprozess zur Einsicht von erfolgversprechenderen Verhaltensweisen führt, so habe ich doch manch eine wertvolle Anregung im Forum gefunden. Aufpassen muss man aber, dass das Ganze nicht zur Internetsucht ausartet. Viele verlieren sich förmlich in dieser virtuellen Welt. Damit mir das nicht passiert, zwinge ich mich ab und an, die Wohnung zu verlassen, um mir mal wieder einen ganzen realen Korb zu holen!

Hanna: »Die Pärchenparade im Sommer kann eine ziemliche Pest sein.«

Hanna, 26, ist Luftfahrttechnikerin.

Der Begriff AB macht ja erst ab einem gewissen Alter Sinn. So bis Anfang 20 geht man vielleicht noch als »spätes Mädchen« durch, und speziell bei Schwulen und Lesben kann das Ganze ja ein bisschen länger dauern. Ich persönlich habe so ab 21 angefangen, es ernsthaft als Problem wahrzunehmen.

Das Thema stand aber schon vorher im Raum. Mir fehlte ein, wie soll ich sagen, ein inneres Bild von mir in einer Paarbeziehung. Ich glaube, die meisten haben eine plausible Vorstellung davon im Kopf, die vielleicht gar nicht mal artikulierbar oder bewusst ist, aber eben eine Grundlage bildet.

Das war bei mir nicht so. Tatsache ist jedenfalls, dass ich rückblickend schon am Anfang meiner Sexualität, also mit zwölf, keine reelle, lebbare Perspektive hatte. Und ab sechzehn etwa war mir sehr bewusst, dass die meisten anderen schon die ersten Erfahrungen gesammelt hatten beziehungsweise dabei waren und ich offenbar Schwierigkeiten damit hatte.

Das ist nicht zu trennen von meiner generellen Beziehungslosigkeit. Ich lebe in einer Isolation, von der auch andere Lebensbereiche sehr stark betroffen sind. Und das schon sehr lange. Es fing so früh an, dass einiges an emotionaler Entwicklung verzögert stattgefunden hat. Das Gefühl für die eigene Person und auch das Zutrauen, das andere durch Erlebnisse wie Freundschaften oder den Sportverein gewinnen. Das ist bei mir ausgeblieben.

Ich nenne das »falsches Selbst«; der Begriff trifft jedenfalls genau auf mich zu. Meine Zeit ging dabei drauf, in einem familiären Zusammenhang zu funktionieren, was im Wesentlichen Selbstverleugnung und übermäßige Beanspruchung durch die

Probleme meiner Eltern und Stiefväter bedeutet hat. Die haben sich alle ziemlich bei mir ausgeheult, oder besser: ausgekotzt.

Als eigenständige Person habe ich keine nennenswerte Rolle gespielt. Es kam keine echte, an mich gerichtete Rückmeldung.

Es kamen einige Faktoren zusammen, viele Umzüge und damit verbundene Schulwechsel, sowie unserer soziale Situation (wir waren Sozialhilfeempfänger), – das alles hat mich ziemlich zusammengestaucht. Es kamen auch noch Punkte wie Alkoholismus und Drogenkonsum im Kinderzimmer dazu, was mein Vater ausgiebig zelebriert hat. Aber das ist ein Thema für sich.

Um es nicht zu lang zu machen: Es war eine ziemliche Außenseitersituation.

Ich hatte zudem Schwierigkeiten mit meiner Weiblichkeit. Nicht im Sinne einer Transsexualität; es fiel mir aber schwer, meine Persönlichkeit mit üblichen Begriffen von Frausein zusammenzubringen; eigene hatte ich ja noch nicht. Obwohl meine Eltern aus einer angeblich fortschrittlichen Generation stammen, hatte ich immer stark das Gefühl, meine Interessen und Bedürfnisse wären nicht angemessen. Es wurde nicht sanktioniert, wenn ich lieber Lego wollte als Puppen, aber ich habe doch sehr früh gemerkt, dass so etwas registriert wurde; nicht negativ bewertet, nur registriert. Das hat schon gereicht, um mir das Gefühl zu geben, ich sei anders.

Alles in allem ist es wohl ein Komplex aus Scham, Hemmungen und dem Gefühl von Unzulänglichkeit, der mich in meine Isolation getrieben hat; und es ist mir erst in den letzten drei bis vier Jahre gelungen, einiges davon ernsthaft aufzubrechen.

Vorher war es wie gesagt so, dass ich nicht gerade unbändig lebenslustig war. Ich bin mit einer ziemlichen Fassade durch die Gegend gelaufen, auch mir selbst gegenüber. In der Schule kam das zum Teil sogar ganz gut an. Ich war ernst und distanziert, tat erwachsen, hatte einen schrägen Wortwitz und immer sehr ausdrückliche Ansichten über alles Mögliche. Es gab einige Leute, die mich dafür sehr geschätzt haben. Ich habe es aber nie geschafft, mich wirklich zu öffnen. Die Vorstellung, dass jemand über mein Leben, meine Familie und unsere Verhältnisse Bescheid wissen könnte, hat mich unglaublich erschreckt. Ich habe mich ziemlich angestrengt, damit niemand in meine Nähe kommt.

Mit siebzehn habe ich mich dann zum ersten Mal richtig verliebt. Und es natürlich wieder in mich hineingefressen und stumm vor mich hingeliebt. Es war allerdings insofern wichtig, als dass ich nach sehr langer Zeit wieder ein ganz unmittelbares Gefühl spüren konnte, das sich nicht durch meine übliche Selbstzensur vertreiben ließ. Es war auch relativ ernst, blieb über bestimmt zweieinhalb Jahre beständig, bis nach dem Abitur. Ich habe sozusagen über diese Liebe wieder Kontakt zu mir selbst bekommen. Als diese Tür dann offen war, kam natürlich erst mal der ganze alte verleugnete Schmerz hereinspaziert, und ich bekam eine sehr schwere Depression. Da war ich achtzehn.

Von meinem Selbstbild blieb nach diesem Zusammenbruch nicht viel übrig, und ich hatte nicht die Kraft, mir neue, bessere Umstände zu schaffen. Das Alte war kaputt, aber ich hatte auch nichts Neues. Ich blieb weiterhin sehr isoliert und wurde noch verschlossener.

Nach dem Abitur bin ich dann in eine Großstadt gezogen, ohne eigentlich zu wissen, was ich da will oder was ich überhaupt will. Ich war innerlich immer noch total leer und verunsichert. Dementsprechend habe ich jahrelang praktisch gar nichts gemacht. Ich war an der Uni eingeschrieben, mehr oder weniger pro forma, hab darüber ein bisschen BAföG bezogen; später nicht mehr, da hab ich eigentlich nur noch Kindergeld gehabt. Mir ist im Grunde rätselhaft, wie ich überlebt habe. Miete hab ich jedenfalls irgendwann keine mehr bezahlt. Tagsüber bin ich durch die Stadt gewandert, war viel in Bibliotheken. Und ich habe vor mich hingegrübelt. Zeitweise habe ich auch viel getrunken. Ich wusste überhaupt nicht, wohin mit mir. Ich fand mich so unmöglich, dass ich mich nirgends hingetraut habe. Job suchen oder Leute kennen lernen – das war völlig indiskutabel.

In die Anfangszeit dieser Phase fiel mein endgültiges Coming-

Out. Auch in dieser Hinsicht habe ich aber nichts unternommen, keine Kontakte gesucht. Was allerdings dabei herauskam, war ein sehr viel besseres Verhältnis zu meinem Frausein.

Die ganze Misere ging an die zweieinhalb Jahre, und irgendwann saß ich wegen der Mietschulden auf der Straße. Mir fiel nichts Besseres ein, als zu meiner Mutter zu fahren, um dort weitere vier Jahre zu bleiben. Wenn ich darüber nachdenke, kommt es mir geradezu absurd vor.

Immerhin, nach knapp zwei Jahren bei meiner Mutter hatte ich einen kleinen Job bei einem Verwandten, den ich auch über eineinhalb Jahre behalten habe. Auch vorher schon hatte sich bei mir innerlich sehr viel getan. Ich habe viele alte Themen geordnet und begriffen, – sozusagen ein Gefühl für meine Geschichte bekommen, weil ich die Dinge zum ersten Mal ohne die »familienideologische« Brille sehen konnte. Seitdem fühle ich mich innerlich sehr aufgeräumt.

Ich habe mir überlegt, noch eine Therapie draufzupacken, bin aber nicht zur Tat geschritten. Der eine, wesentliche Grund war, dass ich nicht durch andere mit meinen Schwierigkeiten konfrontiert werden wollte. In einer Therapie wird ja einiges durch den Therapeuten an- und ausgesprochen. Vielleicht ist das so ein Sicherheitsbedürfnis. Ich habe mir schon als Kind angewöhnt, die wichtigsten Sachen nicht anderen anzuvertrauen, sondern entweder unter Verschluss zu halten oder sie eben mit mir selbst auszumachen. Das war eine Art Rückzugsgebiet in mir selbst, das ich nicht antasten mochte. Der zweite Grund war, dass ich davon ausgegangen bin, die eigentliche Arbeit sowieso alleine machen zu müssen.

Jetzt bin ich 26 Jahre alt. Ich lebe zwar immer noch bei meiner Mutter, mache aber derzeit ein Praktikum in einer anderen Stadt.

Ich hatte während der letzten Jahre einige soziale Kontakte, aber eigentlich nur zu Leuten, die ich über meine Familie kenne. Eigene Bekanntschaften zu knüpfen, fällt mir immer noch sehr schwer, besonders zu Gleichaltrigen.

Knackpunkt ist immer noch meine Scham, die ich nicht losgeworden bin: Ich empfinde mich als gescheitert, weil ich mit 26 als Ungelernte bei Mama wohne. Da ist das alte Gefühl, nicht zu genügen, nicht mithalten zu können, immer noch präsent.

Wenn ich tatsächlich mal mit jemandem über mein Privatleben rede, bleibt das eher oberflächlich – da kommt dann höchstens zur Sprache, dass ich keine Beziehung habe; aber das sagt dem Gegenüber ja nichts darüber, ob ich überhaupt schon mal eine hatte. Allerdings denke ich schon, dass ich es mittlerweile einfach erzählen würde, wenn zum Beispiel die Frage käme, wie lange ich schon Single bin.

In meiner Familie wird es registriert, aber nicht großartig angesprochen. Ich glaube, es wird als etwas seltsam, aber nicht weiter tragisch angesehen. Liebesbeziehungen und Ehen sind aber auch eher schwierig bei uns. Eigentlich hat nur meine Tante eine Beziehung, die ich als glücklich bezeichnen würde. Sie ist auch als einzige dieser Familiengeneration nicht geschieden, hat als einzige ganz »normal« Familie und Eigenheim. Nicht dass alle anderen völlige Katastrophen wären, aber dass man sich wirklich liebt und respektiert, zueinander steht und auch bereit ist, etwas füreinander zu tun – also dass man eine Beziehung einigermaßen bewusst lebt, das ist die Ausnahme. Die meisten meiner Verwandten haben das Thema wohl mehr als Problemquelle erlebt.

Ich habe keine Ahnung, ob es nur daran liegt. Zumindest scheint sich niemand großartig Sorgen oder Gedanken darüber zu machen. Alle paar Monate kommt mal die obligatorische Frage, mehr nicht. Mir fällt aber ein, dass mein Cousin mir sehr ähnelt, was das Sozial- und Liebesleben angeht. Auch da war immer nur Familienthema, dass er nach der Lehre nicht übernommen wurde und dadurch eine zeitlang arbeitslos war. Dass er noch nie eine Freundin hatte, ist nie erwähnt worden.

Das soll jetzt aber nicht so klingen, als wenn ich denke, ich bin allen scheißegal – es spielt bestimmt auch eine Rolle, dass ich in meiner diesbezüglichen Schweigsamkeit respektiert werde, und das finde ich ganz angenehm. Meine Mutter lässt ab und zu eine kleine Spitze ab, warum ich nicht mal unter junge Leute gehe und mir jemanden suche. Aber eigentlich nur, wenn sie von mir genervt ist, und das sind eher so kleine aggressive Bemerkungen als echte Fragen.

Ich glaube, bei meinen Eltern ist es auch so, dass sie merken, dass ich keine Lust habe, mit ihnen über solche Sachen zu reden. Ehrlich gesagt gehen mir entsprechende Versuche (die mittlerweile auch ausbleiben) sogar ziemlich auf die Nerven, weil es früher schon offensichtlich war, dass mit meiner ganzen sozialen Entwicklung was schiefläuft, und da wollte es lieber keiner so genau wissen. Wenn sie dann jetzt auf einmal neugierig werden, komme ich mir ziemlich verarscht vor.

Ich spreche also mit niemandem darüber. Es gibt zwei, drei Leute, die mir sicherlich zuhören würden, aber ich weiß gar nicht so recht, was ich dann erzählen sollte. »Ich möchte so gerne eine Freundin haben«? Da könnte man mir dann höchstens nett auf die Schulter klopfen. Oder mir raten, was zu tun ist, und das weiß ich ja selber schon.

Für mich als Lesbe ist die Auswahl natürlich erst mal kleiner; ich wüsste aber nicht, dass der Prozentsatz an Singles bei uns so viel höher wäre. Vielleicht bei schwulen Männern, aber das liegt wohl an anderen Dingen. Es gibt zumindest in größeren Städten jeweils eine entsprechende Szene, von Bars und Cafés über berufsspezifische Stammtische bis hin zu Sportvereinen. Da herrscht sozusagen ja schon ein geballtes Angebot. Der einzige Punkt, der mir hierzu einfällt, ist, dass ich als Jugendliche nicht so selbstverständlich an das Thema Beziehungen rangehen konnte wie die meisten, weil ich eben anders war. Das musste ich mir erst einmal erarbeiten, und das begünstigte natürlich eine Verzögerung.

Und dann gibt es bestimmt immer noch Menschen, die Schwierigkeiten haben, sich selbst als schwul oder lesbisch zu akzeptieren, oder es aus Angst nicht ausleben mögen. Wenn sich das hinzieht, ist man irgendwann tatsächlich ein AB mit einem homo-spezifischen Hintergrund. Aber für mich und meine jetzige Situation sehe ich da keine speziellen oder zusätzlichen Schwierigkeiten. Ich glaube, in punkto Sex, wenn ich zum Beispiel ganz dringend mein erstes Mal über die Bühne bringen wollte, hätte ich es durch die Szene sogar leichter.

Momentan habe ich die Schwierigkeiten, die man sich eben denken kann: Ein Teil des Lebens findet nicht statt. Man lebt bestimmte Bedürfnisse und Gefühle nicht aus. Bleibt auf seiner Liebe sitzen. Hat keinen Sex. Und die Pärchenparade im Sommer kann eine ziemliche Pest sein.

Ich wundere mich manchmal, dass es für viele – es kommt mir wie die Mehrheit vor –, offensichtlich der Normalzustand ist, mit jemandem zusammen zu sein, diesen Rückhalt zu haben. Weil das für mich immer genau das Gegenteil war, nämlich ganz weit weg und schwer vorstellbar. Da muss ich schon aufpassen, mir nicht wie ein Freak vorzukommen. Und auch Acht geben, dass sich nicht so ein negativer Blick einschleicht. Ich sehe viele Dinge nur von außen, und da fällt es leicht, irgendwelche Mängel zu finden. Es passiert mir relativ oft, dass ich anderer Leute Beziehungen im Grunde furchtbar finde und da lauter Psychokram sehe. Teilweise schraubt das die eigenen Ansprüche hoch.

Ja, … man bekommt diesen Blick von außen und gehört dann nicht so richtig dazu.

Wenn alles so klappt, wie ich mir das wünsche, habe ich in ein paar Jahren auf jeden Fall einen Beruf. Da es mit selber fliegen wohl leider nichts mehr wird, zumindest beruflich nicht (das wäre schon ein kleines Wunder), werde ich wohl etwas Technisches auf diesem Gebiet machen. Und hoffentlich zusätzlich in irgendeiner Weiterbildung stecken. Technische Restaurierung könnte ich mir gut vorstellen.

Und ich bin mir ziemlich sicher, dass ich bis dahin auch meine erste Freundin habe. Es hat sich zu viel verändert, als dass sich da noch mal so lange Zeit nichts tun könnte. Da bin ich wirklich guter Hoffnung.

Es wäre mir schon wichtig, dass sie weiß, auf wen sie sich da einlässt. Dass sie meine Geschichte kennt, und das am liebsten, bevor es ernst wird. Zumindest die Peinlichkeiten. Aber abgesehen von einigen grundsätzlichen Vorstellungen (bzw. Ansprüchen) denke ich eigentlich nicht viel darüber nach, wie das einmal werden soll. Das lässt sich ja sowieso nicht planen.

Das Erste Mal ist schon wichtig. Im Grunde bin ich sogar ungeduldig deswegen. Jedenfalls freue ich mich drauf.

In den AB-Foren schreibe ich nicht, weil mir das nichts bringt. Erstens würde es mich zu schlecht getarnten Jammerbeiträgen verleiten. Das ist zwar okay, bloß wirft es einen auch irgendwie zurück und ist wenig konstruktiv. Und zweitens nervt mich die Spannung zwischen den Geschlechtern, dass Frauen nur auf dumme Macker stünden und so weiter. Dieses Gefasel interessiert mich nicht.

Besagte Theorie ist schön bequem, weil man sich dann selbst als die arme Sau hinstellen kann, die wegen Nettigkeit keine abkriegt. Es gibt tatsächlich diese Beziehungen, die über Status laufen, und ich bin ja auch manchmal fassungslos. Die entsprechenden Frauen finde ich aber im Grunde genauso uninteressant wie die Gnome, die sie heiraten. Da kann man nur neidisch sein, wenn man sehr aufs Optische fixiert ist, finde ich.

Was mir speziell bei einigen Jungs auffällt ist so ein beleidigter, wütender Unterton. Als ob sie grundsätzlichen Anspruch auf Liebe (und vor allem Sex) hätten, und wenn der nicht erfüllt wird, kann das nur an der Schlechtigkeit des Weibes liegen. Ich glaube, die verwechseln da einfach etwas. Eine Beziehung unter Erwachsenen ist ja nicht so wie Mamas unerschütterliche Liebe. Sondern ein Geschenk – und wer will das schon jemandem überreichen, der das ganze unter »ranlassen« verbucht?

Die entsprechenden Beiträge von Frauen sind vom Tonfall her weniger verächtlich – allerdings sind es ja auch nicht so viele, das kann ich schwer beurteilen. Vielleicht haben Männer es leichter damit, das Problem woanders als bei sich zu sehen, weil es dieses uralte kulturelle Repertoire von Misstrauen gegenüber dem Weiblichen gibt, auf das sie sich zurückziehen können, wenn es beziehungsmäßig nicht so läuft, wie sie sich das wünschen. Es gibt natürlich auch Frauen, bei denen verbrämte Versorgungsansprüche im Unterbewusstsein herumspuken, oder die sich über die Oberflächlichkeit männlicher Partnerwahl beschweren. Das wäre dann die »Blondes-Dummchen«-Theorie, als Pendant zum reichen Arschloch.

Ich weiß es nicht. Ich denke, der Punkt ist, dass man es sich nicht zu einfach machen sollte. Dauerhaft einsam zu sein, hat immer irgendwelche persönlichen Hintergründe, und man kommt nur weiter, wenn man sich denen stellt.

Ich habe auch nicht das Gefühl, dass die Umwelt mich als AB schlecht behandelt oder verurteilt. Nur einen Anspruch habe ich an meine Mitmenschen: Ein paar Dinge in meinem Leben sind nicht unbedingt schön gelaufen. Wenn das mal zur Sprache kommt, dann finde ich es unangenehm, mit Fragen oder vermeintlichem Verständnis »überfahren« zu werden. Das ist eigentlich das einzige: dass ich bei diesen persönlichen Themen gerne selber das Tempo bestimme.

Wenn ich mir unsere Medien so anschaue, gibt es da ja nicht viel Platz für Unsicherheit, Schwäche und Scheitern. Das sieht mehr so aus: 23, selbstbewusst, gut aussehend, hoher Lebensstandard, macht gerade Auslandssemester in Stanford. Sex wird da als eine Selbstverständlichkeit angesehen. Es geht kaum um die Frage, *ob* man welchen hat, sondern *wie* man ihn sozusagen technisch optimieren kann. Der ganze Tenor erzeugt, glaube ich, einen ziemlichen Druck, auf Männer wie auf Frauen. Man soll immer können, möglichst oft wollen und wehe, es ist nicht jedes Mal die reine Glückseligkeit. Es ist schon fast wieder bizarr, dieser Tonfall in Allegra oder Men's Health … Wohl dem, der drüber lachen kann! Aber die meisten Menschen sind dem Druck ausgesetzt und haben trotzdem mit siebzehn die erste Beziehung. Ich halte die Beziehungslosigkeit für ein überwiegend persönliches Problem. Was es genau ist, weiß ich nicht. Das ist im Einzelfall wohl unterschiedlich. Der eine hat vielleicht Ängste, ein anderer verhält sich total distanzierend, ohne das selber zu merken …

Allgemeiner betrachtet kann ich mir aber nicht vorstellen, dass ein Mensch mit gesundem Selbstwertgefühl, angemessenem Sozialverhalten, normalem Maß an Kontakten und Interessen und einer insgesamt guten Lebenssituation ewig alleine bleibt. Gut, eventuell hat der eine oder die andere einfach saumäßiges Pech, aber generell denke ich, dass es an der eigenen Verfassung liegt. Da ist irgendwo ein Punkt, an dem es schief läuft.

Ich wäre jedenfalls gerne mit jemandem zusammen, und natürlich mache ich mir auch meine Gedanken, wie lange ich wohl noch brauche. Aber ich komme eigentlich immer wieder zu dem Schluss, dass es eben so ist, wie es ist. Wenn ich mich mit anderen vergleiche (mein liebstes Laster), dann sehe ich zwar, dass ich viel verpasst habe: Erfolg, Freunde, Reisen und eben auch Beziehungen. Aber erstens macht mich das nicht schlechter, und zweitens bringt es mich kein Stück weiter, darauf herumzukauen. In gewisser Weise habe ich Frieden damit geschlossen; oder zumindest so eine Art Nichtangriffspakt.

Jetzt erarbeite ich mir das Leben, das ich leben will. Das klingt großspurig, und natürlich sieht so etwas in der Realität anders aus, als es sich in der Brigitte liest. Viel kleiner, anstrengender und unglamouröser. Aber ich glaube wirklich, dass das der Schlüssel ist: Mich um mich selbst kümmern. Meinen Platz finden und einnehmen.

Für andere sind Dinge wie ein Beruf, ein Zuhause und so weiter vielleicht banal. Bei mir sitzt diese Erfahrung, gesellschaftlich außen vor zu sein, aber sehr tief, ist quasi meine Muttermilch gewesen. Da herauszukommen – also ganz klassisch einen sozialen Aufstieg – sehe ich als wesentlich an. Nicht wegen Geld oder Status, sondern um nicht mehr mit diesem Gefühl herumlaufen zu müssen, ich wäre mir selbst alles Mögliche schuldig geblieben. Um die ewige Unzufriedenheit aufzulösen.

Das ist das Beste, was ich tun kann: Dafür sorgen, dass ich mich wohl fühle.

Wenn mein Leben ein Platz ist, wo die Liebe es gut haben kann, dann wird sie auch irgendwann kommen.

Robert: »Keine Umarmung, kein Kuss, keine Blicke.«

Robert, 31, studiert.

Mit der beginnenden Pubertät, ab dem zwölften, dreizehnten Lebensjahr, schälte sich bei mir sehr deutlich ein Gefühl des Andersseins heraus. Zu diesem Zeitpunkt begann ich natürlich nicht als einer, der (noch immer) keine Freundin hat, sondern als jemand, der auf diesem sich neu öffnenden Feld der Geschlechterbeziehungen offensichtlich nicht mitspielen konnte und seine Differenz zu den anderen deshalb scharf empfand, – da diese mit den neuen Geschlechterrollen experimentierten, damit umgehen konnten, sich mit ihnen identifizierten und sie vom anderen Geschlecht nun auch anders wahrgenommen und gewürdigt wurden. Das war mir nicht gegeben.

Einem Außenstehenden, dessen Vorstellung einer »natürlichen« Entwicklung der Geschlechterbeziehungen von seiner Umwelt (und den Medien, die er konsumiert) permanent als »Normalität« bestätigt wird, stellt sich vielleicht die Frage, wie es denn dazu kommen konnte. Das kann ich leider vom Gefühl her kaum beantworten, weil ich keine Vergleichsebene zum jetzigen Erfahrungshorizont habe: Für mich ist es natürlich. Mittlerweile empfinde ich diesen Zustand als unveränderbare Normalität. Im Gegensatz zu einigen anderen neige ich nicht dazu, den Zustand der Partnerlosigkeit primär als Resultat ungünstiger sozialer Faktoren zu deuten (Stichwort »Männerüberschuss« etc.), sondern sehe die Unzulänglichkeit schon bei mir selbst. Es ist aber dennoch ein Standort, den ich generell nicht als Resultat von bestimmten »Taten« meinerseits oder von deren Ausbleiben empfinde, sondern eben als »Zustand«, der mir zwangsläufig anhaftet.

Diese Empfindung von Konsequenz gründet sich in meiner

grundsätzlichen Schwierigkeit, zu Menschen erfolgreiche emotionale Beziehungen aufzubauen. (»Erfolgreiche Beziehungen«: jene, in denen kein Teilnehmer vom anderen übervorteilt wird; in denen man sich auf Augenhöhe begegnet; die nicht auf Missverständnissen beruhen; die auch zeitlich Bestand haben.) Meine Problematik besteht, knapp gesagt, in meinem äußerst schwachen Selbstbild, der Unmöglichkeit, für mich selbst emotional einstehen zu können – zum Beispiel auch einmal aggressiv zu werden, was ich schon als Kind nicht konnte – und der daraus hervorgehenden Schwierigkeit, als »Persönlichkeit« überhaupt aufzutreten und wahrgenommen zu werden. (Dies wirkt sich allerdings nicht auf die Oberfläche des Alltags aus: Mich öffentlich frei bewegen, Oberflächenkontakte – das alles funktioniert bestens, so dass ich äußerlich kaum als Sonderling zu erkennen bin.)

Es hatte sich so gefügt, dass ich durch die jeweils vorangegangene Lebensphase immer allzu gut darauf vorbereitet war, die neuen Hürden der nächsten wiederum zu verfehlen bzw. diese für mich gar nicht mehr anzuerkennen: Die Problematik besteht also seit ich denken kann; sie findet aber in den verschiedenen Phasen natürlich jeweils andere Themen, an denen sie sich manifestiert. War sie zur Kinderzeit noch nicht so beherrschend, ergaben sich in der Pubertätsphase neue Wege der Identitätsbildung, die ich nicht beschreiten konnte und die bis heute verschüttet sind: In der Gymnasialzeit ist das Thema der sexuellen Identität das große Feld, auf dem die bestehende Problematik sich neu und mit neuer Vehemenz objektiviert – leider sehr unterstützt von einer physischen Entwicklungshemmung, die eine Symbolkraft entfaltete, der sich schon niemand von außen (etwa Mitschüler) und ich mich selbst als am wenigsten hätte entziehen können. Ich war immer der Kleinste und dazu Zierlichste, »Kindhafteste« – vom Körperbau her wie auch physiognomisch. Noch mit achtzehn habe ich wie dreizehn gewirkt und zum letzten Mal mit 23 Jahren per Ausweis beweisen müssen, dass ich älter als fünfzehn und berechtigt bin, mir ohne erwachsene Begleitung ein Bier zu kaufen.

Und dazu war ich ängstlich, schüchtern im Extrem, umfassend isoliert. Ich habe mich daran gewöhnt, nicht als »Mann« wahrgenommen zu werden und habe diese Optik bereitwillig für mich übernommen –, leider. Das Bild einer gewissen Hoffnungs-Utopie (was eine »echte« Beziehungsanbahnung betrifft) ist doch sehr verblasst, so dass ich nichts – jedenfalls nicht offensiv – in dieser Richtung unternehme; allein die Vorstellung hat für mich etwas Absurdes, Lächerliches. Einer Frau (und erst recht einer für mich attraktiven) zu bedeuten, ich könnte mich für sie »als Mann« interessieren, wäre mir abgrundtief peinlich.

So kann ich die Pubertätszeit, die ja für die meisten Leute eine erlebnisintensive Phase ist, für mich nur negativ beschreiben – durch die Tatsache, die verschiedensten Dinge gerade *nicht* erlebt zu haben. Desiderat sind all jene Erlebnismomente, die einen Menschen als Geschlechtswesen erweisen und positiv bestätigen: also kein Kuss, keine Umarmung, keine Flirt-Erlebnisse im weitesten Sinn. Und besonders wichtig: keine entsprechenden Blicke.

Jetzt sehe auf meine 20er-Jahre genauso zurück wie auf das Jahrzehnt davor. Zwar plagen mich mittlerweile die einzelnen Aspekte – die Schwierigkeit der sozialen Bestätigung und speziell der Partnerfindung – weniger als früher; auch deshalb, weil die Erwartung, wenigstens in der Zukunft auf diesen Feldern einmal mitspielen zu können, sich abgeschwächt hat. Aber dafür ist das Empfinden, praktisch in einer anderen Welt als »die Anderen« zu leben (und ihnen generell unterlegen zu sein), sehr dominant geworden, grundiert das Lebensgefühl. (Große Angst bei der Gewissheit, vieles vertan zu haben, das nicht wiederholbar ist.) Es ist frustrierend und macht hilflos, anderen (und sich selbst) nicht das Bild einer Persönlichkeit vermitteln zu können, die durch erzählbare Erfahrungen geprägt ist – und so überhaupt sichtbar wird für andere, gerade auch für das andere Geschlecht. Die innere Problematik hat also mit der Zeit ein zusätzliches äußeres Vermittlungsproblem erzeugt.

Die weiteren Stufen dieses Existenz-Gefühls orientierten sich dann an äußerlichen Stationen: Schulabschluss, Auszug bei den Eltern, Beginn eines Studiums – der Schluss eines Stadiums sanktioniert das Scheitern im bisherigen Rahmen und macht so die Differenz zu den »Anderen« immer wieder neu fühlbar. Die Erlebnisqualität schwankt zwischen leidiger Selbstverständlichkeit und quälendem Leidensdruck.

Vor circa zehn Jahren war meine Gefühlslage bezüglich des Themas »Liebesbeziehung« allerdings noch nicht so eingefahren wie heute. Damals hatte ich mich nur als »Spätzünder« gefühlt, der noch die unbestimmte Erwartung hatte, irgendwann demnächst in eine andere, »erwachsene« Erfahrungsqualität einmünden zu können. Erst in den folgenden Jahren etablierte sich langsam die Erkenntnis, dass sich bei mir »ganz natürlich« gar nichts bewegt und ich mich leicht auch mit 40 oder 50 Jahren auf dem Posten des erfahrungslosen Singles wiederfinden kann.

Aber bis etwa Anfang Zwanzig war das Thema zwar auch immer mit Angst verbunden, hatte aber doch noch etwas Spielerisches an sich, die Aura von etwas vielleicht Möglichem. Als ich damals meiner nachfolgenden (»Kumpel«-)Freundin begegnete und mich unvermeidlicherweise in sie verliebte – sie war die erste Frau, die ich näher kennenlernte und die an mir überhaupt irgendein Interesse zeigte –, hatte ich noch die naive Überzeugung, ich müsste mich, um Liebe zu »erzeugen«, als besonders liebenswert (im alltagssprachlichen Sinn) erweisen und habe also – mit höflicher Dezenz, versteht sich! – dementsprechende Signale gesendet: Ich war immer für sie da, war aufmerksam, zuvorkommend, immer bereit, mit ihr mitzuleiden, mich mitzufreuen, mich für alles, was sie betraf, zu interessieren. Tja, dieses Programm verfing nicht. Im Lauf der Jahre versuchte ich, mich innerlich wieder ein wenig von ihr zu lösen (langsam – ich bin emotional leider sehr träge) und war bemüht, das Bedürfnisgefälle unserer Beziehung durch sporadischen Verzicht meinerseits auf Verabredungen zum Beispiel, etwas zu meinen Gunsten auszupendeln. Es war insgesamt deshalb eine prägende fatale Erfahrung, weil meine Überzeugung, nicht als sexuelles Wesen wahrgenommen, respektiert oder gar erfahren werden zu können, sich bei ihr konkret und für mich exemplarisch beglaubigt hat. (Zwei weitere Kommilitoninnen, die ich im Lauf des Studiums kennen lernte, bestätigten in der Folge mein Selbstbild.) Alles an nur einer Frau festzumachen, ist natürlich eine Dummheit für sich, ich weiß – aber hier berühren sich rationale Einsicht und »gefühlte Evidenz« überhaupt nicht mehr.

Dieser Eindruck der Unverrückbarkeit meiner Situation wird in meiner Wahrnehmung sehr von einer Umgebung befeuert, die immer aufs Neue fühlbar werden lässt, in einer Position der Schwäche auf besonders beschämende Weise vereinzelt zu sein: Gerade für ich-schwache Menschen ist es wohl schwierig, sich von diesem allseits präsenten Wertekodex der Mediengesellschaft zu emanzipieren, die den ganzen Inszenierungsreigen der Partnerfindung und -beziehung immer neu variiert und denjenigen als wertlosen Rest durch die Maschen fallen lässt (oder es zumindest behauptet, indem sie ihn zum Klischee erniedrigt), der aufgrund bestimmter äußerer oder innerer Eigenschaften nicht auf diese Bühne gehören soll. So perpetuiert es den Zustand der Isolation, dass ich mich auf der einen Seite voll mit meiner Problematik identifiziere, auf der anderen selber ein Mitglied jenes imaginären Gremiums der Anderen bin, die den Einzelnen – mich – beobachtend einschätzen. Die Erfahrung, dass der Teil des Selbstbeobachters und des Reflektierenden dem Teil, der sich empfindet, stark überlegen ist (und vor allem getrennt ist von diesem), fundiert ein Grundgefühl der Scham, des Sich-Entfremdetseins, das über konkrete Momente des Sich-Schämens weit hinausgeht und überall Stoff für Minderwertigkeitsgefühle findet oder selbst produziert.

In der Verwandtschaft wird mein Problembewusstsein nicht geteilt; dafür ist deren Optik zu weit von der meiner Generation entfernt. Meine Problematik ist hier also tabu, wird verdrängt oder beschönigt – was mir insofern entgegenkommt, als auch ich es unerträglich fände, von gutwillig Ahnungslosen meine Wunden betasten zu lassen. Der Versuch, das für mich Evidente einem völlig Außenstehenden zu vermitteln, gelingt sowieso nie richtig und kann von Anderen – auch mangels »reeller« Ansatzpunkte, die sichtbar und daher nachvollziehbar wären, z.B. greifbaren Behinderungen – schwer verstanden werden.

Schmerzlicher ist für mich die Ignoranz, die diesbezüglich auch im Freundeskreis besteht. Sie läuft parallel zur Neigung vieler, wie mir scheint, sexuelle Erfahrung als Synonym für Lebenserfahrung, für »Mündigkeit« schlechthin zu betrachten. Häufig habe ich erlebt, wie anfängliches Offensein mir gegenüber, was zwischenmenschliche Themen allgemein betraf, sich im Verlauf des besseren Kennenlernens in Reserviertheit verwandelte, so dass immer weniger mit mir als über mich geredet wurde. Ich habe insgesamt den Eindruck gewonnen, dass jegliche Beziehungsprobleme – und sei es der hässlichste Konflikt durch eigene Schuld – sich einem Außenstehenden viel leichter vermitteln lassen als gänzliche Unerfahrenheit auf der »Beziehungsebene«. Da diese noch nicht einmal betreten werden konnte.

Als realiter nicht erreichbares Phantasiebild spielt »Sexualität« aber auch bei mir eine unangemessen große Rolle, die jedoch emotional nicht mehr stark aufgeladen ist. Eine viel bedeutendere Rolle als Sexualität im engen Verständnis spielt sie im weiteren Sinn: Alles, was Wörter wie »Nähe«, »Zärtlichkeit«, »umarmen« evozieren, gehört dazu. Ebenso wie geringfügige Gesten, die im Alltag bei Paaren zu beobachten sind, viel zuverlässiger ein intimes Einverständnis bedeuten und viel schmerzhafter eine Empfindung von Sehnsucht bei mir erzeugen als Bilder eines triebhaften Verhaltens, bei denen das eigennützige Moment im Vordergrund zu stehen scheint (leider neige ich zu dieser Deutung) und die mich nicht mehr so berühren. Die Unmöglichkeit eines körperlichen Erlebens im weiteren Verständnis bildet für mich zurzeit das schmerzhafteste Desiderat meines Lebens.

Zur jetzigen Situation im Vergleich zu früher: Die sich geradezu zwanghaft einstellenden Gedankenspiele zum Problemfeld sind mittlerweile mit erheblich mehr Gefühlen von Frustration und Trauer verbunden als vor zehn Jahren, als immer noch ein Gran lockerer Erwartung beigemischt war und ich mich selbst noch salopp als »Spätzünder« sehen konnte. Das hat sich nun geändert. Im Nicht-Einnehmen-Können einer erwachsenen sexuellen Identität – bei gleichzeitigem Erleben eines starken Begehrens – besteht für mich aber nach wie vor das bedrängendste Erzeugnis meiner Lage, das mir die Schere zwischen eigenem Erleben und dem der anderen ständig bewusst hält. Das ist gleich geblieben.

Einen gewissen Halt erlebe ich vor allem durch Musik und Literatur, wenngleich mir auch klar geworden ist, dass das Glücksversprechen, das ich in diesen Bereiche einmal hineingelegt hatte, nicht durch sie allein eingelöst werden kann. Doch es gilt: Ohne Musik möchte ich nicht leben. Hier sind die bei mir sonst so divergierenden Bereiche »Kopf« und »Gefühl« im lustvollen Moment der Rezeption vereint. Lieblingskomponist: Franz Schubert. (Thema-relevant: »Schöne Müllerin«!) Davon abgesehen, leider: Alkohol. Wenn's dunkel wird, helfen Wein- und Bierkonsum, die aufkommenden Gedankenkreise und Einsamkeitsgefühle abzumildern und einzuschlafen. Betrunken bin ich nie. Es hilft auch manchmal zu spüren, dass ich nicht aus allen sozialen Bezügen herausgefallen bin – dass es doch einige Menschen gibt, die an mich denken.

Bettina: »Es ist die ewige Gratwanderung zwischen Angst und Sehnsucht.«

Bettina, 35, ist kaufmännische Angestellte. Ihre Mailadresse lautet B_Abine@yahoo.de.

Noch während meiner Oberstufenzeit hatte mal ein Kumpel gesagt, die anderen würden mich »iron maiden« nennen – die eiserne Jungfrau. Da war es wohl für die anderen schon ungewöhnlich, für mich eigentlich nicht. Auch meine Freundinnen waren eher Spätzünder. Sie hatten ihren ersten Freund erst mit 19, Anfang 20. Erst als ich als letzte Mohikanerin übrig blieb, war mir dann klar, dass es bei mir wohl anders läuft. Mein Opa hat damals immer beschwichtigend gesagt »Lasst mal, die kriegt dafür mal einen ganz Besonderen.«

Damals hatte ich geglaubt, er hat Recht. Ich hielt mich für etwas Besonderes, und da waren diese Worte von ihm natürlich ein willkommener Trost. Im Laufe der Jahre sah ich das allerdings zunehmend anders. Sicher würde auch mein Opa das heute anders sehen, er ist vor zehn Jahren gestorben. Ich halte mich auch heute noch für etwas Besonderes, allerdings eher im Sinne von »mit mir stimmt was nicht«, »ich bin anders als die anderen«. Das Besondere hat mittlerweile einen sehr faden Beigeschmack bekommen.

Es liegt bei mir in erster Linie an meiner Angsterkrankung und an meiner Erziehung. Schwerpunkt würde ich aber auf die Angsterkrankung legen. Die Angst trat zum ersten Mal mit ungefähr sechzehn auf. Mitten in der »Experimentierphase«. Vor der Angsterkrankung gab's den starken Wunsch nach einem festen Freund, viele Schwärmereien. Zum Glück bin ich wenigstens nicht ungeküsst … Auf den Klassenpartys damals ging's ganz schön ab, Knutschereien und so.

Eigentlich fing alles recht viel versprechend an. Der erste Kuss war recht früh. Ich weiß es gar nicht mehr, es kann sein, dass ich sogar erst elf war. Ein richtiger Zungenkuss an Fasching, ich kannte den Typ gar nicht. Hat mich einfach auf seinen Schoß gezogen und geküsst. Aber das war irre. Um mich herum hab ich alles vergessen. Als ich wieder aufstand, war mir total schwindlig, meine Knie waren ganz weich. Später gab es noch mal einen Typ in der Skifreizeit (achte Klasse), mit dem ich heftig rumgeknutscht hatte, später noch einen anderen auf einer Party, der immerhin den Wunsch geäußert hatte, mit mir aufwachen zu wollen. Aber da hab ich noch nicht an Sex gedacht. Da wollte ich mich ausprobieren, die Aufmerksamkeit genießen.

Tja, und dann kam aus heiterem Himmel die Angst – und das mit brachialer Gewalt. In den kommenden Jahren habe ich alle Anstrengung darauf verwendet, erst mal funktionieren zu können. Ich hatte phasenweise Todesangst. Nichts ging mehr. Ich habe nur noch im Bett gelegen. An Beziehung, Liebe und all diese Dinge war nicht zu denken. Da waren viel existentiellere Gefühle, mit denen ich mich herumschlagen musste. Therapie, Medikamente, stationäre Aufenthalte – Urvertrauen futsch.

Was die Erziehung anbelangt, ging es zu Hause eher lieblos zu. Vor den Kindern wurden keine Zärtlichkeiten ausgetauscht (dafür aber oftmals umso heftiger gestritten). Ich bin sehr überbehütet aufgewachsen. Aber inwieweit das ausschlaggebend für mein AB-tum (siehe Glossar) ist, weiß ich nicht. Immerhin ist meine Schwester auch keine ABine, sondern längst verheiratet.

Ich denke, dass ich zur Teeniezeit mit vielen Dingen überfordert war. Mein Gefühlsleben war völlig außer Kontrolle geraten. Ich hatte auch körperliche Probleme. Mit Beginn der Pubertät hatte ich jeden Monat Zwischenblutungen. Ich war überzeugt davon, Krebs zu haben und daran sterben zu müssen. Also habe ich es solange verheimlicht – jahrelang –, bis ich mich irgendwann doch meiner Mutter anvertraut hatte. Der zwangsläufige Besuch beim Frauenarzt (ein Mann) war eine ziemliche Horrorerfahrung. Ich hatte eine Hormonstörung. Das hat sich auf andere Art dann mit achtzehn wiederholt. Bei einer Blutuntersuchung wurde festgestellt, dass meine Hormonwerte völlig aus den Fugen geraten waren. Manche Werte lagen zwischen »Mann und Frau«. Der Frauenarzt meinte, solche Werte hätte er in seiner ganzen Praxis noch nicht gehabt.

Manchmal glaube ich, mein Körper veranstaltet eine unbewusste Sexrevolte. Er wehrt sich mit solchen Symptomen. Letztes Jahr hatte ich jemanden kennen gelernt, bei dem ich mir (fast) hätte vorstellen können, mich näher auf ihn einzulassen. Was ist dann passiert? Ich bekam wieder Blutungen. Der Frauenarzt stellte einen Riss im Gebärmutterhals fest und sagte, es könne durchaus länger dauern, bis das heile. Komischerweise heilte es sofort, als sich die Sache mit dem Typen wieder zerschlagen hatte. In diesem Zusammenhang glaube ich langsam nicht mehr an Zufälle.

Die Angsterkrankung hat mich bis heute begleitet. Nicht mehr in diesem heftigen Ausmaß wie früher, aber sie hat meinen Lebensradius stark eingeschränkt. Deswegen halte ich mich auch nicht mehr für beziehungstauglich. Wer möchte schon ein eingeschränktes Leben mit mir führen? Keine Flugreisen, keine Reisen ins Ausland. Ich bin nicht sonderlich belastbar. Stress kann sehr schnell eine Panikattacke auslösen. Und Verlieben ist Stress pur. Ich habe Angst, die Kontrolle zu verlieren. Die Angst, mich auf eine Beziehung oder körperliche Berührungen mit einem Mann einzulassen, ist eine regelrecht existentielle Angst. Es geht einfach nicht. Klappe zu – Affe tot – ich weg.

Sehr hilfreich, um mir die Männer vom Hals zu halten, war auch die Essstörung, die sich zusätzlich im Laufe der vergangenen Jahre entwickelt hat. Ich habe über 30 Kilogramm an Gewicht zugenommen. Die Interessenten sind deutlich weniger geworden. Sie sind nicht gänzlich verschwunden, weil ich immer noch hübsch bin, aber ich habe einen Grund mehr, keine Beziehung eingehen zu müssen. So dick wie ich bin, kann ich unmöglich Sex haben. Sex haben nur die Leute, die perfekt sind, schlank und athletisch, spontan und unternehmungslustig – eben all das, was ich nicht bin.

Ich bin mir gar nicht sicher, ob ich überhaupt jemals so etwas wie Urvertrauen besessen habe. Schon im Kindergarten war ich mir nie sicher, ob meine Mutter mich überhaupt wieder abholen würde. Nach unendlichen Therapiesitzungen meinte eine Therapeutin sogar einmal, man könne so weit zurückgehen, wie man wolle, eventuell entstand das »Trauma« schon im Mutterleib. Wie auch immer … Aber der Funken Vertrauen in das Leben, den ich vielleicht einmal hatte, ging einfach im Laufe der Zeit verloren.

Mit fünfzehn hatte ich Hepatitis B, da hab ich dann »gelernt«, wie es sich anfühlt, schwer krank zu sein. Es hat Monate gedauert, bis ich mich wieder einigermaßen gesund fühlte. Aber es wurde nie wieder wie früher. Seitdem habe ich mich einfach schwächer gefühlt. Der Ausbruch der Angst hat mir dann den Rest gegeben. Mein Hauptsymptom bei der Angst war zu Beginn Schwindel, ein Gefühl, als ob der Boden unter einem schwankt. Ich denke, dieses Symptom hat durchaus einen übertragenen Sinn. Irgendwie war meine Welt erschüttert. Woher die Blutungen kamen, welchen Sinn sie hatten … Eine Therapeutin hat mal gesagt, so würde ein kleines Mädchen weinen, wenn sie nach außen keine Tränen hat.

Richtiges Vertrauen in meinen Körper hatte ich nie. Eine andere Therapeutin sagte, ich hätte viele Parallelen zu einem Missbrauchsopfer. Ich bin körperlich nicht missbraucht worden. Aber ich war als Kind emotional mit vielen Dingen überfordert. Die Eltern, die sich heftig stritten, während ich im Kinderzimmer saß und mir verzweifelt die Ohren zuhielt. Mein Vater, der Alkoholiker ist, und sich nach einem schlimmen Streit bei mir ausgeweint hat. Ich war noch ein Kind. Das war furchtbar für mich, meinen Vater so zu sehen. Meine Eltern waren damals für mich keine wirklichen Vertrauenspersonen, sondern eher so etwas wie ein wandelndes Pulverfass. Ich fühlte mich für meine Eltern verantwortlich – und das als Kind! Ich liebe meine Eltern sehr und befürchte, dass ich mich trotz eigener Wohnung nie richtig abgenabelt habe. Vielleicht ist dies ein weiterer Grund für mein beziehungsloses Leben. Ich bin nie richtig erwachsen geworden.

Wenn ich die absolute Sicherheit hätte, ein Mann würde mich nicht (sexuell) berühren, und mich auch deswegen nicht verlassen, dann wäre die Angst für mich zu bewältigen. Ich weiß nicht, ob sie ganz weg wäre, aber es wäre durchaus vorstellbar. Quasi so wie Bruder und Schwester. Ich könnte auch Umarmungen zulassen. Das kann ich bei befreundeten Männern, von denen ich weiß, die wollen nichts von mir, ja auch ohne Probleme. Die andere Seite wäre, dass ich im Laufe der Zeit, wenn ich Vertrauen gefasst habe, durchaus auch das Bedürfnis nach mehr Berührungen entwickeln könnte. Dann nämlich, wenn ich mich an diesen Menschen gewöhnt habe, ihm vertraue, mich geliebt und angenommen fühle. Aber eben alles in *meinem* (Schnecken-)Tempo.

Ich glaube, dass mich jetzt eh keiner mehr will. Weil ich zu kompliziert bin und zu dick. Ich denke, ich habe mich bereits gut mit dem AB-Sein arrangiert. Ich würde mehr unter der Angst leiden als unter dem AB-Sein. Aber die Vorstellung, im Alter alleine zu sein, gefällt mir wiederum auch nicht besonders. Ich habe noch den Funken Hoffnung, es könnte sich was ändern. Ich kann die Hoffnung nicht ganz aufgeben. Aber es wird zunehmend schwieriger. Ich suche den Weg raus, aber ich finde ihn nicht und zweifle auch daran, ob es ihn gibt. Aber ich würde schon gerne eine Beziehung haben, aber eine Beziehung, die … wie soll ich sagen … meinen »Fähigkeiten« entspricht.

Ehrlich gesagt, hab ich *keine* Ahnung, wie eine Lösung für mich aussehen könnte. Wenn ich auch bedenke, wie viele Therapien ich wegen meiner Angsterkrankung schon hinter mir habe, Therapien in denen ich das Thema AB-tum auch angesprochen habe, ohne dass zu dieser Problematik et was Brauchbares herauskam, fühle ich mich ziemlich hilflos.

Bei Angsterkrankungen ist ja die Konfrontation die effektivste Methode. Aber wie soll das gehen bei Angst vor Nähe und Sex? Es dürfte sicher irgendwie für mich möglich sein, in einem Baggerschuppen einen One-Night-Stand abzubekommen. Aber ich halte das nicht für heilsam, sondern eher für kontraproduktiv. Dann gibt es ja noch die »gestufte Reizkonfrontation«. Aber da hab ich dann das Problem, dass die Männer sicher nicht gerne als Übungskandidaten herhalten möchten und vorzeitig abspringen. Hier stellt sich auch die Frage, inwieweit ich mich offenbaren soll. Ich habe via Internet schon damit experimentiert. Aber wenn ich mich zu früh oute, werde ich zu verletzlich, um mich dann noch auf etwas einlassen zu können. Ich weiß nicht, wann der richtige Zeitpunkt für die Wahrheit ist. Wenn ich mich nicht oute, geht es auch daneben, weil der andere irgendwas an mir nicht stimmig findet. Bleibt also das Gefühl: »Wie ich's mache, isses verkehrt.«

Meine Methodik sieht momentan ungefähr so aus: Es ist zuerst einmal wichtig, dass es mir gut geht und ich weiter an mir und meinen Ängsten arbeite. Ich halte sehr viel von kognitiven Techniken und versuche so umzudenken. Ich habe das allerdings hauptsächlich bei Angstgefühlen angewendet – beim AB-Problem noch nicht. Ich glaube, ich habe sehr verquere Vorstellungen von Beziehungen, habe ein Schema im Kopf, wie es zu sein hat. Und ich passe in dieses Schema eben nicht rein. Ich bin andererseits auch sehr kritisch Männern gegenüber, nach dem Motto »Das lasse ich mit mir nicht machen«. Und dabei geht es nur um banale Dinge. Zum Beispiel sagt er ein Treffen ab mit Gründen, die mir fadenscheinig vorkommen. Dann bin ich sehr schnell eingeschnappt. Liegt wohl am fehlenden Selbstbewusstsein. Aber zurück zur Methodik. Ich habe immer irgendwelche Internetkontakte zu Männern. Das gibt mir das Scheingefühl oder den »Hauch« einer Beziehung. Sichere Sache, so auf Distanz. Natürlich geht das nur eine Zeit lang gut, dann ergibt sich eben wieder was Neues.

Ich bin bei diversen Kontaktbörsen im Internet registriert. Ab und zu ergibt sich daraus auch mal ein Date. Meist bleibt es bei dem einen Date, und das war's dann. Ich hab dann das Gefühl, mal wieder was in der Richtung unternommen zu haben, aber den leisen Verdacht, dass das nur »pro forma« war, um mein Gewissen zu beruhigen. Ich denke, es wäre ein guter Ansatzpunkt, mehr zu daten und dann mal meine Grenzen austesten. Ich hab auch schon darüber nachgedacht, mit einem Mann, den ich »nur« sympathisch finde ohne den Schmetterlingsbegleiteffekt, auszutesten, ob ich ein wenig weitergehen könnte – Händchen halten, Küssen. Aber irgendwie kriege ich das auch nicht gebacken.

Ich denke, mit meinen Signalen ist was nicht in Ordnung. Ich habe dann nicht das »Ich-will-dich-Funkeln« in den Augen, sondern den »Komm-mir-bloß-nicht-zu-nahe-Ausdruck« im Gesicht. Diese Ambivalenz scheint mein Gegenüber offensichtlich zu spüren. Wo also ansetzen? Und wenn man bedenkt, was in über fünfzehn Jahren Grübelei über das Thema herausgekommen ist, bleibt ein sehr ernüchtert-resignatives Gefühl. Das letzte Fünkchen Hoffnung basiert wohl auf Kommissar Zufall.

Aber man verstehe mich nicht falsch. Ich bin wegen des AB-tums oder der Angsterkrankung nicht zwangsläufig in tiefste Depressionen verstrickt. Ich versuche mir – trotz allem – mein Leben schön und angenehm zu gestalten. Ich lege viel Wert auf eine gemütliche Wohnung, habe ein total süßes Haustier, eine superliebe Schwester und ein paar gute Freundinnen. Meine Freundinnen wissen übrigens *alle* von meinem AB-tum, aber es wird kaum noch thematisiert. Ich bin froh, dass ich trotz aller Widrigkeiten ein relativ »normales« Leben führen kann. Ich gehe meinem Job nach, ab und an treffe ich mich mit Freundinnen (Kino, Essen gehen etc.), bin auch gerne alleine und zu Hause, wo ich's mir auf dem Sofa gemütlich mache. Ich zeichne sehr gerne, bin ein Bücherwurm, fahre etwa einmal im Jahr mit meiner Schwester in (angstverträglichen) Urlaub. Ich habe mich ganz gut arrangiert. Wenn ich nicht gerne leben würde, wenn ich nicht dem Prinzip Hoffnung vertrauen würde, hätte ich die ganz schlimmen Jahre sicherlich nicht überstanden. Es gab immer etwas in mir, was mich daran glauben ließ, dass alles gut wird. Das hört sich jetzt ein bisschen schwammig an, es ist ja auch nur so ein Gefühl.

Der Verwandtenkreis ist bei uns sehr überschaubar. Meine Eltern sind beide Einzelkinder, so dass die Familie aus meinen Eltern, einer Großmutter, meiner Schwester und ihrem Mann besteht. Im Familienkreis ist das AB-tum kein Thema mehr. Ich habe nicht das Gefühl, dass es tabuisiert wird, sondern dass jeder akzeptiert hat, wie es ist. Auch im engeren Bekanntenkreis ist es kein großes Thema. Da läuft das ganz ähnlich. Mit einer guten Freundin habe ich schon oft darüber gesprochen. Sie war eine ehemalige Arbeitskollegin von mir, mit der ich öfter mal was unternommen hatte. Das Outing ist mir sehr schwer gefallen, aber sie hat sehr gelassen reagiert. Irgendwie reagieren die meisten sehr gelassen. Komisch. Was natürlich hinter meinem Rücken darüber geredet und spekuliert wird … keine Ahnung. Was ich nicht weiß, macht mich nicht heiß.

Wenn ich mich mit meinen ehemaligen Schulfreundinnen vergleiche, schneide ich schon ziemlich schlecht ab. Sie sind mittlerweile alle verheiratet und haben Kinder. Ich führe noch das gleiche Leben wie in meinen 20ern. Eine Kollegin beneidet mich sogar ein bisschen um meine Unabhängigkeit und darum, dass ich mir gerne selbst Wünsche erfülle. Ich muss niemandem Rechenschaft ablegen. Ich kann das ganze Wochenende verbummeln und Mittagsschläfchen halten. Wenn ich was Hübsches sehe, kaufe ich mir das einfach. Aber ich weiß, dass die Unabhängigkeit natürlich auch eine Kehrseite hat. Ich hasse es nämlich, mit Grippe alleine zu Hause vor mich hin zu vegetieren. Das sind die Momente, wo meine Eltern noch einspringen können (mir was in der Apotheke besorgen, mich zum Arzt fahren, einkaufen gehen) –, aber meine Eltern werden nicht ewig für mich da sein. Mir fällt auch noch ein, dass ich viele Gleichaltrige als »erwachsener« empfinde. Irgendwie bin ich noch ziemlich Kind geblieben.

Wenn ich über mein Problem reden wollte, gäbe es Freundinnen. Aber irgendwie habe ich nicht mehr das Bedürfnis danach. Es ist fast so, als ob schon alles gesagt wäre. Und meinen Freundinnen gehen so langsam aber sicher auch die wohlmeinenden Ratschläge aus.

Ist schon komisch: Was ich hier sage, klingt für mich fast so, als wäre das Kapitel für mich abgeschlossen, als hätte ich mich damit arrangiert. Aber es bleibt der nagende Zweifel, dass ich ein elementares menschliches Grundbedürfnis weggeschlossen habe. Vielleicht, weil man nicht vermissen kann, was man nicht kennt? Oder – wie in meiner Lieblingsfabel – dass dem Fuchs die Trauben sauer scheinen, weil er sie nicht erreichen kann.

Dieses Interview ist gar nicht so einfach, wie ich anfangs dachte. Man arbeitet in so kurzer Zeit den ganzen Schlamm aus der Vergangenheit wieder auf und ist gezwungen, gezielt hinzugucken, wo man lieber gekonnt verdrängen würde. Es ist wie Selbsttherapie – leider ohne Aussicht auf Lösung. Ich komme mir ein wenig vor, als würde ich einem Briefkastenonkel mein Herz ausschütten, nur dass der mir dann leider nicht die ultimative Lösung aus dem Ärmel schütteln kann. Sehr bedauerlich.

Es gibt ja nicht so viele Männer, mit denen ich darüber gesprochen habe. Der erste Mann, dem ich davon erzählt habe, war ein Pfleger/Betreuer in einer psychiatrischen Klinik. Da war ich aber erst neunzehn. Es war auch nicht ganz richtig, mit ihm darüber zu sprechen … so hat er mir am Ende des Gesprächs vermittelt, dass er da wohl über seine Kompetenzen hinausging. Jedenfalls war mir danach kotzübel.

Der nächste Mann, dem ich das sagen musste, war natürlich mein Frauenarzt. Auch immer ein Highlight. Tue ich aber aus reinem Selbstschutz – damit die Untersuchung nicht unangenehm wird.

In meinen 20ern, wenn ich mal jemanden kennen gelernt hatte und es drohte, ernster zu werden, hat sich die Sache immer wie von selbst erledigt. Entweder er hat sich zurückgezogen oder ich hab die Sache beendet. Besonders krass dabei ist, dass ich früher oft einen Typen plötzlich eklig fand, weil er auf mich stand. Dann konnte anfängliche Begeisterung unmittelbar in Abscheu umschlagen. So viel zum Thema Selbstwert …

Vor einigen Jahren riskierte ich dann das erste freiwillige Outing vor einem Mann. Allerdings nur am Telefon. Ich hatte ihn über eine Kontaktanzeige kennen gelernt, weil er auch Angstpatient war. Er hatte mich nach Beziehung gefragt, worauf ich sagte »Ich hatte noch nie eine Beziehung«. Mein Herz schlug bis zum Hals. Ich dachte immer, wenn ich das ausspreche, müsste ich sterben. Seine prompte Frage war dann »Aber Sex hattest du schon mal?«. Er ging total locker damit um, war aber auch ein sehr sensibler und verständnisvoller Mensch. Für mich war das zu diesem Zeitpunkt ein ganz großes Wagnis, das ich da bestanden habe.

Alle weiteren Bekenntnisse liefen bislang nur auf Internet-Ebene. Real-Life-Gespräche gab es höchstens mal mit männlichen AB-Kollegen.

Bei Kontaktanzeigen-Bekanntschaften kommt häufig sehr frühzeitig die Frage nach der letzten Beziehung. Ich bin da sehr unsicher, ob man diese Frage besser auf einen späteren Zeitpunkt vertagen sollte (also ausweichend antworten oder sogar »not«-lügen), oder ob es nicht viel souveräner wäre, einfach locker-flockig mit der Wahrheit rauszurücken. Leichter gesagt als getan.

Ich habe schon das Gefühl, einen großen Teil meines Lebens unwiederbringlich verpasst zu haben. Aber diesen Gedanken verdränge ich, weil er nicht hilfreich ist. Ich ersetze ihn lieber mit dem Gedanken »The best is yet to come.« Es ist müßig, darüber zu sinnieren. Und es wäre mir wohl egal, wenn ich denn irgendwann doch mal die Liebe meines Lebens (falls es so was überhaupt gibt) finden würde.

Nervig sind Kolleginnen, die permanent nachfragen »Und? Was macht die Liebe?« – mein meist gehasster Satz. Man entwickelt Strategien gegen solche Fragen. Entweder ich habe gelogen, habe aktuelle Dates so ausgeschmückt, als könnte was draus werden, habe darüber sinniert, dass die Guten schon alle vergeben sind und so weiter und so fort. Inzwischen gelte ich wohl eher als überzeugter Single. Die einen kaufen mir das ab, die andern fragen dann doch mal wieder. Wenn zum Beispiel einer unserer Außendienstmitarbeiter sagt »Na, Ihr Mann wird sich sicher auch freuen, wenn Sie endlich nach Hause kommen«, dann lache ich einfach nur mit, ohne groß was zu erklären, und freue mich insgeheim, dass er mir einen Mann zutraut. Für die ist das halt normal.

Die Leute sollten solche blöde Fragerei à la »Was macht die Liebe« unterlassen. Genauso stört es mich, wenn sie einen auf die Mitleidsschiene schieben. Oder eindimensional urteilen: »O je, der hat keine abgekriegt« – »Die ist wohl total prüde und verklemmt«.

Mir fällt noch etwas ein, was ich am AB-tum hasse: Weggehen mit Pärchen. Es gibt in meinem Bekanntenkreis in diesem Alter fast keine Singles mehr. Bevor ich das fünfte Rad am Wagen bin, bleibe ich lieber zu Hause.

Meine Eltern sind ja (wohl bis heute) der Meinung, man müsste mir einen Mann erst backen. Also wäre deren Ratschlag wohl, meine Ansprüche herunterzuschrauben. Witzigerweise hat mir mein Vater im Teeniealter immer die Typen niedergemacht, für die ich ein Auge hatte. Der andere – wohl klassische – Ratschlag war, mehr wegzugehen. Aber diese Phase hab ich auch hinter mir, ohne Erfolg. In den 20ern, als ich noch rank und schlank und wirklich attraktiv war, war ich jedes Wochenende in Frankfurts Discotheken unterwegs. Die einzige, die was davon hatte, war meine damalige beste Freundin, die die Typen reihenweise abgeschleppt hat.

Wie ich mir mein Leben in fünf oder zehn Jahren vorstelle? Eine tolle Frage! Die kommt auf meiner Hassliste gleich nach »Was macht die Liebe?«. Ich kenne diese Frage von Vorstellungsgesprächen. Ich hasse sie wohl deshalb, weil ich annehme, dass es in fünf Jahren ähnlich wie heute aussehen wird – wenn wir von realistischen Vorstellungen reden. Wenn wir von träumerischen Wunschvorstellungen sprechen, würde ich natürlich sagen, dass ich jemanden kennen lerne werde, der ein klein wenig so wie ich gestrickt ist, der sensibel und einfühlsam ist und mir die nötige Zeit gibt, ihm näher zu kommen. Wir werden zunächst eine schöne Zeit in getrennten Wohnungen verbringen, bis wir dann irgendwann zusammenziehen werden. Eine schicke Dreibis-vier-Zimmer-Wohnung, wo ich ein eigenes Zimmer für mich habe, wo ich mich zurückziehen und so die gewohnte Unabhängigkeit ein Stück weit weiterleben kann. Wo ich dann nur noch Teilzeit arbeiten muss und Zeit für den Hund habe, den wir uns zugelegt haben. Okay, Schluss mit den rosaroten Wölkchen und den Prinzessinenträumen.

Mir ist klar, dass ich ein starkes Problem mit Zielen habe. Ich habe keine, außer dem zu überleben und meine Angst in Grenzen zu halten. Ich habe mir vor kurzem das Buch »Enjoy your Life – 10 kleine Schritte zum Glück« gekauft. Leider komme ich über Schritt 1 nicht hinaus – der einzige, den ich einigermaßen hinkriege (15 Minuten nichts tun). Schritt 2 handelt von »Wahrheit« und Schritt 3 von »Wünschen«. Ich glaube, ich halte meine Wünsche für so unrealisierbar, dass ich sie so gut vergraben habe, dass ich sie gar nicht mehr finde. Oder ich bin so emotionslos, dass ich keine Wünsche mehr habe. Nein, das stimmt so nicht. Es ist die ewige Gratwanderung zwischen Angst und Sehnsucht. Solange die Angst stärker als die Sehnsucht bleibt, kann sich nichts ändern. Keine Risikobereitschaft.

Falls ich einen Partner fände, sollte er über mich wissen …

… dass ich es überhaupt nicht gewohnt bin, viel Nähe zuzulassen, und dass ich genügend Freiraum zum Rückzug brauche.

… dass ich öfter überreagiere, weil mein Selbstbewusstsein nicht sehr ausgeprägt ist und ich daher manche Dinge gleich persönlich nehme.

… dass die Angst ein Teil meines Lebens ist und nicht zwangsläufig durch eine Beziehung ausgelöscht ist.

… dass ich viele Dinge, die für ihn selbstverständlich sind (im Miteinander), erst einmal lernen muss.

… dass ich bei ihm nicht immer in der Lage bin, meine Bedürfnisse zu äußern, aus Angst ihn zu verlieren.

… dass er manchmal um mich kämpfen muss, weil ich sonst vielleicht viel zu früh die Flinte ins Korn werfen würde.

… dass er nicht versuchen sollte, mich zu ändern, weil er mir sonst das Gefühl gibt, nicht gut genug zu sein.

… dass er einerseits nicht zu viel von meiner Angst mittragen sollte (also mein Vermeidungsverhalten unterstützt), aber mich andererseits auch nicht mit Angstkonfrontationen überfordern sollte.

Mein Eindruck von Männern? Sehr, sehr schwierig. Mein erster Impuls auf diese Frage war ein schwammiges »nicht so toll«. Ich habe dann versucht, diesem Gefühl nachzugehen, mit mäßigem Erfolg. Die Männer sind so unterschiedlich, dass mir ein Urteil im Kollektiv sehr schwer fällt. Es gibt Männer, auf die ich herabsehe, es gibt Männer, zu denen ich aufschaue. Es gibt Männer, die ich mag. Das Einzige, was sich für mich einigermaßen auf einen Nenner bringen lässt, ist, dass ich oft bei Männern den Eindruck habe, dass einige an Selbstüberschätzung (oder nennen wir es Selbstgefälligkeit) leiden? Dass manche sich idiotisch benehmen? Dass manche Arschlöcher sind? Es ist schon bezeichnend, dass mir eher Negativbeispiele einfallen. Um über einen richtig tollen Mann zu berichten, müsste ich erstmal darüber nachdenken … Ich weiß jedenfalls, dass ich Männer weit kritischer beäuge als Frauen. Dass ich bei Männern eher Dinge peinlich finde. Das lässt allerdings nicht den Rückschluss zu, dass ich irgendwie homosexuell veranlagt sein könnte, ohne davon zu wissen. Sexuelle Anziehungskraft üben nur Männer auf mich aus. Aber im Großen und Ganzen sind mir Männer irgendwie fremd. Kein Wunder, kenne ich sie ja bislang nur als Vater oder Kollegen – niemals als Lebenspartner.

Die Dating-Szene ist ein Markt. Ein Jahrmarkt der Eitelkeiten. So wie im Otto-Katalog bestellen. Jeder hat eine Checkliste im Kopf, die Punkt für Punkt abgehakt wird. Da sind auf der einen Seite die Ladenhüter, die auf dem freien Markt keine(n) abkriegen, auf der anderen Seite die Sexhungrigen, die nach einem One-Night-Stand oder einem Seitensprung aus sind, und dazwischen noch ein paar, die es ernst meinen. Die Suche nach der Stecknadel im Heuhaufen. Aber für Stubenhocker sicher eine gute Möglichkeit, jemanden kennen zu lernen. Allerdings ist die Sache mit der »Chemie« eben heikel. Man trifft dort auf Leute, die man im echten Leben niemals angesprochen hätte. Man mailt sich erstmal, erzählt sich unter Umständen seine Lebensgeschichte, malt sich insgeheim aus, wie es wäre … telefoniert, glaubt, seinen Seelenpartner gefunden zu haben, steht sich dann gegenüber und *puff* ist der Zauber vorüber. Mittlerweile bin ich der Meinung, man sollte nach einem ersten »Abklopfen« so schnell wie möglich ein Treffen anstreben. Sonst bauen sich zu viele Illusionen auf.

Single-Parties habe ich auch schon ausprobiert. »Fisch sucht Fahrrad«. Ganz nett, aber irgendwie wie Disco halt. Viele Pärchen, viele One-Night-Stand-Sucher – oberflächlich. Die First-Class-Gazellen werden angegraben, was das Zeug hält, während die Mauerblümchen auch hier am Wegesrand unbemerkt verwelken. Hier sind eher die Extrovertierten. Falsches Revier, wenn du jemanden suchst, der lieber zu Hause sitzt und ein Buch liest.

Die Art, wie in den Medien Sex, Beziehungen und junge Leute dargestellt werden, finde ich bitter. Ganz bitter. Ich hab ja wenigstens schon vor Jahren aufgehört, Frauenzeitschriften zu lesen. Da tauchten unter anderem Checklisten auf, was man bis 20/30/40 in seinem Leben schon mal gemacht haben muss. Wer zum Teufel bestimmt so etwas? Ich sollte auch mit dem Fernsehen aufhören. Soaps schaue ich mir kaum an. Die Leute sind alle schön, gut drauf, wohnen in gestylten Wohnungen, haben einen Riesen-Freundeskreis und irgendwie immer eine Beziehung (mit wechselnden Protagonisten – Abwechslung muss ja sein). Sie haben dramatische Probleme – und davon ganz viel. Aber dann wird plötzlich alles wieder gut (wie eigentlich?), bis zum nächsten Trauma. Aber immerhin haben zwischendurch alle wieder ganz viel Spaß.

Sex in den Medien? Nun, »Sex sells«. Ob nun Kicherpüppchen Jeanette im Video lasziv »guck-mal-was-ich-hier-unterm-Latexanzug-habe« vermittelt, oder ob in irgend einem zweifelhaften Boulevard-Magazin über das außergewöhnliche Sexleben von was weiß ich wem berichtet wird: Sex wird irgendwie isoliert dargestellt. Sex ohne Liebe. Sex als rein praktische Übung.

Wie Bodenturnen. Muss jeder machen. Unbedingt. Sonst bist du uncool. Und du musst es oft und gut machen. Sonst bist du auch uncool. Du musst gut dabei aussehen (denn Speckfalten gehen ja mal gar nicht). Du musst immer Lust haben. Sex auf Zelluloid gebannt. Perfekt. Was nicht in die Szene passt, wird weggeschnitten. Mich frustriert das. Es vermittelt mir das Gefühl, nicht mitspielen zu dürfen. »Du musst draußen bleiben«. Ich darf keine Angst, sondern nur Lust haben. Ich darf nicht speckig, sondern nur athletisch sein. Sex im Dunkeln? Bist du verklemmt oder was? *Spot an.* Ich darf nicht mitspielen. Und *so* will ich auch nicht mitspielen. Aber wie ist Sex wirklich?

Falls ich in einem bedeutenden Magazin etwas zu sagen hätte, würde ich die Macher der »Lindenstraße« kontaktieren und anregen, einen AB in die Serie einzubauen. (»Lindenstraße« ist noch die glaubwürdigste Soap.) Ich würde die Macher von seriösen Talkshows (»Nachtcafé« zum Beispiel) bitten, das Thema aufzugreifen. Es wird sich wahrscheinlich kein AB vor die Kamera wagen, aber eventuell könnte ein Psychologe zu diesem Thema sprechen. Ich würde außerdem die Macher von »Spiegel TV« und »Stern TV« auf das Thema aufmerksam machen. Und ich würde eine Anzeigenkampagne initiieren. Wichtig ist ja in erster Linie, das Thema öffentlich zu machen. Es ist ja heutzutage peinlicher, gar keinen Sex zu haben, als Schwuler oder Fetischist oder schwuler Fetischist zu sein!

Das Thema muss in die Öffentlichkeit. Über die Medien. Sämtliche niedergelassenen Psychologen und Psychotherapeuten sollten auf die Internetseite der ABs hingewiesen werden, um Betroffenen den Austausch zu ermöglichen. Ich selbst habe meiner Therapeutin den Link gegeben – sie war sehr froh darüber, weil sie noch mehr ABs in ihrer Praxis hat. Vielleicht sollte es auch in großen Städten Selbsthilfegruppen geben. Man könnte ja mit Anzeigen darauf aufmerksam machen.

Ich glaube nicht, dass es *den* Grund dafür gibt, AB zu sein. Es ist eher so, dass sich da verschiedene Mosaiksteinchen zusammensetzen. Das können Faktoren sein wie psychische Probleme (zum Beispiel soziale Phobie), Kommunikationsprobleme (soziale Kompetenzen), optische Probleme, mangelndes Selbstwertgefühl, Schüchternheit, traumatische Jugend oder Kindheitserfahrungen (zum Beispiel als schulischer Außenseiter). Wer schon mal auf einem AB-Treffen war, erlebt dort die unterschiedlichsten Charaktere. Es gibt einerseits die ABs, die optisch nicht viel hermachen – unscheinbar eben. Andere, die still in einer Ecke sitzen und sich kaum an Gesprächen beteiligen. Genauso gut gibt es auch ein paar Leute, bei denen man sich fragt, warum sie AB sind – optisch ansprechend, kommunikativ. Daher ist es schwer, alle über einen Kamm scheren zu wollen.

Sicherlich kann ich mich mit dem einen oder anderen Aspekt der anderen identifizieren. Aber im Gesamtbild gibt es keine Person, in der ich mich eins zu eins wiedererkennen würde. Dazu sind die Lebensgeschichten einfach zu individuell. Eher kann ich mich noch in den Geschichten der weiblichen ABs wiederfinden, nur bei wenigen Männern sehe ich hier Ähnlichkeiten. Meine Kernpunkte sind psychische Probleme und mangelndes Selbstwertgefühl.

Ich bin jetzt schon einige Jahre im AB-Forum. Zu Beginn war es toll. Das Forenklima war sehr angenehm, und überhaupt war die Entdeckung, dass ich mit meinem Problem gar nicht so allein dastehe, sehr tröstlich. Der Austausch mit anderen war zunächst spannend. Man hatte eine Plattform, wo man sich auch mal ausheulen konnte, man hat versucht, sich gegenseitig zu unterstützen. Irgendwann kam dann mal der Punkt der Ernüchterung, das Gefühl, dass alles schon gesagt ist. Leerlauf.

Das Forum hat für mich keine Probleme lösen können. Dieser Anspruch wäre auch zu hoch. Allerdings habe ich im Laufe meiner Forenpräsenz mitbekommen, dass sich im Rahmen von AB-Treffen doch einige Pärchen gebildet haben. Insofern sind zumindest die mehr oder wenig regelmäßig stattfindenden Treffen eine gute Möglichkeit, jemanden kennen und vielleicht sogar lieben zu lernen, der mit der gleichen Problematik behaftet ist.

Mittlerweile stehe ich dem Forum eher kritisch gegenüber. Es zieht mich runter, deswegen versuche ich meine Forenpräsenz stark zu reduzieren. Das Klima ist rauer geworden. Besonders für ABinen. Als ABine ist man sowieso schon die Minderheit unter der Minderheit. Dies ist für ein paar Leute anscheinend der willkommene Anlass nachzutreten. Wahrscheinlich weil es zur Abwechslung mal ein schönes Gefühl ist, nicht mehr der Oberloser zu sein, sondern noch jemand Schwächeren gefunden zu haben. Das mag jetzt verbittert klingen, aber es ist ja auch bitter. Das Verständnis für die weibliche AB-Problematik hält sich doch stark in Grenzen (»Luxusprobleme«, »Rühr-mich-nicht-an-ABine«, »Psychotanten«). Nur sehr wenige Männer können sich einfühlen. Viele können gar nicht nachvollziehen, wo das Problem ist, wenn man als Frau Angebote bekommt (angeblich ja ständig), und diese nicht nutzen kann.

Frau soll sich halt mal einen Minirock anziehen, in der »Disse« einen aufreißen und dann mal die Beine breit machen. Kann ja wohl nicht *so* schwer sein. Solche Statements finde ich verletzend. Ich fühle mich nicht ernst genommen. Aber solche Leidenswettbewerbe sind mittlerweile im Forum an der Tagesordnung. Würde mich heute eine ABine nach dem Forum fragen, würde ich ihr abraten, dort zu posten (siehe Glossar). Entweder wird man sowieso erst mal als Fake oder Troll verdächtigt (was sicher in einigen Fällen auch begründet ist) oder das Posting wird zerpflückt bis zum geht nicht mehr oder mit Spott und Häme überschüttet. Reagiert hingegen jemand verständnisvoll, gilt er als Schleimer oder Arschkriecher.

Es schreiben kaum noch ABinen im Forum. Wundern tut mich das nicht. Aber ich bin enttäuscht, dass es so gekommen ist. Ich kann es ja noch bis zu einem gewissen Grad nachvollziehen, dass viele Männer Frauen gegenüber verbittert sind, weil sie ständig Ablehnung durch Frauen erfahren müssen. Aber diesen Frauenhass auch auf die ABinen zu projizieren ist unfair. Aber so ist es nun einmal.

In diesem Zusammenhang ist mir auch aufgefallen, dass weibliche ABs die Gründe für ihr AB-tum eher bei sich selbst suchen, während ein Großteil der männlichen ABs die Gründe bei den Frauen oder der Gesellschaft festmachen – nicht alle, aber einige. Es ist sehr schade, dass die Kluft zwischen Mann und Frau im AB-Forum so groß geworden ist. Für mich ist es keine geeignete Plattform mehr, um dort über meine Probleme zu schreiben. Man sollte den virtuellen Kram sicher nicht zu ernst nehmen, aber ganz frei machen kann man sich von Verletzungen doch nicht. Da müsste ich noch lernen, mich besser abzugrenzen – aber wozu überhaupt? Letztendlich kann nur ich selbst das Problem angehen: mit viel Mut, Offenheit und der Verabschiedung des »Märchenprinzen« in meinem Kopf, wobei der Märchenprinz eher ein Sinnbild für »die große Liebe, die ewig hält« ist. Die Ratschläge, die ich früher empört von mir gewiesen habe, erscheinen mir aus heutiger Sicht inzwischen plausibler. Ich habe die Expermentierphase versäumt – die gilt es nachzuholen. Und wenn man auf die perfekte Situation mit dem perfekten Mann (sobald man auch selbst perfekt ist) wartet, kann man verdammt alt dabei werden.

Felix: »Ich begeistere mich immer für die Irren.«

Felix, 35, arbeitet im Marketing.
Seine Mailadresse lautet felixscholl@hotmail.com.

Ein Grund dafür, dass ich in meinem Alter noch immer keine Beziehung erleben durfte, die über den rein freundschaftlichen Bereich hinausging, ist sicher, dass ich als Jugendlicher sehr abgelegen gewohnt habe: Die nächste Stadt war dreißig Kilometer entfernt. Nun hat man in der Lebensphase, in der die meisten Menschen ihre ersten sexuellen Erfahrungen erleben, noch keinen Führerschein. Zur Schule zu gehen bedeutete für mich also morgens mit meinem Vater in die Stadt zu fahren (er arbeitete dort) und nach dem Unterricht mittags mit dem Bus wieder zurück. Es war überhaupt nicht möglich, mit Frauen etwas mehr Nähe aufzubauen und mich selbst sexuell auszuprobieren. Als ich meinen Führerschein endlich hatte, steckte ich schon mitten im Zivildienst. Um dann mit 21 Jahren an die Uni zu kommen, wo ich den meisten Gleichaltrigen gegenüber in dieser Hinsicht weit zurücklag. Das war wiederum abträglich für mein Selbstbewusstsein, und meine Unsicherheit hat man mir bestimmt oft angemerkt.

Aber auch während meines Studiums war es so, dass ich tagsüber an die Uni gefahren bin und zu Hause geschlafen habe. Um mir ein Zimmer in einem Wohnheim zu nehmen, hatte ich einfach kein Geld. Das heißt, dass ich auch in dieser Zeit viele Gelegenheiten verpasst habe, Kontakte zu knüpfen. Dazu kam, dass ich mit Discos und so weiter wenig anfangen konnte und kann. Es entspricht nicht meiner Vorstellung von Unterhaltung, einander in einem überfüllten, verqualmten Raum bei flackerndem Licht ständig anzuschreien, um die Musik zu übertönen. Nun bin ich in dieser Zeit nicht vollends vereinsamt, aber die

Clique, mit der ich zu tun hatte, bestand aus ähnlichen Leuten wie mir. Meine beiden besten Freunde haben genauso wie ich bis heute noch keine Beziehung gehabt. Andere schafften es nur nach großen Anstrengungen.

Ein bisschen gehöre ich sicher auch zu den Opfern des Feminismus. Sobald man anfängt, sich für die angebliche Benachteiligung von Frauen zu interessieren, wird man ja zugedröhnt von Texten, denen zufolge jede Berührung eine Grenzverletzung, einen Übergriff darstellt. Das hat dazu beigetragen, dass ich das normale Flirtverhalten, zu dem nun mal auch Körperlichkeit gehört, gar nicht erst gelernt habe. Ich habe damals Alice Schwarzer und Co. geglaubt und gedacht, nur böse Männer tun das. Dieses Denken habe ich so verinnerlicht, dass ich mich inzwischen wie unter einer unzerstörbaren Glasglocke fühle.

Ab und zu habe ich an der Uni natürlich versucht, Kommilitoninnen von mir näher kennen zu lernen. Aber die Mädchen, an denen ich interessiert war, hatten entweder schon einen Freund oder ließen mich abblitzen, sobald sie merkten, dass mein Interesse in eine bestimmte Richtung ging. Wenn ich so zurückdenke, war das eigentlich eine einzige Kette von Frustrationen. Sicherlich waren diese Frustrationen anfangs insofern auch selbst gestrickt, als ich mich vor allem an die bestaussehenden Frauen rangeschmissen habe, während ich selbst meinem Outfit nicht viel Aufmerksamkeit geschenkt habe, weil ich für meine »inneren Werte« erkannt und geliebt werden wollte. Das hat aber nicht funktioniert. Offenbar fehlte diesen Frauen ein wenig die Motivation, bei mir überhaupt nach diesen inneren Werten zu graben.

Unter meinen Verwandten ist meine »Beziehungslosigkeit« kein Thema – außer, dass mein Vater einmal eine Phase hatte, wo er sich immer wieder und mit Nachdruck endlich ein Enkelchen gewünscht hatte, um es auf seinen Knien schaukeln zu können. Mein Freundeskreis weiß bestens Bescheid. Wie gesagt: Ich bin nicht der Einzige in unserer Clique. Wobei das dort immer mehr auseinanderdriftet: Die einen sind verheiratet oder haben sogar schon Nachwuchs, die anderen befinden sich in dieser Hinsicht im selben Zustand wie in ihrer Pubertät. Allerdings bekomme ich mit, dass viele Menschen, die in festen Partnerschaften leben, um nichts weniger unglücklich sind, ja dass bei ihnen sogar die sexuelle Dürre kaum weniger heftig ausfällt. Oder um mit Thoreau zu sprechen: »Die meisten Menschen leben ein Leben in stiller Verzweiflung.«

Ein Mädchen gab es an der Uni, das zwar nicht gerade wie ein Model aussah, mich aber emotional sehr reizte. Ich verliebte mich in sie, aber sie »mochte« mich nur, wollte also über die freundschaftliche Ebene nicht hinausgehen. »Ich kriege bei dir einfach kein Herzklopfen«, erklärte sie mir. Wir hatten fünf Jahre lang eine Beziehung, die einerseits enger als eine reine Freundschaft war, andererseits aber an eine Partnerschaft nicht heranreichte: die klassische Kumpelschiene. Das bedeutete, dass ich mitbekam, wie sie mit einem Mann nach dem anderen ins Bett ging und eine Beziehung begann, nur um sich bald komplett ausgenutzt vorzukommen und sich bei mir über »die bösen Männer« auszuweinen. Ich durfte sie dann jedes Mal aufbauen.

Irgendwann bekam ich mit, dass sie hinter meinem Rücken Dritten gegenüber dasselbe Spiel spielte: Nur war diesmal sie das arme Opfer und ich das böse Arschloch. Mittlerweile wusste ich, dass sie aufgrund familiärer Hintergründe mit einigen emotionalen Problemen zu kämpfen hatte. Dieses Wissen allein reichte aber nicht aus, um bei ihr durchzudringen. Irgendwann war ich nur noch genervt und bedauerte die fünf Jahre, die ich mich emotional auf diese Frau ausgerichtet hatte, immerhin den Großteil meines Studiums.

Gegen Ende meiner Studienzeit lernte ich Uli kennen, die keinen großen Hehl daraus machte, dass sie sich für mich interessierte. An einem Abend lud sie mich zum Essen ein, meinem Eindruck nach mit dem klaren Interesse, mich zu verführen. Für mich war die Situation komplett neu, und ich teilte Uli mit, dass ich noch nie etwas mit einer Frau gehabt hatte. Sie wirkte beinahe geschockt. Als ich später versuchte, sie zu küssen, drehte sie ihren Kopf beiseite. Es wurde nichts aus uns beiden.

Nach meinem Examen war ich erstmal arbeitslos und hatte insofern immer noch keine sehr großen Chancen auf dem Partnermarkt, zumal ich wegen meiner anhaltend beschissenen finanziellen Situation immer noch zu Hause wohnte. Ich versuchte mein Glück mit Kontaktanzeigen, aber ohne Erfolg. Kein Wunder, ich hatte ja auch nichts vorzuweisen: kein Job, kein Geld, keine Beziehungserfahrung, keine eigene Bude ... Meine Situation war eigentlich vollkommen desolat. *Natürlich* konnte ich damit keine Frauen »an Land ziehen«. Als guten Freund mochten sie mich alle, aber niemals als Partner.

Sicherlich hat mir das alles auch psychisch ganz schön zu schaffen gemacht: Einerseits wird man immer verbissener bei der Suche, andererseits immer trauriger und depressiver, wenn man andere Paare sieht oder einen Film anschaut, in dem es um Sex oder Romantik geht. Man hat dann den Eindruck, dass man einen wichtigen Teil des Lebens nicht mitbekommen hat und dass die eigene Jugend unwiederbringlich verloren ist.

Ich bin dann schließlich in einem kleinen Unternehmen gelandet und hab mich dort in eine Kollegin vom Marketing verknallt. Mit der Zeit gelang es mir, ihr näher zu kommen, und sie begann, eine gewisse Sympathie für mich zu entwickeln. Mehr aber auch nicht. Wenige Wochen später teilte sie mir mit, dass aus uns definitiv nichts werden würde: Die Chemie zwischen uns stimme einfach nicht; zudem habe sie sich gerade von ihrem Mann getrennt, weil er zu brav und zu langweilig für sie war. Stattdessen sei sie, wenn sie abends unterwegs sei, auf der Suche nach Kerlen, die ihre Kollegin als »Zeckenfänger« bezeichnete: eher ungepflegte, langhaarige Gestalten, die sie ziemlich grob behandelten. Ich sei einfach zu freundlich, zu nett.

Wenig später unterhielt ich mich über diese Entwicklung mit einem Kumpel, der Psychologie studiert hatte und glaubte, in meiner Auswahl von Frauen ein Muster zu erkennen. Er vermutete, ich suche mir unbewusst Frauen aus, die irgendwie schwierig, unzugänglich, wenn nicht beziehungsunfähig wirken. Speziell bei dieser Frau, so meinte er, bliebe mir wohl keine andere

Wahl als mir entweder durch ständige Selbsteinflüsterung das Mantra anzueignen »Alle Frauen sind Schlampen und du sowieso«, um sie dann entsprechend zu behandeln, oder diese Frau in den Wind zu schießen. Da mir die erste Alternative zu gestört erschien, entschied ich mich für die zweite. Davon abgesehen muss ich zugeben, dass mein Kumpel Recht hatte: Mich faszinierten vor allem Frauen, die unnahbar und psychisch ... »komplex« waren, also in mehrfacher Hinsicht eine Herausforderung darstellten. Ich begeistere mich immer für die Irren. Nette, anschmiegsame, unkomplizierte Frauen waren mir anscheinend einfach zu langweilig.

Und das geht mir offensichtlich auch heute noch so. Aktuelles Beispiel: Ich hatte mich wegen einer psychosomatischen Erkrankung einer Selbsthilfegruppe angeschlossen. Dort befand sich auch eine Frau, Martina: klein, attraktiv, schlank und mit flammend rotem Haar. Eigentlich voll das Alphaweibchen. Komischerweise baggerte sie mich sehr offensiv und hartnäckig an. Wie sie mir später erzählte, habe es sie fasziniert, wie witzig und geistreich ich ihr gegenüber aufgetreten war, um dann aber in der Gruppe von meinen gewaltigen Schwierigkeiten mit Frauen zu berichten. Das hätte sie nicht zusammen bekommen, weshalb sie versuchte, mich näher kennen zu lernen. Ich war eher zurückhaltend, weil meine Versuche, mit einer Frau eine Beziehung aufzubauen, immer nur dazu geführt haben, dass ich monatelang leide wie ein Hund. Aber sie ließ nicht locker, sondern bohrte und bohrte über Monate hinweg, flirtete mich an, berührte mich, umarmte mich, küsste mich, bis ich wirklich den Eindruck hatte, dass zum ersten Mal in meinem Leben eine Frau ernsthaft an mir interessiert war.

Als ich ihr an einem romantischen Nachmittag (es war der 20. Juli und meine Geburtstagsfeier) auf ihre Frage hin mitteilte, dass ich noch keinen Sex mit einer Frau gehabt hatte, war sie zwar verblüfft, nahm es aber hin. Am selben Abend bot sie mir an, die Nacht bei ihr zu verbringen, damit ich nicht noch heimfahren müsste. Es war ein kaum verhohlenes Angebot. Ich lehnte ab. Irgendetwas hielt mich gefühlsmäßig zurück. Außerdem wollte ich nicht mit einer Frau schlafen, nur um endlich mal mit einer Frau geschlafen zu haben.

Einige Tage später fragte mich Martina, ob ich Angst hätte, dass sie Sex von mir wollte, und versprach mir, sehr sanft, zärtlich und liebevoll zu sein. Die Einhaltung dieses Versprechens hätte eine Art Erlösung für mich bedeutet: Die Erfüllung meines Lebenswunsches nach Zärtlichkeit mit einer Frau, an der mir etwas lag, die Einführung in die Welt der Sexualität durch eine Frau mit Erfahrung. Ich war mir aber immer noch unsicher und brauchte noch mehr Zeit, um das nötige Vertrauen aufzubauen.

Irgendwann saßen wir zusammen in ihrem Auto, als sie auch körperlich sehr offensiv wurde. »Wenn das so weitergeht, sitzen wir morgen früh noch hier«, sagte sie, stieg auf meinen Schoß, streifte sich unter ihrem Sweatshirt den BH herunter und machte sich über mich her. Es war nichts, was über Petting hinausging, und zum Schluss war ich immer noch unbefriedigt, aber sie hatte mir einen Vorgeschmack auf etwas gegeben, von dem ich annahm und hoffte, dass es sich bald erfüllen würde. »Soweit wie du jetzt bist, bin ich schon mit 13 gewesen« teilte sie mir schließlich schmunzelnd mit. Es war nicht die beste Krönung des Abends, mir noch einmal vor Augen zu führen, dass ich über 20 Jahre meines Lebens verpasst hatte, was Liebe anging.

Nun kam es bei unseren späteren Treffen zu keinen weiteren Begegnungen dieser Art. Martina begründete das mit ihrer momentan enormen beruflichen Belastung: Sie befand sich als Führungskraft eines Unternehmens in einer außerordentlichen Umbruchsituation. Das Ganze streckte sich allerdings über Monate, in denen Martina mental immer angeschlagener und gestresster wirkte. Ich steckte in einer doppelten Problemlage: Zum einen hatte ich sexuell Appetit gewonnen (bisher hatte ich ja nicht mal gewusst, was genau ich verpasst hatte), zum anderen verliebte ich mich immer mehr in diese Frau. Während es mir selbst immer schlechter ging, verschob ich von Woche zu Woche ein ernsthaftes Gespräch mit ihr, um sie nicht noch zusätzlich zu belasten. Auch in meiner Selbsthilfegruppe, die normalerweise das passende Ventil für emotionale Probleme gewesen wäre, musste ich wegen Martinas Anwesenheit alles unter dem Deckel halten. Das alles zermürbte mich mehr und mehr.

Endlich hatte Martina einen neuen Job unter Dach und Fach und sich bei ihrer alten Firma verabschiedet. Ich nutzte die Gelegenheit, um sie einen Tag vor Heiligabend 2003 anzurufen und zu fragen, ob ich nicht für einen Sprung bei ihr vorbeikommen könne. Nein, das passe ihr jetzt gar nicht, sie stehe enorm unter Zeitdruck, weil sie sich auf ihre neue Führungsrolle vorzubereiten habe. Ich blieb hartnäckig, woraufhin sie schließlich begann, am Telefon abzuklopfen, worum es sich handelte. Spätestens nach »Geht es um … uns?« konnte ich nicht mehr ausweichen. »Du leidest?«, fragte sie. »Wegen mir?« Auf beides antwortete ich mit Ja.

Ich bekam es einfach nicht auf die Reihe, dass sie sich nicht spätestens in diesem Moment bereit erklärte, sich mit mir zu treffen und alles Auge in Auge zu klären. Sie sagte, sie habe kein Bedürfnis dazu und erklärte mir lachend, sie sei außer von ihrem Job zeitlich schon von drei oder vier anderen Männern in Beschlag genommen und empfinde keineswegs irgendwelche tieferen Gefühle für mich. Schon die erotische Begegnung in ihrem Auto sei mehr eine Art »Nachbeben« gewesen. Eine Beziehung mit mir könne sie sich vor allem deshalb nicht vorstellen, weil ich noch nie eine gehabt hätte, weshalb ich mich in der Anfangsphase vermutlich ständig an ihr, Martina, reiben würde. Dazu habe sie keinen Nerv. Sie habe zwar gemerkt, dass ich sie in der letzten Zeit immer mehr angeschmachtet hätte, – hatte sich aber nicht bemüßigt gefühlt, mal ein paar klarstellende Worte zu sagen. Dass ich mich in sie verliebt habe, mache ihr aber nichts aus, sie empfinde das als durchaus angenehm und schmeichelhaft. Falls ich mit der Situation jetzt irgendwelche Probleme hätte, könnte ich das ja in unserer Selbsthilfegruppe therapeutisch angehen.

Wie man sich vorstellen kann, wurde das kein besonders schönes Weihnachtsfest für mich. Schmerz und Wut wechselten einander ab. Zum ersten Mal in meinem Leben verspürte ich das Bedürfnis, meine Haut aufzuritzen, damit mein äußerer Schmerz meinen inneren überlagerte. Was Sexualität und Liebe angeht, fühlte ich mich wie angefixt und dann aufs Trockene gesetzt. Bei erotischen Phantasien kam mir automatisch Martina in den Kopf, was wiederum Aggression und Traurigkeit auslöste. Und die Sehnsucht danach, dass ich diese Begegnung noch öfter hätte wiederholen und vertiefen können. Später in unserer Gruppe wurde mir unterstellt, dass ich möglicherweise nur deshalb an ihr interessiert sei, um meine erste sexuelle Erfahrung machen zu können. Als ob ich dann nicht viel früher zugegriffen hätte! Glücklicherweise weiß ich aus dem AB-Forum, dass dieser Verdacht grundsätzlich erst einmal gegen viele Absolute Beginner erhoben wird. Er ist trotzdem zum Kotzen.

Ich habe etwas später versucht, Martina noch einmal klarzumachen, dass es mich verletzt, wenn sie so mit mir umspringt: erst diese Nähe zu mir aufzubauen, mich über Monate hinweg anzulocken und bei Erfolg dann fast schlagartig das Interesse zu verlieren und sich radikal zurückzuziehen. Daraufhin fragte sie mich höhnisch, ob ich diese »1,5mal Fummeln überm Höschen und ohne die Spur eines Orgasmus« nicht vielleicht überbewerten würde? Wenn man bedenkt, dass diese herablassende Bemerkung für mich die Spitze auf einem ganzen Berg von Unsicherheiten und Ängsten im Zusammenhang mit Sexualität darstellte und dass sie vor den anderen Frauen in der Gruppe stattfand, war damit meine Entmannung vollendet. Es war ein widerliches Statusspiel geworden: Auf der einen Seite die attraktive Frau, mit jahrzehntelanger Erfahrung mit den verschiedensten Männern, auf der anderen ich, der ich es nicht einmal unter ihr Höschen geschafft, geschweige denn ihr einen Höhepunkt bereitet hatte. Ich konnte das einfach nicht mehr mit der Frau zusammenbringen, die ich über so lange Zeit kennen gelernt hatte.

Das einzige Mal, wo ich glaubte, nah an der Liebe dran zu sein und mich emotional einlassen zu können, ist in einer Katastrophe geendet. Insofern habe ich inzwischen schon Angst vor einer weiteren Begegnung dieser Art.

In meiner Selbsthilfegruppe erhielt ich wenig Verständnis, weshalb ich sie etwas später verließ. Mehr kann ich dazu nicht sagen, weil wir vereinbart hatten, dass das Gruppengeschehen nicht nach außen dringen sollte. Das hatte allerdings den Nachteil, dass ich auch mit anderen Freunden nur begrenzt über dieses Thema sprechen konnte und das Gruppenurteil für mich übernehmen musste. Dieses Urteil bestand im Wesentlichen darin, dass ein klarer Schnitt doch viel besser als eine uneindeutige Hängepartie sei. Martina mit ihrer Mischung aus Charme und demonstrativer Souveränität hatte mir gegenüber sicher einen Vorteil in der Selbstdarstellung. Sie präsentierte ihr Verhalten als völlig normal, belegte das durch ihre Erfahrung mit etlichen Beziehungen, die anderen Frauen aus der Gruppe unterstützten sie und dagegen hatte ich als jemand ohne jede Beziehungserfahrung verdammt schlechte Karten. Ich war selbst schon nahe daran, Martinas Argumentation zu übernehmen – wenn ich mich nicht so extrem missbraucht und missachtet gefühlt hätte.

Ich wurde in den folgenden Monaten immer depressiver und begann, bei mir nach Fehlern zu suchen, warum mich diese Traumfrau nicht akzeptiert hatte. Das war ja auch in unserer Gruppe unterstützt worden. Nachdem ich gelesen hatte, dass im AB-Forum einige Leute mit Therapien sehr gute Erfahrungen gemacht hatten, suchte ich schließlich doch eine Therapeutin auf. Dabei berichtete ich auch von meinem Erlebnis mit Martina. Sachlich, Bericht erstattend. Ihre Augen wurden immer größer und größer, bis sie schließlich herausplatzte: »Das muss Sie doch unglaublich verletzt haben!« Ich war fast erschüttert. Das war das erste Mal, dass jemand meine Empfindungen erkannte und sie nicht als unangebracht beurteilte. »Natürlich ist die Art, wie sich diese Frau verhalten hat, nicht in Ordnung. Erst geht sie Ihnen an die Wäsche, und dann serviert sie Sie am Telefon ab, weil Sie es nicht gebracht haben? Das sollte sich ein Mann mal leisten, dann wäre er doch der allerletzte Macho-Arsch!«

Erst mit der Hilfe dieser Therapeutin fand ich heraus, dass eigentlich Martina die Gestörte von uns beiden war und ich nur derjenige, der unter dieser Störung litt. Es gelang uns, die Bruchstücke zusammenzutragen, die Martinas Verhalten erklärten. Ich wusste von ihr, dass sie selbst Narzissmus als ihr wesentliches Problem betrachtete. Wie ich jetzt erfuhr, führt Narzissmus dazu, dass Nähe nur über Sexualität hergestellt werden kann. Aber schon nach der ersten sexuellen Begegnung gilt der Partner als »entzaubert« und verliert seine Faszination. Der Narzisst geht dann wieder stark auf Distanz. Er genießt es aber, mehrere Angehörige des anderen Geschlechts um sich zu haben, die ihm durch ihre Bewunderung seine Minderwertigkeitsgefühle nehmen, sein Ego stärken und den Eindruck von Grandiosität geben. Es ist eine Störung, unter der die Mitmenschen des Betreffenden viel mehr leiden als dieser selbst.

Vermutlich ginge es mir besser, wenn ich wenigstens irgendetwas Positives aus dieser Geschichte mitgenommen hätte, beispielsweise dass Martina mich in die Welt der körperlichen Liebe eingeführt hätte, statt mir nur mal eben Appetit zu machen. So war es einfach nur schmerzhaft. Ich kam mir vor, wie jemand, der in einem Hungergebiet Afrikas lebt, durch das ein reicher Weißer mit einem Pizzawägelchen kommt, mich kurz schnuppern und ein Stückchen probieren lässt, bis mir das Wasser im Munde zusammenläuft, um dann zufrieden wieder abzuziehen. Inzwischen vögelt Martina sich schon wieder vergnügt durch die Landschaft, was sie mir in den letzten Phasen unserer Bekanntschaft noch mehrfach mitteilen musste, während ich jedes Mal, wenn irgendwas in mir diese Erinnerungen aufrührt, das Gefühl habe, innerlich zu zerspringen.

Mir geht es immer noch nicht besonders gut. Dank bestimmter Antidepressiva kann ich einigermaßen arbeiten (wobei ihre Nebenwirkungen alles andere als erfreulich sind), aber wenn ich etwas sehe oder lese oder nachts etwas träume, durch das ich an bestimmte intime Situationen erinnert werde, stürze ich immer noch ab und bringe den halben Tag über nichts zustande. Direkt nach Martina hatte ich ziemlich viele Blind Dates in Folge, um mir über meine negativen Erfahrungen hinwegzuhelfen; das habe ich jetzt bleiben lassen. Im Spätsommer bin ich einer Studentin etwas näher gekommen, die sehr an mir interessiert zu sein schien; das habe ich dann aber abgebrochen. Ich kann im Moment keiner Frau gegenüber wieder Vertrauen aufbauen. Und diese Fähigkeit kann man nun mal nicht mit reiner Willenskraft erzwingen. Deshalb ziehe ich mich momentan wieder ziemlich stark in mich zurück und lasse niemanden an mich heran. Manchmal surfe ich in Internet-Kontaktbörsen herum, kann dann aber nicht die nötige Energie aufbringen, einen Kontakt herzustellen und mich emotional zu verwickeln. Ich wäre damals fast verrückt geworden vor Schmerz, und das war ja nur die Krönung eines ganzen Lebens. Wenn mir noch einmal so etwas passiert, halte ich es nicht aus, ohne endgültig kaputtzugehen. Insofern habe ich momentan zugleich eine starke Sehnsucht und eine starke Phobie vor Sexualität, und dieser Spannungszustand macht mich seelisch allmählich fertig.

Meine Therapeutin hat noch keinen gangbaren Weg für mich gefunden. Sie sieht zwar, dass diese Spannung bei mir ansatzweise schon vor Martina vorhanden war, sie durch diese Frau aber eine verstärkende »fette negative Lernerfahrung« erhalten habe. »Da vertrauen Sie schon mal jemandem, und dann geht das gleich völlig schief«. Meine Therapeutin möchte mir vermitteln, dass nicht mein Vertrauen der Fehler war, sondern Martinas Reaktion darauf. Aber für mich ist halt der Punkt, dass ich mein eigenes Verhalten kontrollieren kann, wohingegen das Verhalten von Frauen offenbar völlig unabsehbar ist. Diesen Riesensprung bei Martina zwischen »ich werde sehr sanft und einfühlsam sein« bevor sie bekam, was sie wollte, und danach »wenn's dir jetzt schlecht geht, musst du alleine damit fertig werden, ICH kümmere mich jedenfalls nicht um dich« –hätte ich nie für möglich gehalten. Vermutlich ist die erste sexuelle Erfahrung für einen Menschen sehr prägend, und ich verbinde jetzt Intimität mit Schmerz.

Meine Therapeutin meint, es sei mit am problematischsten, dass das, was ich für eine seelische Heilung am notwendigsten bräuchte – eine Entschuldigungen von Martina wie »Ich hätte das alles wirklich nicht sagen sollen« oder »Ich war in dieser Zeit nicht gut drauf und habe Scheiße gebaut« –, von ihr niemals hören würde, weil genau das ein Symptom von Narzissmus sei. Als ich versuchte, Martina klarzumachen, dass ihr Verhalten mir gegenüber nicht okay und sehr verletzend war, wurde sie nur hochaggressiv und behandelte mich wie einen Blödmann, der ihr Zeit und Nerven stahl. Sie beharrte darauf, dass sie sich jederzeit wieder so verhalten würde, und erklärte mir, ich sollte ihr dankbar sein, dass sie mich nicht zu ihrem »Hündchen« gemacht habe.

Was mir bis vor kurzem noch geholfen hätte, eine auch sexuell erfüllende Beziehung aufzubauen, wäre eine Frau, die mir sanft angeboten hätte, mir alles zu zeigen. Wenn ich heute so jemandem begegnen würde, müsste ich automatisch daran denken, dass das ursprünglich auch Martinas Worte gewesen waren, mir würde sich wieder alles zusammenschnüren und ich würde starke Angstgefühle entwickeln. Das ist nicht sehr hoffnungsvoll.

Ich glaube, dass hinter meiner Erfahrung mit Martina vielleicht eine Lehre steckt. Viele von uns ABs sind sehr verletzlich und deshalb leiden wir so stark unter unserer Situation. Aber vielleicht hat unsere Sensibilität auch etwas damit zu tun, dass wir noch ABs sind. Nicht nur in dem Sinne, dass wir schnell damit überfordert sind, Spannungen auszuhalten, sondern auch indem wir über sehr feine Antennen für andere Menschen und auch entsprechende Alarmsysteme verfügen. Wo sich andere Menschen in zerstörerische Beziehungen begeben, nur um nicht alleine oder gar, Gott behüte, ein Absoluter Beginner zu sein, entdecken wir bewusst oder unbewusst bestimmte Signale und halten uns zurück. Als ich in Martina verliebt war, habe ich es über Monate hinweg bedauert, nicht zugegriffen zu haben, als sie sich mir förmlich an den Hals geworfen hat. Inzwischen habe ich den deutlichen Eindruck, dass dann genau dasselbe passiert wäre, nur wesentlich früher. Vermutlich hatten meine Alarmsensoren damals einfach nur sehr gut funktioniert und ich habe gespürt, dass dieses Mädchen schlecht für mich ist.

Aber ähnlich wie bei meinem Leben insgesamt frage ich mich immer wieder, ob ich zu irgendeinem Zeitpunkt irgendetwas hätte anders machen können, damit sich die Dinge nicht zu dieser entsetzlichen Katastrophe entwickelt hätten. Ich werde wohl kaum eines Morgens aufwachen und wieder fünfzehn sein. Die Lebensphase, in der die meisten Menschen ihren Weg zu Liebe und sexueller Erfüllung finden, ist für mich unwiederbringlich verloren. Und wie es jetzt konkret mit mir weitergehen soll, weiß ich auch nicht. Es ist schon schwer genug, als 35jähriger AB eine Partnerin zu finden … aber als 35jähriger AB mit einer Phobie vor Intimität?

Paul: »Man hält mich sogar für einen Ladykiller, wie absurd ist das!«

Paul, 36, ist Pilot. Seine Webadresse lautet rrkgg@web.de.

Begonnen hat alles mit fünfzehn, also etwa zu Anfang der Pubertät. Neben dem Aspekt, dass man in sich selbst plötzlich Regungen entdeckt, die verwirklicht werden wollen, war das Schlimmste die Tatsache, dass »den anderen« die Verwirklichung scheinbar automatisch gelang und mir eben nicht.

Kürzlich habe ich eine Website entdeckt, die das Thema »Sozialphobie« behandelt. Diesen Begriff kannte ich noch nicht. Dort wird jedenfalls der gängige Ablauf skizziert. Und der trifft genau zu – nicht nur bei mir wie unser AB-Forum zeigt. Das weist darauf hin, dass es sich nicht um eine individuelle Verirrung handelt, sondern tatsächlich um eine Art »Krankheit« mit festem Verlauf.

Außenseitertum gepaart mit Schüchternheit (die tatsächlich angeboren ist, wie jüngste Forschungsergebnisse zeigen und meine Eltern bestätigen können) ist die Wurzel allen Übels. Was zuerst da war, ist dabei egal. Man ist (erworben) schüchtern, weil man Außenseiter ist und umgekehrt. Warum Außenseiter? Zu dünn, zu dick, zu groß, zu klein, zu viel Geld, zu wenig Geld, zu hässlich, zu schön … alle Sorten von »zus«. Bei mir war es die Kombination von »zu dünn« und »zu schüchtern«. Die Folgen gerade während der Pubertät können verheerend sein. Zu dünne »Jungs« werden instinktiv von Frauen oder Mädchen nicht ernst genommen. Das gilt prinzipiell für jedes Alter. Es sei denn, man hat andere Eigenschaften, die das ausgleichen (Ausstrahlung). Aber auch von anderen Jungen wird man oft nicht als »gleichwertig« empfunden. Beispiel: In der Schule war ich in Sport immer ziemlich gut. Trotzdem wurde ich bei Mannschaftszusammenstellungen immer zuletzt gewählt, weniger angespielt und so weiter. Das ist eine unausgesprochene Diskriminierung. Die ersten Feten, die nicht mehr in die Kategorie »Kindergeburtstag« gehörten, fanden ohne mich statt – niemand hatte mich eingeladen. Es entstand der Eindruck, dass ich nicht dazu passte, und das wohl auf beiden Seiten. Jahre später erst hab ich von Mega-Feten erfahren, zu denen praktisch die gesamte Stufe eingeladen war. Zwar hat mich niemand offen abfällig behandelt, auch Mädchen nicht. Schließlich ist man ja zu Toleranz erzogen worden auf dem Gymnasium. Aber es war eine freundliche, politisch korrekte Ausgrenzung.

Es fehlen dadurch zwischenmenschliche Beziehungen. Man rottet sich zwangsläufig mit den anderen »Ausgestoßenen« zusammen, was den Effekt noch verstärkt. Man ist nicht nur kein Teil der »guten« Truppe, man ist obendrein in der anderen, der »Loser«-Truppe. Diese Loser-Truppe zieht sich obendrein gerne noch selbst runter. Bestes Beispiel: Das AB-Forum. Nach kurzem Mitleiden dort bin ich dazu übergegangen, diese Selbstzerfleischung bei mir und dort zu bekämpfen.

Wie dem auch sei: Während der Schulzeit war ich in zwei Mädels verliebt, beide aus der Stufe unter mir. Danach kam Zivildienst mit Mobbing, was allerdings nichts direkt mit mir zu tun hatte, nur mit einem nicht klärbaren Missverständnis. Nachdem sich dann bei mir eine typische AB-Darmkrankheit, Morbus Crohn, entwickelt hatte, wurde ich ausgemustert. Ach, auch in der Zeit gab es ein interessantes Mädel, aber keine Chance. Dann Studium, Bauingenieurwesen, keine Frauen.

Eigentlich hatte ich Informatik studieren wollen, hätte dafür aber wegziehen müssen. Das hab ich mich nicht getraut aus Angst, dann keine Freunde mehr zu haben. Kontaktangst aus Erfahrung. Nach Abbruch des ungeliebten Studiums Suche nach etwas »Schnellem«, um nicht noch mehr Zeit zu verlieren: Pilot. Ausbildung wieder ohne Frauen. Job in der Geschäftsfliegerei, keine Frauen. Während der Ausbildung und zu Beginn des Jobs in drei wunderschöne Frauen verliebt (nacheinander versteht sich), alle drei studentische Kellnerinnen aus meiner damaligen

Stammkneipe. Bei der ersten habe ich mich nicht getraut, obwohl sie nicht abgeneigt schien; allerdings lief sie mir später mit Freund über den Weg, danke! Nummer zwei war mir anscheinend sogar sehr zugetan, aber getraut habe ich mich ausgerechnet an ihrem letzten Arbeitstag. Ich vergesse nie ihren Blick, als mich mitten in der Kontaktaufnahme die Angst vor der eigenen Courage die Flucht ergreifen ließ: »Du Dummkopf ...« Nicht abfällig, nein, bedauernd! Ich wusste ja noch nicht, dass es ihr letzter Arbeitstag war.

Danach Nummer drei, die bis heute attraktivste Frau, die mir je begegnet ist und gleichzeitig eine meiner schmerzhaftesten Misserfolgsstorys. Eindeutig an mir interessiert. Sie hat mir's sehr leicht gemacht, obwohl oder weil sie gemerkt hat, dass ich mich nicht traute. Meine Reaktion auf IHREN Annäherungsversuch: Schroffe Zurückweisung! Automatisiert und ganz sicher gegen meinen Willen! Danach gab sie mir keine Chance mehr, auch nicht auf meine jetzt deutlichen Annäherungsversuche. Sie war etwa 23, ich 28, der Typ, der sie später immer abholte, war Ende 40. Und eines Tages war sie dann zur Überraschung auch ihrer Kollegen einfach weg. Als ich das erfuhr, war ich übrigens eigens vor der mit meinen Freunden verabredeten Zeit vor Ort, um die Sache mit dieser Frau auf die eine oder andere Weise zu einem Ergebnis zu bringen. An diesem Tag dachte ich: Das war's, jetzt KANN nichts mehr kommen.

In einem anderen, häufig von mir besuchten Bistro war ebenfalls wieder eine wunderhübsche Bedienung. Ich kann mich buchstäblich an den Moment erinnern, in dem sie sich in mich verliebte. Kein Witz. Sie stand vor mir, nahm die Bestellung auf und ich bemerkte, dass sie total verwirrt wurde, wenn ich sie ansah. Ich meinerseits hatte sie gar nicht auf der Rechnung, man ist ja lernfähig. Danach über anderthalb Jahre lange, intensive Blicke, verschämtes Wegblicken, all diese ganzen Spielchen. Anderthalb Jahre ohne die Traute, diese zweihundertprozentige Chance zu nutzen, obwohl ich inzwischen selbst himmelweit verknallt war. Aber immer, wenn wir uns gegenüber standen, war sie mindestens so gehemmt wie ich. Und das, obwohl sie ein Temperamentsbündel war. Wir haben nur wenige private Worte gewechselt. Sie war halbe Portugiesin, daher das Temperament. Eines Tages lief sie mir dann auf einem Stadtfest über den Weg – Hand in Hand mit ihrem Freund. Schnell den Verdauungs- und Verdrängungsmechanismus angeworfen, diesmal war's gar nicht so schlimm. Bei den folgenden Gelegenheiten im Bistro schämte sie sich derartig, dass sie mir unglaublich Leid tat – trotz allem. Allerdings sah ich mich von der »gesellschaftlichen Pflicht« er-löst, den ersten richtigen Schritt tun zu müssen. Das Spielchen ging also weiter, nachdem sie gemerkt hatte, dass ich sie nicht am nächsten Baum hängen sehen wollte. Aber weiterhin ohne Ergebnis. Eines Tages also wieder das Übliche: Ein langer, sehr trauriger Blick von ihr, als ich ging. Ihr letzter Arbeitstag, wie ich danach feststellte.

Zum »Glück« gab's am Flughafen die nächste wunderhübsche Frau, zu treffen nur in der Kantine. Ich war noch traumatisiert von der letzten Erfahrung. Um eine lange Geschichte kurz zu machen: Siehe oben. Diesmal allerdings über drei (!) Jahre und mit dem Unterschied, dass diese Frau ein Selbstbewusstsein aus-strahlte, vor dem ich Angst hatte. Sie ließ reihenweise Verehrer abblitzen, versäumte keine Gelegenheit, um mich anzustrahlen, irgendwie meine Aufmerksamkeit zu bekommen. Ich hab's in der »heißen« Phase nicht ein einziges Mal geschafft, zurück-zulächeln. Jedes Mal, wenn ich oder sie die Kantine verließ, bin ich gestorben. Eines Tages war's dann auch da soweit: Sie warf mir einen langen Blick zu, in dem stand: »Vergiss ihn, es bringt nichts«. Welche attraktive Frau Mitte 20 rennt einem Deppen drei Jahre nach? Danach kam sie nur noch selten in die Kantine, ich bin auch nur noch sehr selten dort. Drei, vier mal im Jahr lau-fen wir uns über den Weg, die Reaktionen sind unterschiedlich. Anfangs, nach ihrem Schnitt, wenn wir uns über den Weg liefen, fing sie sofort wieder an zu strahlen, unglaublich! Inzwischen weicht sie mir mal aus, mal lächelt sie, mal schaut sie mit einer Art wissenschaftlichem Interesse. Das ist der Ist-Zustand. Ich muss sagen, dass ich sehr oft an sie denke. In mir ist ein wahnsinniger Druck, mich bei ihr zu entschuldigen. Schließlich habe ich ihr in der Blüte ihrer Jahre mindestens drei davon geklaut.

Danach kam nichts, für drei, vier Jahre. Halt, da war doch noch eine Wunderhübsche am Flughafen, in der Kantine, aber extrem selten. Auch da wieder: Nachdem ich nun plötzlich fähig war zu lächeln, hab ich ihr auf diese Weise mein Interesse gezeigt. Die Reaktion: Strahlen, große Augen! Toll, der Wahnsinn. Diesmal klappt's! Alles was vorher war, vergessen! Leider auch da keine erträgliche Möglichkeit einer zwanglosen Kontaktaufnahme – und wieder ein langer trauriger Blick. Weg war sie. Diese Geschichte ging nur über ein paar Monate, mit nur wenigen Zusammentreffen. Anderthalb Jahre ist das her.

Zusammenfassend kann ich sagen: Strickmuster F. Beim weitaus größten Teil der Frauen, die mich interessierten, hatte ich beste Chancen. Bei keiner hab ich es geschafft, auszubrechen aus der durch die nahtlose Reihe von Fehlschlägen immer stärker fixierten Hemmung. Fehlschläge hat jeder, aber es muss auch einmal ein Erfolg kommen. Sonst wird es eine Rolltreppe abwärts.

Jetzt versuche ich per Internet, überhaupt noch Frauen zu begegnen. Um mich herum gibt es schon seit mehreren Jahren keine Singles mehr. Und damit auch keine »normale« Möglichkeit des Kennenlernens. Leute in meinem Alter ziehen offenbar nicht mehr durch Kneipen oder Discos. Man hat ja jetzt eine Karriere, keine Zeit und zuviel Stress und geht lieber gepflegt essen – und anschließend nach Hause. Man überschuldet sich für ein Haus, das einem erst gehört, wenn man sich schon die Parzelle auf dem Friedhof aussucht. Geld und Erfolg scheinen dazu zu dienen, damit dem Tod gegenüber anzugeben. »Feten« sind nur noch organisierte Fressorgien. Wahrscheinlich wäre ich selber so, wenn's bei mir normal gelaufen wäre. Womöglich wäre ich damit auch zufrieden. So aber entsteht bei mir das Gefühl, dass das Leben in einem Wahnsinnstempo davonrast, ohne dass ich davon auch nur das winzigste Positive gehabt habe.

Es ist schwer, diesen Gedanken zu entgehen. Seitdem ich mich im AB-Forum aufhalte, gelingt mir das allerdings besser, weil es wie ein Spiegel ist. Man sieht andere Leute Argumentationen verbreiten, die man selbst verbreitet hat. Und plötzlich erkennt man, dass sie dumm sind. ABs können das Gerede der Normalos nicht mehr hören, die meist »Du-brauchst-doch-nur …« anbringen. Das Dumme ist nur: Sie haben Recht. Es ist in vielen Fällen tatsächlich so: Wenn man dieses »es« einfach tun würde, statt sich den Kopf zu zerbrechen und Hindernisse aufzubauen, wo keine sind, dann wäre der Erfolg nicht weit. Wie sagt's eine Sportartikel-Firma: »Just do it«. Aber es ist enorm schwer, die wahrgenommene Realität der letzten 20 Jahre zu negieren und von jetzt auf gleich ins Gegenteil zu verkehren. Wahrscheinlich muss man ganz unten sein. Schade nur, dass das so lange dauert. Jedenfalls sehe ich mich auf dem Weg nach oben.

Was hat man auch für eine Wahl? Man kann sich aufhängen. Wer weiß, was man verpassen würde. Man kann »durchhalten«. Das bringt nichts. Wofür? Für wen? Kriegt man einen Preis, wenn man sich trotz allem bis zum natürlichen Tod durchgehangelt hat? Bleibt nur: Versuchen, was zu ändern. Viele ABs, so auch ich, entwickeln eine gefühllose, gnadenlose Sachlichkeit. Leider dauert es unter Umständen sehr lange, bis diese Sachlichkeit die eigene Person erreicht. Auch wenn die Fehlentwicklung Spuren hinterlassen hat: Man ist kein Roboter, man *kann* sich und ungünstige Randbedingungen ändern. Es ist nicht real unmöglich. Früher hab ich das nur für mich unmöglich gehalten, weil damit nämlich ein weiteres AB-Problem zugegeben werden müsste: Lethargie und inbrünstiges Selbstmitleid. Wenn man durch das AB-Forum feststellt, dass man sich offensichtlich zu dieser Truppe zählen muss, die sich äußerst talentiert selbst runterzieht, dann erschrickt man und will unter keinen Umständen mehr dazu gehören. Das ist, was bei mir passiert.

Mein Selbstbild hat sich im Lauf der Jahre gebessert. Und mein Äußeres. Während der Schulzeit war ich sicherlich nicht der Traum aller Frauen, obwohl ich bis heute sicher bin, dass ein damaliger Schwarm sehr an mir interessiert war. Zu dünn, altmodisch und nachlässig gekleidet, lange Haare, Brille und eben sehr, sehr schüchtern. Später auch noch Vollbart. Die meisten Frauen stehen da nicht drauf, schon gar nicht die jungen. Ich entsprach jedem Klischee eines seltsamen, verklemmten jungen Mannes – eines »Losers«. »Psycho« ist das bei Frauen offenbar überregional gängige Wort. Das änderte sich erst spät, etwa mit 25, und dann immer weiter bis heute.

Ich stelle eine deutliche Weiterentwicklung bei mir fest, wenn ich an einzelne Situationen während der letzten Jahre denke. Die hätte allerdings vor 20 Jahren stattfinden müssen und in viel kürzerer Zeit. Ein Forumsmitglied hat mal die Idee geäußert, dass ABs nur ein einziges Problem haben: Ihre Persönlichkeit entwickele sich einfach wesentlich langsamer als bei Normalos. Aus diesem Geschwindigkeitsunterschied zu Normalos entstehen Sekundär-Probleme. Ich denke, das ist fast die AB-Weltformel.

Ich betrachte mich nicht generell als Deppen, aber es ist ziemlich egal, als was ich mich betrachte. Entscheidend für zwischenmenschliche Beziehungen ist, ob die Umwelt mich für einen hält. Diverse Mädels werden das wohl tun, und an dieser Stelle stimme ich mit ihnen überein. Bei anderen Dingen denke ich das allerdings nicht. Ich halte mich nicht für dämlich, habe einen Beruf mit einem gewissen Renommée und gutem Einkommen, bin vielseitig interessiert, nicht ungebildet und habe einige durchaus individuelle Charaktereigenarten, die ich nicht verstecke. Äußerlich bin ich inzwischen modisch bis individuell (manchmal bewusst neben der Spur) gekleidet, fahre das, was für manche ein Traumauto ist, habe eine schöne Wohnung und so weiter und so weiter und so weiter. Manche halten mich gar für gut aussehend, obwohl ich nach wie vor nicht gerade zu den Übergewichtigen zähle. Toll? Nur genützt hat es MIR FÜR MICH nichts. Ich bin das lebende Beispiel dafür, dass Äußerlichkeiten ohne bestimmte »innere Werte« soviel nützen wie eine Rennyacht in der Wüste. Den ganzen Krempel hab ich in erster Linie, weil das das Einzige ist, was von den letzten 20 Jahren Positives übrig ist. Manchmal ist er mir auch peinlich. Deswegen habe ich nur sehr wenig Verständnis für Normalos, die darüber klagen, dass ihre Wohnung oder ihre Autos zu klein und die Handys nicht bunt genug sind, die sich den Urlaub in Übersee nicht leisten können et cetera. Diese Leute wissen nicht, was sie wirklich haben.

Normalos haben im Übrigen ebenso Klischees von ABs wie umgekehrt. Wenn man wie ich früher als AB den AB-Klischees entspricht, dann hat man keine Chance. Viele ABs reden sich aus dieser Tatsache mit der »schlimmen Intoleranz« der Normalos heraus. Wenn dieses Problem, das in erster Linie ja ein Problem der Normalos mit den ABs ist und erst in zweiter Linie dadurch zum Problem für die ABs wird, nicht auf den ersten und zweiten Blick erkennbar wird, dann hat man jede Chance, die auch ein Normalo hätte. Wenn es erst geschnackelt hat, dann ist fast alles egal.

Ich denke nicht, dass ich noch als AB erkennbar bin. Das haben die Internet-Treffs gezeigt. Infolgedessen betrachte ich meinen Status zwar als ein *Teil*problem, aber ich denke nicht mehr, dass es mich davon abhält, eine Frau zu finden. Dieses Problem hängt mit anderen Dingen zusammen. Ein anderer Teil des Problems besteht darin, dass man damit klarkommen muss, den vielleicht wichtigsten Teil der »Menschwerdung« verpasst zu haben. Daran kann nichts mehr etwas ändern.

Was mir geholfen hat ist vor allem mein Alter. Über Therapeuten denke ich seit Jahren nach, aber ich bin zu dem Schluss gekommen, dass ein Therapeut nichts tun kann, was ich nicht selbst schaffen können müsste. An Lebenserfahrung kommt man eben kaum vorbei – einer der wenigen Vorteile des Alterns. Außerdem bleibt das Problem der Kosten. Die Krankenkasse übernimmt nur zehn Stunden. Ich halte es für illusorisch, in dieser kurzen Zeit ein Problem aus der Welt schaffen zu können, das sich über 20 Jahre aufgebaut hat. Obendrein müsste man mehrere Therapeuten ausprobieren; die beliebten haben Wartelisten von mehreren Monaten. Dieses Zögern kann allerdings dazu führen, dass es bei der Überlegung bleibt. Laut der erwähnten Sozialphobie-Website kommen die meisten viel zu spät und können nur noch begleitend therapiert werden.

Hoffnung ist für mich ein Reizwort. Hoffnung ist etwas für Leute, die der Realität nicht ins Auge sehen wollen. Hoffnung ist mit Gefühl verknüpft. Es ist Unsinn zu hoffen, dass die Ampeln alle grün sein mögen, so dass man noch rechtzeitig zum Termin kommt. Hoffnung hat keinerlei Einfluss auf die Realität. Hoffnung kann zwar dazu führen, dass man Dinge anpackt, die man aufgrund der schlechten Aussichten sonst nicht anpacken würde. Klappt es, dann ist es nichts anderes als Glück, das man auch bei einer pessimistischen Einstellung gehabt hätte. Hoffnung kann aber genauso dazu führen, dass man an etwas festhält und sich für etwas aufopfert, das schon lange verloren ist. Davon kann ich Arien singen. Letztlich ist Hoffnung schlicht und einfach Unsinn. Eine realistische Einschätzung der Lage ist wesentlich vernünftiger. Da ist sie wieder, die gnadenlose Sachlichkeit!

Religion ist die schlimmste und obendrein dümmste Art der Hoffnung. Etwas noch Realitätsferneres gibt es nicht. Unfassbar, dass vernunftbegabte Menschen einem solchen Schwachsinn anhängen, ihr eigenes und – schlimmer noch – das Leben anderer vorsätzlich für diesen Unfug von Märchen auf Kleinkind-Niveau vergeigen, wenn nicht sogar vernichten.

Übrigens halte ich Religion für einen der Auslöser für meinen Status. Die meisten Religionen, besonders die im Westen verbreiteten, stellen Sex als etwas Schlechtes, Schmutziges dar. Damit bin ich aufgewachsen, in einer Religionsgemeinschaft, die das besonders extrem sieht. Es fällt mir heute noch schwer, Sex als etwas Natürliches für mich zu sehen. Hin und wieder finde ich die Vorstellung, Sex zu haben, sogar ziemlich widerlich. Meine Mutter ist bis heute immer extremer geworden. Sobald auch nur etwas nacktes Fleisch im Fernsehen zu sehen ist, schaltet sie ab. Selbst dann, wenn Sex nur angedeutet wird, also nichts zu sehen ist, ist sie angewidert. Wenn Sex thematisiert wird, selbst unter wissenschaftlichen Gesichtspunkten, geht sie weg

oder schaltet ab. Vielleicht hatte ich deswegen immer Schwierigkeiten, Sex mit den Frauen in Verbindung zu bringen, in die ich
mich verliebt hatte. Die Kombination ist sozusagen für mich undenkbar. Es geht nur entweder oder. Allerdings hab ich festgestellt, dass das oft auch bei Normalos der Fall ist, zumindest anfangs.

Ich bin überzeugt davon, dass man als AB nur aufgrund von
Selbsthilfe »ans Licht kommen« kann. Therapeuten sagen zwar
immer, sie könnten nicht helfen, sondern nur bei der Selbsthilfe
unterstützen. Das stimmt und insofern sind sie durchaus eine
Hilfe. Ich denke nur, dass ein Normalo sich nicht in einen »Psycho« hineindenken kann, es ist wirklich eine Parallelwelt. Ein
Vorteil des Abgeschnittenseins ist, dass man sich auf sich selbst
verlassen muss – weil sonst niemand da ist. Manche werden dadurch stark, manche gehen daran kaputt.

Jetzt strebe ich ein normales Beziehungsleben an. Wenn unterwegs ein paar »Versuche« dabei sind, hab ich nichts dagegen.
»Normal« eben! Es gibt allerdings gewisse Randbedingungen,
die kaum zu ändern sind. Aber ich versuche trotzdem, das Mögliche zu tun.

Eine der kaum zu ändernden Randbedingung ist, dass es offensichtlich mit zunehmendem Alter schwerer wird, neue Leute
kennen zu lernen. Das war bisher nur eine Vermutung, ich habe
es aber kürzlich auch von einem Normalo im TV gehört. Vermutlich hängt das mit dem Austoben zusammen, das bei Normalos
eben so bis circa 30 stattfindet. Danach wird man gewöhnlich ruhiger, man sucht längere Beziehungen, man hat seinen Freundeskreis und ist zufrieden damit. Kein Bedarf an neuen Leuten,
wenn man auch nicht direkt was dagegen hat; so gibt man sich
auch nicht unbedingt Mühe damit. Das sind Beobachtungen, die
ich seit langem an verschiedenen Versuchssubjekten mache.

Diese Ausgangslage hat natürlich Konsequenzen: Als relativer
Außenseiter kommt man in die bestehenden Gruppen kaum hinein. Und die früher verpasste Fluktuation bei der Partnersuche
findet jetzt nur noch wenig statt – Frauen wollen meist Kinder

(biologisches Zeitlimit) und Ehe. Daraus erwachsen für beide Partner eben auch äußere Bindungskräfte. Für Beziehungslose gibt es schlicht und einfach weniger »Material«, für mittelalte ABs fehlt die Übungsmöglichkeit. Man muss sich also an Jüngere richten. Das geht natürlich nur bis zu einem bestimmten Alter; wenn die Jüngeren selbst in die kritische Phase kommen, wird es echt schwer. Auch ein Antrieb, genau jetzt was zu tun.

Die Hauptrandbedingung, die zu ändern ist, ist die eigene Lethargie. Man muss sich den Situationen aussetzen, vor denen man vorher geflüchtet ist. Eine andere Chance hat man nicht. Das ist überlebbar, wenn man sich selbst auch Fehler zugesteht, und zwar ohne Selbstmitleid. Das Ganze möglichst oft! Kaum ein AB, der nicht schon mal aufgegeben hat. Da die Welt nicht zur Tür hereinkommt, muss man eben zur Welt gehen – für ABs oft ein extrem schwerer Schritt. Zum Glück und im Gegensatz zu vielen ABs hab ich die Welt nie als Feind betrachtet, genauso wenig wie Frauen. Man muss es sehen, wie es ist: Nicht die Welt ist krumm, ICH bin es. Wenn ich zur Welt dazu gehören will, dann muss ICH mich in bestimmtem Maße anpassen. Damit man sich der Welt öffnen kann, muss man zweierlei schaffen: die Entmystifizierung der Normalos und das Ein-, aber vor allem auch Zugestehen eigener Fehler. Normalos machen genauso große Fehler wie ABs auf anderen Gebieten, und eine Beziehung ist nicht das Allheilmittel für ABs.

Was ich mache, ist das einzig Wirkungsvolle, was mir einfällt: das liebe Internet nutzen. Zum Glück ist Einsamkeit (wobei ich das gar nicht so oft empfinde) angeblich nicht auf ABs begrenzt. Irgendwo stand kürzlich: »Nie war es so einfach, einsam zu sein, wie heute«. Nun gut. Es gibt haufenweise Single-Börsen. Die haben eine Menge Vorteile. Man kann gefahrlos ausprobieren, für welchen Altersbereich man interessant ist. Man kann auf Distanz allerhand Baggermethoden ausprobieren. Vor allem aber kann man dort sehen, dass nicht nur Übriggebliebene und Psychos Singles sind und diese ziemlich unnatürliche Methode des Kennenlernens wahrnehmen müssen. Das ist natürlich nur der erste Schritt.

Der zweite und viele wichtigere Schritt ist das reale Zusammentreffen. Ich muss sagen, dass ich damit schon lange keine Probleme mehr habe. Schließlich hab ich nichts zu verlieren. Negative Erfahrungen hab ich nie gemacht. Es hat bis jetzt nicht gepasst, mit einer Ausnahme, mit der ich noch irgendwie beschäftigt bin, aber auch das ist nichts Ungewöhnliches. Ich kenne Männer, die pro Abend zehn Mädels ansprechen, ohne sonderlichen Erfolg. Bei all dem hab ich immer eins festgestellt: Ich bin eigentlich ganz normal; kann mich auch mit attraktiven Frauen locker unterhalten; darf Mist reden, ohne dass man mit Fingern auf mich zeigt, sehe Normalos Mist reden und aufgeregt sein und nicht wissen, was sie sagen sollen.

Der dritte Schritt, die möglicherweise etwas peinliche Fehlstelle im Lebenslauf mehr oder weniger offen zeigen zu müssen, ist wieder eine andere Sache, aber ich halte das nicht mehr für irgendetwas so schrecklich Aufregendes. Normalos haben größere Probleme auf anderen Gebieten.

Typische Klischeevorstellungen unter Absoluten Beginnern: Normalos haben wundervollen Sex. Normalos haben viele Freunde. Normalos haben keine ernsthaften Probleme. Normalos SIND GLÜCKLICH. Und all das nur, weil sie als Jugendliche rumgevögelt haben und jetzt nicht mehr Single sind. Ich kenne aber gerade in meinem Beruf viele Leute, die wegen des Jobs Beziehungsprobleme haben, wenig Freunde haben und die alles andere als glücklich sind. Mein Bruder (selbst bis 27 AB, dann »Unfallkind«, dann Vernunfthochzeit, dann Haus, dann Beziehungsprobleme, dann Scheidung, dann alle üblichen Scheidungsprobleme, dann Schulden). Keine Spur von Glück. Ein ehemaliger Kollege, etwas älter als ich, bis 20 AB (»weil mich nichts anderes als Motorradfahren interessiert hat«), ein harter Kerl, extrem risikobereit, zehn Jahre verheiratet, davon die letzten sieben Jahre kein Sex, vögelt jetzt nach eigener Aussage (und nicht ganz glaubwürdig) »alles, was ihm vor die Flinte kommt« … weil er von allen Frauen bisher betrogen wurde. Auch hier kein Glück. Aber das wird von ABs oft nicht wahrgenommen.

Normalos auf der anderen Seite betrachten ABs als »Psychos« – nicht ganz zu unrecht. Es muss etwas kaputt sein bei denen, sonst wären sie ja keine ABs. Stimmt. Ob allerdings bei ABs so dramatisch schlimm etwas kaputt ist, ist die Frage. Ich selbst habe einige Äußerungen dazu von Frauen gehört, die nicht wussten, wen sie vor sich hatten. Toll fand das keine, vorsichtig ausgedrückt. Innerlich reagierte ich mit einer Mischung aus Schock und Amüsement. Sie wollen nichts mit ABs zu tun haben, haben es aber gerade und merken es nicht mal. Eine Frau wollte mich sogar ernsthaft nach dem zweiten Date heiraten, wie sie mir viel später erzählte, nachdem sie sich jemand anderen gesucht hatte: »Dieses Kind hätte von dir sein können.« Und die Frauen, die sich trotz meines abschreckenden Verhaltens nicht davon haben abhalten lassen, mir jahrelang Avancen zu machen … andere ABs haben vielleicht weniger Glück und fangen an, unbewusst den Klischees eines ABs zu entsprechen. Bei dem Gedanken hab ich mich auch öfter erwischt. Ich kam mir vor wie ein Betrüger, weil ich herumlief wie ein Normalo, tatsächlich aber zu den geächteten »Psychos« gehörte.

Das Hauptproblem für mich ist inzwischen nur noch, überhaupt eine passende Frau zu finden, und das gilt ja nun für Normalos und ABs gleichermaßen. Mein Beruf ist lau, ich hab viel frei, aber selten zu Zeiten, zu denen die meisten Arbeitnehmer (inklusive meines kleinen Freundeskreises) frei haben. Zeitlich obendrein völlig unkalkulierbar. Das ist eine Randbedingung, die ich kaum noch ändern kann – unsere Volkstreter wollen dafür sorgen, dass man seines Jobs in Zukunft noch unsicherer sein muss als jetzt schon. Eigentlich hab ich sogar eine passende Frau gefunden: eine »normale« Frau, die lustigerweise vorher mit einem dünnen AB zusammen war. Sagt sie, ohne dass sie meinen Status kennt. Sie fragte mich auf meine etwas erstaunte Rückfrage, ob ich das schlimm fände. Man sieht also, nicht alle Normalos springen vor Schreck aus dem Fenster.

Zweifellos hat das AB-Sein auch Auswirkungen auf andere Lebensbereiche, sei es der Urlaub, der zu Hause vergammelt oder der Abend, der zu Hause verbracht wird, weil die Normalo-Pärchen lieber mit sich allein sein wollen. Dadurch werden den ungeraden Rädern am Wagen eben indirekt die Möglichkeiten genommen, herauszukommen und soziale Fähigkeiten zu entwickeln, womöglich sogar auf normalem Wege einen Partner kennen zu lernen. Entgegen meiner früheren Einstellung der gnadenlosen Sachlichkeit gegenüber mir selbst hab ich inzwischen Mitleid mit mir … ich blende das aus. Sonst würde ich mit Sicherheit nicht eines natürlichen Todes sterben.

Das Gefühl, etwas unwiederbringlich verpasst zu haben, ist aus meiner Sicht das Schlimmste an der Geschichte. Das muss man ignorieren. Vor ein paar Jahren noch habe ich nachts schweißgebadet senkrecht im Bett gestanden. Das ist schon lange nicht mehr passiert. Wenn ich allerdings nachts wach liege, was oft passiert, dann muss ich mich zusammenreißen, um nicht wieder in dieses Loch zu rutschen. Nachts ist man allerdings hormonbedingt anfälliger für Depressionen, deswegen breche ich sofort ab, wenn ich eine Welle kommen spüre. Man lernt, damit umzugehen. Vielleicht gelingt mir das besser als anderen, weil ich jemand bin, der nicht alles zu erreichen braucht. Es reicht mir, wenn ich sehe, dass ich etwas erreichen KÖNNTE. Und wenn ich bemerke, dass Frauen durchaus Gefallen an mir finden oder mich anflirten, ich zurückflirte und es kommt an, dann brauche ich oft gar nicht mehr. Viele Dinge mache ich nur einmal; sobald ich sie beherrsche oder schon mal gemacht habe, werden sie oft langweilig. Ich würde nicht einmal ausschließen, dass das bei einer Beziehung auch so wäre. Allerdings war ich mangels Gelegenheit und durch Training auch schon lange nicht mehr verliebt; in verliebtem Zustand ist man geistig eh nicht zurechnungsfähig. Die Wissenschaft hält übrigens Verliebtheit für einen Mechanismus der Natur, der die Fortpflanzung erleichtert, denn ohne sie würden viele Paarungen gar nicht zustande kommen – das Fehlen der rosaroten Brille würde die Schwächen des anderen nicht ausblenden.

Ich habe mit meinem Vater früher manchmal über meine Situation gesprochen, aber wie die meisten Normalos war er völlig ratlos. Das ist er bis heute, wenn das Thema aufkommt. Ab und zu, wenn ich ihm vorher von einem Internet-Date erzählt hatte, fragt er beiläufig, was damit ist. Man merkt ihm aber an, dass er mir damit nicht auf die Nerven gehen will, wohl auch, weil ich früher darauf sehr aggressiv reagiert habe. Früher hat er mich mit »Das-wird-schon-Noch …« aufzumuntern versucht. Inzwischen sieht er selbst aber wohl keine großen Chancen mehr für mich.

Meine Mutter hat nur mal ein, zwei Sätze dazu fallen lassen. Ich werde das Gefühl nicht los, dass sie meinen Zustand in ihrem religiösen Wahn sogar befürwortet. Mein Bruder sagt nicht viel dazu. Er will wohl vermeiden, mich zu verletzen.

Meine Freunde kennen natürlich alle meinen Status, ich bin mit ihnen aufgewachsen. Ein wunderliches AB-Phänomen ist, dass sich ABs irgendwie gegenseitig anziehen. Alle meine Freunde bis auf einen kamen sehr spät »an die Frau«. Der Früheste war 21, der Späteste (außer mir) hat es vor drei Jahren mit 32 geschafft. Beide sind immer noch mit ihrer ersten Partnerin zusammen, wohnen oder haben ein Haus zusammen. Wenn ich eine Wette hätte abschließen sollen, wer übrig bleibt, dann hätte ich nicht auf mich getippt. Der einzige Freund, mit dem ich das Thema immer wieder sehr ausführlich diskutiert habe, und der der einzige »Normale« ist, drückte das einmal so aus: »Dass ausgerechnet du übrig bleibst, das hätte ich nie für möglich gehalten«. Die anderen halten mich diesbezüglich für einen Spinner, sagen dazu aber so gut wie nie etwas.

Irgendwann bekommt jeder mit, dass man nicht »normal« ist, selbst Leute, die man kaum kennt. In einer meiner Stammkneipen ging früher einmal das Gerücht unter den Bedienungen, ich sei schwul, weil ich über Jahre hinweg nie mit einer Frau auftauchte. Gleiches gilt für eine ehemalige Nachbarin in meinem Alter. Meine jetzige Nachbarin, eine kregle, mir sehr zugetane alte Dame von fast 80, fragte mich sogar mal mit sorgenvoller Miene, ob ich denn gar keine Frau kennen lernen würde. Natürlich fällt das auch in einer kleinen Firma auf. Allerdings bin ich so geübt im Lügen und Fassade-Machen, dass man mich dort nur für einen Freiheitsliebenden hält: »Wie kann man nur so fertig sein mit den Frauen!?«. Man hält mich dort sogar für einen Ladykiller, wie absurd ist das! Frühere Freundinnen? Ganz einfach: Ich tu einfach so, als sei ich mit den früher beschriebenen »Zielpersonen« zusammen gewesen.

Einer fremden Frau musste ich das nie erklären. Auf die Idee würde ich auch nicht kommen, warum sollte ich? Allerdings habe ich einmal vor ein paar Jahren eine Online-Anzeige bei AOL aufgegeben, in der ich schlicht und einfach geschrieben habe: »Wenig Erfahrung mit Frauen«, was ja schon geschönt war. Ich wollte testen. Es haben sich drei Frauen darauf gemeldet. Nummer eins war eine frisch Zugezogene, die ich als das einstufen würde, was im Forum als Alpha-Weibchen bezeichnet wird. Ich weiß nicht, ob sie den Satz überlesen hat. Es kam aber auch nie zu einem Treff, weil wir schlicht nicht kompatibel waren. Dieses Mädel allerdings ist eine dieser Landmarken, anhand derer ich feststelle, dass ich mich verändert habe. So verkrampft wie damals (es muss so vor vier, fünf Jahren gewesen sein) würde ich mich jetzt nicht mehr verhalten. Kompatibel wären wir allerdings auch heute noch nicht.

Nummer zwei war ein 19-jähriges Mädel, die die einzige war, die mich auf den Satz ansprach und wissen wollte, wie das denn käme. Ich beschrieb ihr das als eine Serie roter Ampeln, die mich daran gehindert habe, rechtzeitig zum Termin zu kommen. Sie konnte das nachvollziehen und hatte vollstes Verständnis. Allerdings waren wir sonst ebenfalls nicht kompatibel.

Nummer drei war die Drei-mal-zwei-Frau: Zwei gescheiterte Ehen, zwei Kinder und zwei Katzen. Mit der habe ich mich nie getroffen, weil ich mir das nun wirklich nicht antun wollte. Aber wir haben oft telefoniert. Auch da hab ich so getan, als sei ich mit diversen Frauen zusammen gewesen. Sie wunderte sich nicht mal, dass das nicht zu der Anzeige passte. Das zeigt einen Effekt, den ich schon öfter festgestellt habe: Dieser AB-Zustand ist für Normalos derartig undenkbar, dass man es ihnen ins Gesicht sagen könnte und sie hielten das für einen Versprecher. Oder für eine Masche. Das würde auch zu der Tatsache passen, dass mir einige Frauen trotz meines offensichtlichen AB-Verhaltens jahrelang nachliefen. Weiteres Indiz dafür wäre ein anderes Forum, in dem eine verliebte Frau sich verzweifelt fragte, warum ihr Schwarm nicht auf sie ansprang. Sie konnte den Vorschlag von anderen Forums-Mitgliedern, ihr Schwarm könne noch Jungfrau sein, nicht akzeptieren: »Der ist ungefähr 30, da KANN man doch gar keine Jungfrau mehr sein!«

Mein Erstes Mal wird sicherlich »spannend«. Es sei denn, ich bin besoffen. Besoffen ist man so, wie man ohne überdeckende Standardfassade wäre. Es dürfte schon seltsam sein, sich und seine Spielgefährtin zu entblättern. Schließlich ist ja sonst immer Scham angesagt. In Unterwäsche würden sich die meisten Frauen wohl spontan überhaupt nicht sehen lassen wollen und kreischend nach der Polizei rufend davonrennen. Aber am Strand im Bikini ist das kein Problem. Sexualität scheint beim Menschen wirklich völlig absurd zu sein.

Das größte Problem für mich sehe ich tatsächlich in der erwähnten extremen Trennung von Sex und Zuneigung. Aber das mag eine individuelle Sache sein. Sex ohne Geilheit, das klappt wohl nur mit Pillen. Zwar war ich noch nicht in der Situation, das ausprobieren zu können, aber man macht sich schon Vorstellungen davon, wie das denn wäre mit der aktuellen Zielperson.

Was wäre denn, wenn diese Vorstellung jetzt real wäre? Nicht es nicht eine Vorstellung wäre, sondern absolut echt und jetzt und hier? Ergebnis: Kann nicht klappen, Geilheit weg. Sehr, sehr selten kam es vor, dass ich Sex und Zuneigung gleichzeitig mit einer Person verbinden konnte, und das auch nur kurzzeitig. Eigentlich kam ich mir dann immer schlecht vor. Später, wenn die Sache vorbei war, dann stellte die Vorstellung allerdings einen besonderen Reiz dar. Und zwar einen, der nicht gerade auf Zuneigung basierte, im Gegenteil. Sex scheint grundsätzlich eine aggressive Komponente zu enthalten. Früher hab ich mich deswegen für einen potenziellen Sexualstraftäter gehalten. Aber inzwischen weiß ich von Normalos, dass auch das wohl »normal« ist. Sonst würden Pornoproduzenten nicht überleben können.

Eine Nutte suchen? Man denkt dran, schließlich scheint das ideal: keine Zuneigung, bezahlen, benutzen und Adieu. Aber letztlich wäre mir das zu peinlich. Eine Prostituierte ist ja sozusagen das totale Gegenteil eines ABs, auch wenn die Betreffende nicht zwangsläufig darüber froh ist. Außerdem geht's ja nicht nur ums Poppen. Und wie man hört, ist der Sex mit sich selbst eh am besten.

Wie man liest, wünschen sich die meisten Männer, dass Frauen nicht immer das Prinzesschen spielen, sondern auch mal selbst das Blamagerisiko eingehen und initiativ werden. Viele Frauen sagen, dass sie dies täten. Wenn man dann aber konkret nachfragt, dann kommt nur »Ööööm …«. Meine theoretisch passende Internet-Bekanntschaft fragte mich mal, wie ich das denn gewöhnlich mache. Wenn sie in Discos angequatscht werde, dann seien das meist dumme Sprüche, aber das sei ja klar! Sie wisse ja auch nicht, was sie sagen solle gegenüber einem wildfremden Menschen! Sie habe noch nie jemanden angesprochen. Man sieht: Bei manchen Frauen ist noch nicht Hopfen und Malz verloren. Allerdings ist dieses Mädel in mancher Hinsicht eine Ausnahme. Darin liegt wohl ein Teil ihrer Anziehungskraft auf mich.

Jedenfalls gäbe es viel weniger ABs, wenn sie nicht neben dem Tragen ihrer persönlichen Defizite obendrein noch in die Rolle des risikobereiten Aufreißers gezwängt würden, die sie nicht adäquat ausfüllen können. Blamagen und Erfolge wären ausgeglichener verteilt, die Mystifizierung beendet. Allerdings besteht keine Hoffnung, dass das jemals eintritt. Dazu ist das biologische Rollenverhalten zu stark: Männchen werben und machen sich wichtig, Weibchen suchen danach aus, wer das am besten kann.

Die heutige Datingszene scheint mir jedenfalls eine Mischung aus Mode und Notwendigkeit. Es halten sich viele Marktwert-Testerinnen dort auf, die gar kein Interesse an echtem Kontakt haben, sondern sich nur umworben fühlen wollen. Sicherlich sind dort auch viele »Gestörte« zu finden; ABs zuhauf wie es scheint: Fast alle meine Dates haben von Erfahrungen mit ABs berichtet. Kein Wunder. Auch viele körperlich Benachteiligte, die in der Realität keine Chance haben, solange sie nicht mehr für ihr Aussehen tun. Aber auch viele einsame Geschiedene, viele nicht mehr ganz junge Frauen mit Kindern. Viele haben völlig abgehobene Erwartungen; vielleicht sind sie deswegen da, weil diese Erwartungen im echten Leben nicht erfüllt werden können.

Und vor allem: Ohne regelnde Maßnahmen (Männer zahlen ein Schweinegeld, Frauen zahlen nichts) gibt es in den gängigen Kontaktbörsen viel mehr Männer als Frauen. Nach meiner Einschätzung ist das Verhältnis 7:1. In gewisser Weise rätselhaft, es gibt nicht sieben Mal mehr Männer als Frauen auf der Welt. Man müsste daraus schließen, dass Dating-Einrichtungen hauptsächlich von erfolglosen Männern heimgesucht werden. Und natürlich: Sobald auch Frauen bezahlen sollen, steht in vielen derer Profile: »Ich kann nichts mehr machen (schreiben, chatten, etc), ich denk nicht dran, zu bezahlen«.

Erstaunlicherweise finde ich die Welt der Geschlechter ausgerechnet in Soaps am realistischsten dargestellt. Soaps sind auf junge Leute zugeschnitten und absichtlich mit üblichen Problemen gespickt, damit die Zuschauer sich dort auch wiederfinden. Es gibt alles, auch ABs. Für halbwegs vernünftig denkende Menschen ist auch klar, dass die Helden eines Spielfilms fiktiv sind und solche Filmmänner oft in allem besser sind als ein realer Mann. Wie man liest, hat es aber trotzdem Einfluss auf die gegenseitige Erwartungshaltung von Männern und Frauen. Den oft publizierten Eindruck, die Medien würden Supermänner und Superfrauen zum Standard verklären, dem echte Menschen vergeblich nachzueifern versuchen, die deswegen Probleme mit der Sexualität bekommen, kann ich nicht bestätigen.

Fakt ist: ABs verhalten sich meist anders als der Rest der Gesellschaft. Solange Menschen gegenüber Andersartigkeit, die sie als negativ oder fremdartig empfinden, eine Art Scheu haben (und das ist angeboren), wird sich die Situation für Randgruppen nicht ändern – auch nicht für ABs. Das ist ja nicht unlogisch. Bei ABs geht es ja nicht um Toleranz oder Akzeptanz. Die wenigsten Normalos werden einen AB beschimpfen oder bewusst ausgrenzen, wenn sie ihm gegenüberstehen. ABs werden nicht gewollt, wenn es um das geht, was Normalos wollen, den ABs aber fehlt. Daran ist nichts Ungewöhnliches. Ein Rollstuhlfahrer wird Schwierigkeiten haben, in eine Fußballmannschaft aufgenommen zu werden. Er kann nun mal nicht das bieten, was dort gefordert ist. Dabei ist egal, ob er seit der Geburt gelähmt ist oder erst später durch Unfall oder Krankheit.

Die drei Hauptgründe dafür, dass ein Mensch zum AB wird, sind meiner Ansicht nach Schüchternheit, Schüchternheit und Schüchternheit. Bei manchen vielleicht auch große körperliche Nachteile. Aber am Anfang steht meines Erachtens immer die Schüchternheit, denn es gibt auch »Hackfressen«, die trotzdem eine normale Entwicklung durchmachen. Schüchternheit ist die verdorbene Keimzelle für alles andere. Wer schüchtern ist, hat wenige Kontakte und wenig Mut. Beides braucht man, um mit andern Menschen klar zu kommen, besonders aber zum näheren Kennen lernen von Mädchen und Frauen. Ohne Mut versucht man, auf Treibsand zu bauen. Wenn man es denn überhaupt versucht.

Der erste Partner eines ehemaligen ABs sollte schlicht und einfach normal sein. Dann stellen nämlich auch andere ABs fest, dass 99 Prozent ihrer Ängste und Befürchtungen selbst produzierte Alpträume sind. Ein ausgesprochenes Arschloch sollte der anvisierte Partner natürlich nicht sein. Aber jemanden, der sich über Schwächen des anderen bösartig lustig macht, kann man niemandem empfehlen, auch Normalos nicht. Solche Individuen haben selbst die bei Weitem größeren Schwächen.

Allerdings: Wie das AB-Forum zeigt, gibt es tatsächlich ABs, die inzwischen an Realitätsverlust leiden. Unfassbar, wie total irreal und vor allem verfestigt (!) deren Gedankengänge inzwischen sind (allgemeiner Frauenhass; die völlig absurde Negativ-Interpretation sogar von objektiv eher positiv einzuschätzenden Situationen; an den Haaren herbeigezerrte Theorien). Ich weiß nicht, ob ihnen noch zu helfen ist. Da sind echte, schwere seelische Schädigungen entstanden und es handelst sich nicht nur um einen letztlich extrem überbewerteten einzelnen Mangel. Diese Schädigungen könnten auch einen sehr bemühten Normalo letztlich in die Flucht schlagen.

Ich bin erst seit ein paar Wochen im Forum. Inzwischen versuche ich nur noch, die verdammten »Runterzieher« stillzulegen und die wenigen, die den Ausbruch wagen zu pushen. Wahrscheinlich mache ich das Bashing nicht sehr feinfühlig. Aber es macht mich einfach wütend, weil ich den gleichen Scheiß früher auch im Kopf hatte. Zwar bin ich in den letzten Jahren langsam selbst zu der Erkenntnis gekommen, dass mein größtes Problem eine überbordende Spekulativ-Phantasie war. Aber wie ein Blitzstrahl schlug das erst ein, nachdem ich ein, zwei Wochen dabei war. Da ist sie, die früher erwähnte zu langsam verlaufende Persönlichkeitsentwicklung … Hätte dieser Blitzschlag mich früher getroffen, hätte ich wahre Traumfrauen (nicht nur nach meiner Ansicht) haben können. Das wäre aber überhaupt keine Gewähr dafür gewesen wäre, dass ich deshalb ein himmelhoch jauchzender Glückspilz geworden wäre.

So schaue ich nicht nach hinten, da ist's finster. Nach vorne schaue ich auch nicht, da könnte ich Angst bekommen. Also schaue ich auf die Füße und mache ein Schrittchen nach dem anderen. Jetzt, da das Leben halb vorbei ist, fange ich endlich an, ein bisschen zu leben, und erfülle mir ein paar Wünsche, denen ich vorher immer den Wert entzogen hatte. Leider muss ich das noch oft alleine machen, denn mein Bekannten- und Freundeskreis hat diese Phase offenbar schon hinter sich oder macht das lieber jeweils zu zweit. Hoffentlich (und diesmal »hoffe« ich tatsächlich) sehe ich das in ein paar Jahren immer noch so.

Matthias: »Mit 25 noch Jungfrau, und du suchst dir einen Brückenpfeiler.«

Matthias, 37, ist Elektrotechniker.
Er ist über ms.no@gmx.de per Mail zu erreichen.

Mir war schon immer klar, dass ich anders bin. Das fing schon an, als andere Jungs Mädchen blöd fanden, also im Grundschulalter. Irgendwie war ich nie ein richtiger Mann, fand Mädchen immer irgendwie anziehend. Gleichzeitig hatte ich einen Heidenrespekt vor ihnen. Ich konnte schon im Grundschulalter nicht unbefangen mit ihnen umgehen. Warum das so war, weiß ich nicht.

Später – also im Teeniealter – traute ich mich nicht mal mehr so recht, mit ihnen zu reden, war total verklemmt und schüchtern. Suchte aber gleichzeitig die Nähe zu ihnen.

Als ich in der sechsten Klasse war, gab es ein Schlüsselerlebnis. Ich hatte mich in die Metzgerstochter vom Ort verknallt, die damals neu in meine Klasse kam. Ich war mit meiner Mutter und meinem Bruder (der damals mit dem Auto gefahren ist) beim Einkaufen, bei eben jenem Metzger. Ich wartete mit meinem Bruder im Auto. Prompt kam die Tochter aus dem Haus und ich zeigte sie meinem Bruder mit den Worten »Guck mal, das ist die B., die gefällt mir!« Er lachte laut los … Ich habe mich erschrocken. Seither habe ich solche Zuneigungen nicht mehr gezeigt. Unsicherheiten versuchte ich mit gespielter »Coolness« auszugleichen.

Die Jahre darauf gab es immer mal wieder Mädchen, die ich toll fand. Jetzt muss ich vielleicht erwähnen, dass ich für mein Alter damals sehr klein und in der Entwicklung zurückgeblieben war, was meine Eltern drauf schoben, dass ich mit neun Monaten sehr krank gewesen war (Windpocken) und der Arzt meine Eltern wohl schon auf das Schlimmste vorbereitet hatte. Ich hatte –

was sich jetzt vielleicht widersprüchlich anhört – ein recht gutes Selbstwertgefühl.

Ich fühlte mich als guter Partner und rechnete mir gute Chancen bei den Mädels aus. Wenn ich doch bloß mal die blöden Hemmungen überwinden könnte, würde das schon klappen. Der Spruch »Was sich liebt, das neckt sich« war mein Motto, und ich versuchte lange, ihn rückwärts anzuwenden, glaubte, wenn ich nur intensiv genug necke, merkt sie es erstens und verliebt sich ihrerseits zweitens. Kindlich naiv, unbefangen eben, bis ins späte Teeniealter.

Dann gab es da ein paar Lehrer, die mir übel mitspielten, die haben irgendwas zerbrochen. Ich hatte schon immer sehr viele Sommersprossen und dazu rote Haare, verbunden mit heller Haut. Zu allem Überfluss konnte man mit den Haaren wenig anfangen, weil überall Wirbel waren. Das alles – und auch das Desinteresse, das ich für mein Äußeres hatte – führte halt dazu, dass ich in dieser Hinsicht ein kleiner Chaot war. Es machte mir nichts aus, die Klamotten meiner älteren Brüder aufzutragen oder mit Werbe T-Shirts der Supermarktkette »NANZ« rumzulaufen. Ich legte einfach keinen Wert auf Markenklamotten oder überhaupt auf neue Klamotten. Sie sollten halt sauber und nicht zerrissen sein. Es war also gerade so, dass man nicht nackt rumgelaufen ist: Kleidung, die andere zum Streichen der Wohnung anziehen und danach entsorgen.

Jetzt passierte es in der sechsten oder siebten Klasse, dass unser Religionslehrer, der in der Klasse als cool galt und beliebt war, zu mir sagte: »Steh mal auf!« Irritiert machte ich wie gefordert. »Tolles T-Shirt hast da an.« Es war besagtes NANZ-Shirt. Ich schaute immer noch irritiert an mir runter, wusste nicht, worauf er hinauswollte. »Und die Haare erst! Willst dir nicht mal sowas wie 'ne Frisur zulegen?« Ich wusste immer noch nicht, was das sollte, kam mir aber langsam vor den anderen, die nach und nach immer lauter lachten, gedemütigt vor. »Du siehst aus, wie ein Bibabutzemann. Komm mal in die Mitte und tanz' ein bisschen.« Nun erkannte ich, dass er sich auf meine Kosten lustig machen wollte, und setzte mich einfach wieder hin. »Und Spielverderber ist er auch noch!«, kommentierte er. »Aber ich werde dich trotzdem Bibabutzemann nennen.« Sprach´s und widmete sich wieder dem Unterricht.

Ich hatte ihn ab diesem Zeitpunkt gefressen und als ich ihn ein paar Jahre später als Lehrer wieder traf, ließ ich ihn das spüren. Die Wut auf ihn mobilisierte plötzlich Kräfte, die ich nie für möglich gehalten hätte, und ich war ihm gegenüber richtig renitent.

Das allein war es aber nicht. Ich hatte einen Sprachfehler, lispelte, was für das »th« im Englischen nicht gerade förderlich ist. Unsere (von Männern wohl enttäuschte) Englischlehrerin konnte mich anfangs recht gut leiden, aber das hielt nur ein paar Wochen an. Eines Tages musste ich einen englischen Text lesen. Bei jedem »th« ließ sie mich das Wort einige Mal wiederholen. Als ich den Absatz fertig hatte, gab sie mir alle möglichen Worte mit »th«, die ich ihr nachsprechen sollte. Das ging eine halbe Stunde so, wieder vor versammelter Mannschaft. Ich kapierte es nicht, konnte es einfach nicht besser … Ich war den Tränen nahe. Es ging so lange, bis einige Mädels meinten, jetzt sei es aber genug. »Wenn man nicht mal sprechen kann, sollte man nicht auf die Realschule gehen« war ihr Kommentar.

Kurz drauf war ich mit ein paar Mitschülern in der Stadt, wo ich meinen erwachsenen Nachbarn traf, der wohl über das Fußballspielen seines Sohnes einige Mitschüler von mir kannte. »Ach, bist du nicht der M. aus N.?«, fragte er mich. »Ja, der bin ich, wir wohnen zwei Straßen auseinander!« – »Aus der Nähe habe ich dich noch nie gesehen. Dein Vater hätte wohl auch mal sein Rohr spülen sollen, bevor er dich gemacht hat. Jetzt hast du die ganzen Rostflecken im Gesicht!« Natürlich hatte er die Lacher auf seiner Seite.

Angekratzt durch die anderen zeitlich recht dicht vorangegangenen Erlebnisse nahm ich mir das zu Herzen, kam ins Grübeln und dadurch zu dem Schluss, dass – wenn Erwachsene das bestätigen, womit mich meine gleichaltrigen Kameraden immer aufgezogen hatten – da wohl was dran sein muss und ich wirklich »minderwertig« bin.

Zurück zum Thema Partnersuche: Diverse Erlebnisse schürten immer wieder Hoffnungen auf meine damalige Traumfrau. Irgendwie träumte ich immer, wie es wohl wäre, mit ihr zu knutschen, auch Sex zu haben, ohne mir je Gedanken darüber zu machen, wie es denn dazu überhaupt kommen sollte. Es war in meinen Vorstellungen immer so, dass ich mich irgendwie dazu durchrang, ihr meine Gefühle für sie zu gestehen (und sie natürlich begeistert war) … schwarzes Loch … und dann sah ich mich mit ihr knutschen … schwarzes Loch … wir lagen im Bett und taten es miteinander. Was in diesen schwarzen Löchern passieren sollte, das wusste ich nicht. Ich machte mir nie Gedanken darüber, dachte, das wird sich dann ergeben.

Das ging so, bis ich über 30 war!

Natürlich fiel es mir auf. Ich fühlte mich ab etwa 20 bis 23 endgültig als »Exot«, machte mir aber keine weiteren Gedanken. Dann setzte ich mir ein Ultimatum: Mit 25 noch Jungfrau, und du suchst dir einen Brückenpfeiler. Mit 25 sagte ich mir dann, dass ich seither ja eigentlich nie einen ernsthaften Versuch unternommen hatte, und gab mir Zeit bis 30.

Dass ich nie etwas versucht hatte, lag wohl daran, dass ich mir dann sicher war, eh keine Chancen zu haben, und dass ich deshalb mit anderen Qualitäten punkten musste. Was diese Qualitäten sein könnten, war mir nicht klar. Erschwerend kam noch dazu, dass meine Ansprüche einfach zu hoch waren, ich von den Topmädels träumte, aber die Annäherungsversuche der »normalen«, die es durchaus vereinzelt gab, nicht wahrnahm beziehungsweise meinte, auf etwas »Besseres« warten zu müssen.

Die Zeit nach der Schule verbrachte ich hauptsächlich im Betrieb meiner Eltern, wo ich eine Ausbildung (elektrotechnisch, also kaum Frauen) machte und fast meine ganze freie Zeit verbrachte. Es gab mir die nötige Bestätigung, ließ keine Langeweile aufkommen. In dieser Zeit habe ich mir autodidaktisch alles Mögliche beigebracht. Dieses Wissen anzueignen brauchte natürlich Zeit, die ich ja hatte, denn ich hatte keine Hobbys. Am Wochenende wurde oft durchgearbeitet, denn dieses autodidaktische Lernen machte ich in meiner Freizeit. Tagsüber arbeitete ich »normal«.

Ich wurde nicht gezwungen. Ich machte das freiwillig, denn es machte mir Spaß, von anderen bewundert zu werden, wollte aber kein Lob hören. Das war mir peinlich.

Außenwirkung hatte das alles natürlich nicht, denn im Zwischenmenschlichen war ich die volle Niete und konnte – wenn ich mit meinen Kumpels am Wochenende unterwegs war – mit den Mädels, die plötzlich immer öfter dabei waren, nichts anfangen. Ich meinte, mit meinem technischen Wissen angeben zu müssen, war also der volle »Technik-Freak« und damit uninteressant für die Mädels. Außer es gab etwas zu reparieren …

So kam es auch, dass ich der Überzeugung war, dass es sich bei meinen Kumpels einfach so ergab, als die »plötzlich« mit einer Freundin aufkreuzten. Ich habe ja von der »Vorarbeit« nichts mitbekommen. Und so dachte ich, würde es sich auch bei mir irgendwann, wenn die Zeit reif ist, »ergeben«, ohne dass ich viel dazu tun müsste.

Mit 32 Jahren lernte ich über einen Chat (ohne auf der Suche nach einem Kontakt zu sein) eine (verheiratete) Frau kennen. Wir trafen uns und fanden uns auch real sehr sympathisch. Es war ein Treffen von etwa zehn Chattern. Es passierte einfach, dass wir knutschend auf dem Sofa saßen. Keine Ahnung, ob sie gemerkt hat, dass es für mich der erste Kuss war. Innerhalb weniger Minuten waren wir vom ersten Handschlag bis zur Knutscherei mit Zungeneinsatz gekommen. Ich erlebte dies alles wie in einem Film, nicht als real. Die Witterungsverhältnisse kamen uns entgegen und wir (wir waren ein Stück gemeinsam dort hingefahren) konnten nicht heim (alles war zugeschneit, lange Staus auf den Autobahnen). So übernachteten wir nochmals (im Schlafsack). Wir kamen uns näher, sehr viel näher. Dann stellte sie die Frage: »Hast du was dabei? Wir wollen doch nicht, dass es in neun Monaten einen kleinen Matze gibt!« Ich fiel von Wolke sieben und landete hart in der Realität. Na ja, es passierte nichts weiter, wir zogen uns wieder an.

Da war ich 32 und seit diesem Erlebnis war ich mit meiner bisherigen Situation unzufrieden, denn jetzt wusste ich, was ich verpasst habe all die Jahre.

Ich machte mein unattraktives Äußeres dafür verantwortlich, und etwas, das eben die genannten Leute zerbrochen haben. Meine vielenSommersprossen, worüber sie Witze machten … Dann legte ich noch (wie ich jetzt weiß) viel zu wenig Wert auf Klamotten und Frisur, was man durchaus hätte verbessern können.

Meine ganze Art war eher anbiedernd unterwürfig. Eben alles andere als selbstbewusst. Ein »Schleimer« halt, dankbares Opfer für den Spott anderer. Ich fühlte mich immer nur geduldet, versuchte Freunde über Gefälligkeiten zu kaufen und über diese dann Eindruck zu schinden, um bei den Mädels anzukommen. Ich suchte jahrelang nach dem ultimativen Anmachsatz, dem Knopf, den es bei einer Frau zu treffen galt, um bei ihr landen zu können. Dann war mir auch lange Zeit nicht klar, in welcher Liga ich spielte und dass meine Objekte der Begierde fünf Ligen höher unterwegs waren. Die Mädels, die sich mit mir abgegeben hätten, wollte ich nicht.

Situationen, in denen ich durchaus Chancen gehabt hätte, habe ich erst Tage, wenn nicht Wochen später erkannt. Blöd eben, wie ein Trottel.

Außerdem bin ich extrem gehemmt gegenüber fremden Mädels. Es gab da ein Erlebnis, als meine damals aktuelle Traumfrau mit meiner Clique etwas unternehmen wollte und bei mir im Auto mitgefahren ist. Ich habe den ganzen Abend keinen Ton gesagt, hatte so wahnsinnige Hemmungen. Der Hammer: Sie ging am nächsten Wochenende nochmals mit und gab mir quasi noch eine Chance. Ich packte es wieder nicht. Ich wusste einfach nicht, über was ich mit ihr reden sollte, und hatte höllische Angst, mich zu blamieren, was ich ja mit diesem »Kloß im Hals« erst recht tat.

116

Lange Zeit hatte ich im Haus meiner Eltern eine »Wohnung« unterm Dach für mich alleine, die aber nur durch die Wohnung meiner Eltern zu erreichen war. Da das Haus sehr hellhörig ist, konnte ich mit dem Platz eigentlich nichts anfangen, denn ich konnte nie jemanden zu mir einladen. Die Entscheidung, endlich nach etwas Eigenem zu schauen, ist dann endgültig gefallen, als diese Chatpartnerin mich einmal besuchen wollte, es aber nicht ging. Ich sah bis dahin keine Notwendigkeit auszuziehen und dachte, wenn es sich mal mit einer Freundin ergeben wird, dann werde ich eh mit der zusammenziehen. Also wäre die eigene Wohnung doch nur temporär. Dass das ganze Leben aber aus temporären Abschnitten besteht, das wurde mir erst viel später klar und das muss ich mir heute immer wieder vorsagen. Irgendwie denke ich immer, in einem Provisorium zu leben, bis alles irgendwann einmal »richtig fertig« ist.

Das wirkte sich auch auf die Partnersuche aus: »Nein, die Gelegenheit ist noch nicht reif, warte eine bessere ab!« war lange meine Devise. Egal ob es um einen Abend ging, an dem ich mir vorgenommen hatte, eine Frau anzusprechen oder über eine Sache, die einen größeren Zeitraum betraf: Immer redete ich mir ein, dass es später bestimmt eine bessere Gelegenheit geben werde. Bis der Abend, die Woche, der Monat rum war.

Natürlich kommen dann mal so kleine Stimmungstiefs, wenn ich zum Beispiel freitagabends von der Arbeit heimkomme und denke, eigentlich solltest du (als Single erst recht) jetzt auf der »Piste« sein. Oder auch samstags, wenn ich den Tag mal wieder vertrödelt habe und abends nicht weiß, was anfangen, und vor der Glotze ende. Das sind die Momente, in denen ich einen Durchhänger habe, mir in letzter Zeit aber (im Gegensatz zu früher) im Klaren drüber bin, dass es an mir ganz allein liegt und ich nicht warten darf, bis mich jemand »erlöst«.

Dass ich durch das Überwinden von Hemmungen neue Fähigkeiten entwickelt habe (und noch dabei bin) führt letztendlich dazu, mehrere »Optionen« zu haben, was wieder für bessere Stimmung sorgt. Immer öfter erlebte ich so einen Aha-Moment, in dem mir klar wird, dass andere auch nicht immer *so* locker flockig über ihre Wünsche reden können und es sie Überwindung kostet.

Seit ich es im Gespräch so halte, dass ich einfach drauflosrede, egal ob mein Filter jetzt sagt »Das ist unwichtig«, klappt die Kommunikation mit dem anderen Geschlecht viel besser. Wichtig ist doch weniger, *was* man sagt, sondern *wie* man es sagt und *dass* man was sagt. Nur Männer meinen (Techniker vermutlich erst recht), dass immer alles einen tieferen Sinn haben muss, und Informationen möglichst komprimiert rübergebracht werden müssen.

Probleme, die das AB-Sein mit sich bringt, habe ich im Moment kaum und eigentlich auch sonst noch keine ernsthaften gehabt. Außer, dass man sich halt als Sonderling vorkommt und versucht, diesen Umstand zu verheimlichen:

- Angst, nicht mitreden zu können, wenn das Gespräch auf das Thema kommt.
- Unsicherheit, wenn einen jemand umarmt (die Initiative ging bis jetzt nur einmal von mir aus, und da auch nur weil ich reichlich getrunken hatte und mir das als Ziel für diesen Abend setzte).
- Hemmungen, jemanden »zufällig« zu berühren.

Aber das sind eigentlich alles Dinge, bei denen nicht sicher ist, was Ursache ist und was Wirkung.

Man sieht es mir glaube ich nicht auf den ersten Blick an, dass ich AB bin. Früher wäre es mir äußerst peinlich gewesen, wenn die Sprache auf dieses Thema gekommen wäre, aber es wurde seltsamerweise immer ausgespart. Zumindest redete man mir gegenüber nicht offen darüber. Wenn es darum ging, irgendwelche zotigen Witze zu machen, war ich immer vorne mit dabei. Nach dem Motto: »Man muss mit den Wölfen heulen, nur lauter«. Verwandte fragen schon mal. Aber wie ich kürzlich erfahren habe, halten mich einige für jemanden, der immer mal wieder eine abschleppt. Ich mache wohl einen »Stille-Wasser-sind-tief«-Eindruck.

Dass ich AB bin, trauen mir anscheinend wenige zu, auch diejenigen nicht, die mich recht gut kennen.

Direkte Probleme mit dem AB-Sein würden wohl auftreten, wenn ich meinen Job nicht mehr hätte, über den ich mir viel Selbstbestätigung verschaffe. Auch, dass mir beim Klamottenkauf die weibliche Beratung fehlt, könnte als Problem betrachtet werden, denn ich habe keine Ahnung, was denn nun zusammenpasst und was nicht. Aber das betrachte ich eher als Banalitäten, weniger als echte Probleme.

Zurzeit bin ich recht zuversichtlich, dass ich nicht ewig AB bleiben werde, wenn ich nur dranbleibe und mich nicht ausruhe. Es kommt mir vor wie bei vielen anderen Aufgaben im Leben. Das größte Problem ist, sich endlich aufzuraffen. Wie wenn man sich einen Weg durch den Urwald bahnen möchte, der einen vom »Paradies« (nicht, dass ich eine Beziehung unbedingt als Paradies betrachte) trennt, aber erst einmal eine Rast einlegt, weil man keinen Anfang sieht. Der Urwald wird nicht lichter durch das Warten. Hat man aber erst angefangen, die Machete zu schwingen, und an einem Punkt angegriffen, dann merkt man, dass man vorwärts kommt. Zeitweise macht es dann sogar Spaß. Dann kommen wieder Stellen, an denen die Äste dicker sind und man langsamer vorankommt. Zwischendurch gibt es aber auch Phasen, in denen man sich ohne größere Anstrengungen seinen Weg bahnt. Trifft man dann wieder auf dickere Äste, kann es Sinn machen, seine ganzen Aggressionen in nützliche Energie umzusetzen und mit der Machete hart zuzuschlagen, statt sich hinzusetzen und zu jammern »Ich schaff das nie!«

Wichtig ist nur, dass man dranbleibt. Sonst wuchert der Urwald schneller wieder zu, als man ihn freigemacht hat. Und dann ist man mittendrin gefangen. Egal zu welcher Seite man sich dreht, überall nur auswegloser Urwald …

Es ist nicht so, dass ich nicht auch schon gejammert hätte und gerne bemitleidet worden wäre.

Aber was bringt es? Ich kann mich nicht beklagen, dass es mir schlecht geht. Auch frage ich mich in letzter Zeit immer öfter, ob eine Beziehung das ist, was ich mir wünsche, oder ob ich nicht etwas da hinein projiziere, von dem ich mir erhoffe, dass es mir das bisher Verpasste kompensiert. In letzter Zeit habe ich einige »Gelegenheiten« in den Wind geschlagen, weil ich mir nicht sicher war, ob ich mit einer Frau, die mehrere Kinder hat, klar kommen würde. So gesehen entwickeln sich plötzlich Ansprüche, die man nicht vermutet hätte, solange man keine Gelegenheit hatte.

Was es ist, das ich verpasst habe, kann ich nicht sagen, denn ich kenne es nicht. Allenfalls die Erwartungen, die ich an eine Beziehung stelle, die Vorstellungen die ich von einer Beziehung habe. Natürlich *weiß* man, dass es auch weniger schöne Seiten gibt, aber man sieht hauptsächlich nur die angenehmen und praktischen.

So denke ich mir halt, es wäre ganz nett zu wissen, dass da jemand ist, dem man etwas bedeutet und der einem etwas bedeutet. Schwer in Worte zu fassen. Aber wozu denn Fortbildungen machen, ja, wozu denn arbeiten, wozu sich die Wohnung einrichten, wenn man selbst keinen Spaß daran hat? Ich bin in meinem bisherigen »Chaos« ganz zufrieden gewesen, für mich allein gesehen. Gleichzeitig sitzt man in diesem »Chaos« aber wie auf Kohlen, weil man genau weiß, dass man nie jemand zu sich einladen könnte.

Dann Nähe.

Einfach körperliche Nähe. Ich habe erfahren dürfen, dass das ein ganz besonderes Gefühl ist, wenn man jemandem ganz nah sein, ihn in den Arm nehmen darf. Natürlich kenne ich die biologischen und hormonellen Zusammenhänge nicht, aber es war ein tolles Gefühl, das zu spüren. Und zu wissen, dass dieses Gefühl öfters vorhanden sein könnte (auch wenn es sich im Laufe der Zeit vermutlich etwas abnutzt), lässt einen schon von einer Beziehung träumen, weil man einfach vermutet, dass es dann öfters dazu kommt.

Weiter Vertrautheit.

Mal erfahren zu haben, was es bedeutet, wenn man sich fast ohne Worte versteht, das ist sehr faszinierend.

Nächster Punkt: Hausarbeit.

Ja, es klingt verrückt, aber ich glaube es würde mehr Spaß machen, wenn sich jemand darüber freuen würde, wenn man das Bad mal wieder sauber gemacht hat. Ist man nur selbst in der Wohnung, dann stört einen das ja nicht so sehr, mich zumindest nicht. Es kostet Überwindung, Dinge wegzuräumen. Wäre da jemand, der sagt »Oh, schön, dass du das Bad sauber gemacht hast!«, dann wäre die Motivation doch eine ganz andere. Und weil man sich das so einbildet, glaubt man als AB halt auch, ein besserer Partner zu sein. Denn steht nicht in vielen schlauen Büchern, dass Frauen diese Art der Anerkennung viel wichtiger ist als das teure Geschenk zu Weihnachten? Wenn man selbst einmal erfahren hat, wie befriedigend das sein kann, dann weiß man es doch viel mehr einzuschätzen, was es anderen bedeutet.

Ein Beispiel dazu: Kuchen backen. Ja, Kuchen ist etwas Leckeres und es ist selbstverständlich, dass Kuchen lecker ist. Eine Frau kann »automatisch« backen, also ist es logisch, dass sie automatisch lecker backen kann, sie muss sich »nur« aufraffen. Dass ihr Produkt lecker ist, ist genauso selbstverständlich wie nicht erwähnenswert. Seit ich aber selber backe und weiß, was es für ein Gefühl ist, wenn jemand erwähnt, dass der Kuchen gut gelungen ist, verstehe ich so machen Frust, den meine Mutter früher hatte, wenn man einfach gefuttert hat, als sei es das Normalste der Welt, einen leckeren Kuchen zu haben. Schon macht das Backen viel mehr Spaß, wenn man weiß, anderen schmeckt es.

Natürlich werden Aussagen wie »Du solltest mal wieder das Bad putzen!« und der darauf folgende »Aber das ist doch (meiner Ansicht nach) sauber genug!« ausgeblendet.

Schließlich Freizeitgestaltung:

Nicht immer will man auf die Piste gehen; ich würde auch mal gerne daheimsitzen. Allein ist das irgendwie öde, man liest, sitzt vorm PC oder vor der Glotze, isst irgendwas, um den Hunger zu stillen, und wenn man von der lauten Werbung vor der Glotze aufwacht, schleppt man sich ins Bett. Jetzt kommt da aber was in der Glotze, über das würde man sich gerne unterhalten. Oder die Glotze ausschalten, sich aneinander kuscheln und nur ins Kaminfeuer schauen. Dieses Verlangen, das nicht erfüllt wird, das meine ich mit: »etwas verpassen«.

Was ist eigentlich ein AB? Kämpfen nicht viele Nicht-ABs mit genau denselben Problemen wie »wir«, obwohl sie schon mal eine Beziehung hatten, die – aus welchen Gründen auch immer – in die Brüche ging und weshalb sie jetzt wieder allein dastehen? Sie haben diese Beziehung vielleicht nur glücklichen Umständen zu verdanken, die dem AB halt noch nicht widerfahren sind.

Einen Unterschied sehe ich höchstens zwischen Draufgängern und Zauderern. Man stelle sich vor, man möchte mit dem Fahrrad Bahnschienen überqueren. Der Draufgänger hat dicke Reifen drauf, nimmt die Schienen im rechten Winkel, kurzer Rumpler, drüber. Fertig oder eben gescheitert. Nun gibt es aber auch den Zauderer mit schmalen Reifen. Der nähert sich der Schiene ganz vorsichtig im flachen Winkel, fährt immer mehr parallel und möchte so einen ganz weichen Übergang zur anderen Seite schaffen. Die Gefahr, dass er mit seinen schmalen Reifen einfädelt und auf der berühmten Kumpelschiene landet, aus der er nicht mehr rauskommt, ist sehr viel höher. Er schrammt ewig an den Gleisen entlang, ohne sie überwinden zu können. Im Extremfall schafft er es, dass das Vorderrad schon drüber ist, das Hinterrad aber noch nicht. Diese Phase gibt es beim Draufgänger auch, aber bei ihm währt sie nur sehr kurz, wohingegen sie beim Zauderer ewig dauern kann: Freundschaft ohne Sex, aber keine Beziehung. Also nichts Halbes und nichts Ganzes.

Eine kleine Wende in meinem Leben gab es auch durch eine Fernsehsendung, in der ich zu Gast war. Bewirkt hat das, dass diejenigen, denen ich die Sendung gezeigt habe, mich in einem anderen Licht sehen. War ich vorher der »Coole«, der sich nichts zu Herzen nahm, nahmen sie mich von nun an anders wahr, redeten auch mal über *ihre* Beziehungsprobleme, gewährten mir Einblicke.

Diese Sendung ist etwas, mit dem ich mich »outen« kann, für das ich aber gleichzeitig »bewundert« werde. Plötzlich ist dieser Umstand Thema, ohne dass ich mich dafür schäme. Es verliert aus irgendwelchen Gründen die Peinlichkeit, die es vorher hatte. Ich denke, wenn man mit diesem Problem offen umgeht und zeigt, dass man nach Lösungen sucht, ist das nicht so peinlich, als wenn man krampfhaft versucht, »normal« zu sein, und jeder merkt, dass da was nicht stimmt. Es ist aber nicht so, dass ich diese Sendung wahllos jeden sehen lasse. Horror wäre für mich, wenn das in den »falschen Kreisen« bekannt werden würde. Denn dort würde es bei einigen in den falschen Hals kommen, da bin ich mir sicher.

Einer Frau gegenüber, an der ich Interesse habe, würde ich mich auch ungern outen. Eher würde ich versuchen, mich aus der Affäre zu ziehen, ohne alles offen legen zu müssen. Bewusst lügen würde ich aber auch nicht. Vielleicht würde ich etwas sagen wie: »Die letzte Frau mit der ich zusammengewohnt habe, hat mich wie ihren Sohn behandelt. Das hat mir nicht gefallen, darum bin ich ausgezogen!« Ich muss ja nicht erwähnen, dass das meine Mutter war. Oder auch: »Mit einer Frau wie dir war ich noch nie zusammen!« Wenn sie dann konkret nachfragt, dann komme ich natürlich in Erklärungsnot, aber ich hoffe, dass wir uns dann schon so weit vertrauen, dass ich ihr es auch sagen kann.

Was Sex für mich bedeutet, kann ich nicht mal sagen, denn ich hab es ja zu zweit (oder mehreren) noch nicht erlebt. Aber ich könnte mir gut vorstellen, dass ich es überbewerte. Bei mir gibt es Phasen: Wochenlang vermisse ich da gar nichts, dann gibt es wieder ein paar Tage, da kann ich fast an nichts anderes denken.

Tja, das erste Mal … Nachdem ich ja schon mal unverhofft recht dicht dran war, sehe ich es ein wenig anders. Früher habe ich mir gar keine Gedanken gemacht, dachte es passiert halt ir-

123

gendwie, dass man im Bett landet. Wie die Brücke zwischen Kennen lernen und Bett aussehen sollte, darüber hab ich mir eigenartigerweise nie Gedanken gemacht. Wenn ich mir das vorstellte, dann war das so, dass ich irgendwann mal mit einer Frau im Bett liege und es tue.

Vor diesem ersten Mal habe ich sowohl Ängste als auch Hoffnungen. Ängste insofern, dass ich – wenn die Gelegenheit dann erst mal da ist – versage, versage in allen möglichen Richtungen, die es da geben kann. Hoffnungen insofern, als ich hoffe, dass dann vielleicht eine Art Knoten platzt, wobei ich das nicht mehr so recht glaube, denn was soll sich denn großartig ändern. Vielleicht eher in dieser Hinsicht, dass man sich nicht mehr so exotisch fühlt, und halt auch »dazugehört«.

Es war schon immer so, dass ich vor Prostituierten mehr Achtung habe als vor so mancher Frau, die Sex über sich ergehen lässt, weil es halt »sein muss« oder um damit Ziele zu verfolgen (etwa Karriere zu machen). Da finde ich eine Prostituierte ehrlicher. Sie steht dazu, dass sie Geld verlangt und dafür ihren Körper anbietet. Selbst solche Dienste in Anspruch zu nehmen, davor bin ich bisher zurückgeschreckt, auch wenn ich schon öfter mal ernsthaft mit dem Gedanken gespielt habe. Aber ich verspreche mir nichts davon. Dass ich den Bewegungsablauf hinbekommen werde, davor habe ich keine Angst, wenn's mal gelten sollte. Ich habe eher die Befürchtung, dass ich »süchtig« werden könnte, und wenn ich erst einmal diese Schwelle überschritten habe, es immer wieder tun werde und so ein ungutes Verhältnis zur Sexualität entsteht.

Ich habe zu diesem Thema insgesamt ein relativ gespaltenes Verhältnis. Es kommt mir manchmal vor, als leben zwei Menschen in mir: der eine, der keusch ist und »es« nur bei absoluter Liebe tun würde, der andere, der nur so nach einer Gelegenheit lechzt, endlich mal ein »Rohr zu verlegen« ohne Rücksicht auf Verluste. Vielleicht liegt es auch an der Gegend hier, denn hier hat es den Anschein, dass Sex für eine Frau ein Opfer ist, das sie nur demjenigen bereit ist zu bringen, der ihr bedingungslos ergeben ist beziehungsweise einem, der es »verdient« hat, in welcher Form auch immer.

Was Frauen angeht, so gibt es da eine Kategorie – der ich auch die Mehrheit zurechne – mit der ich nichts zu tun haben will. Es ist die Kategorie Frau, die meint, aufgrund ihrer Anatomie hätte sie schon generell einen Bonus verdient. Auf Deutsch: Sie meinen, weil sie eine Muschi haben, muss jeder Mann zu Kreuze kriechen, und wer das nicht tut, ist ein Patriarch, Macho oder verdient sonst irgendeine Bezeichnung, die als Schimpfwort gemeint ist. Wenn ich die Mehrheit der Frauen dieser Gruppe »billige Zicke« zurechne, dann könnte man meinen, dass ich etwas frauenfeindlich eingestellt bin. Das stimmt so aber nicht, denn diese Frauen haben diesen Bonus doch nur, weil es noch blödere Männer gibt, die darauf eingehen. Ich frage mich öfter, wie verzweifelt ein Mann eigentlich sein kann, wenn ich sehe, welche Paarkonstellationen es so gibt. Liegt wohl am männlichen Trieb.

Natürlich ist jede Frau verschieden, aber gewisse Kategorien kann man schon bilden. So gibt es bei mir die Überkategorien »Frauen mit Helfersyndrom«, die bis zur Selbstzerstörung hilfsbereit sind, weil sie meinen, Frauen müssten immer »lieb« sein. »Träumerinnen«, die ihr Leben lang auf den »Richtigen« warten, bilden eine andere Kategorie, bei der auch zu beobachten ist, dass sie eigentlich immer »was Besseres verdient« haben. Und natürlich gibt es noch die Frauen der Kategorie, die für mich als Partnerinnen in Frage kommen. »Normale« Frauen, die sich nicht zu gut sind, auch mit jemandem zu reden, der unter ihrer Würde liegt, die einen das auch nicht gleich spüren lassen, mit beiden Beinen im Leben stehen, nicht einen Mann als Versorger suchen. … natürlich dürfen sie den Mann als Versorger sehen, aber sie sollten dann dazu stehen. Ist doch nichts dabei. Ich finde es nur lächerlich, wenn das ganz offensichtlich der Fall ist, es aber von den Betreffenden vehement bestritten wird.

Ich versuche mal zu beschreiben, wie meine »Traumfrau« sein sollte, fange mal ganz banal an. Zum einen sollte sie sich freuen, wenn sie mich sieht und dies auch zeigen. Sie sollte so selbstbewusst sein, auch mal die Initiative ergreifen zu können, sollte selbständig sein, sich aber auch mal helfen lassen können, trotzdem nicht hilflos sein. Sie sollte mir mein ab und zu trampelhaftes Verhalten nachsehen, sich damit abfinden, dass ich kein Anzugsmensch bin, weswegen mich nicht gerne in »gehobenen« Kreisen bewege. Sie sollte – nein, sie müsste – geduldig sein.

Was die Medien angeht, finde ich, dass es eigentlich nicht nötig wäre, so viele blanke Haut zu zeigen. Auch müsste nicht alles so plump dargestellt werden. Wenn zwei es miteinander tun, dann reichen doch Andeutungen und es muss nicht die Stellung gezeigt werden. Auch die Häufigkeit, die angegeben wird, wie oft »es« wohl von wem getan wird, halte ich für völlig übertrieben. Diese Falschinformationen drängen »den AB« doch erst in die Ecke, sonderbar zu sein. Ein Single in den Medien ist doch entweder ein Yuppie, der sich nicht binden will und das Leben »genießt«, jedes Wochenende eine andere abschleppt und sich wild durchs Leben vögelt, oder eben einer, der potthässlich und Psychopath ist. Ich denke schon, dass dem Lebensbereich Sex in den Medien viel zu viel Raum gegeben und so erst ein (Zerr-)Bild der »Normalität« gezeichnet wird, das so nur von einem sehr geringen Teil der Bevölkerung gelebt werden kann.

Die Gründe dafür, als AB bei diesem Spiel völlig außen vor zu sein, sind sehr vielfältig. Trotzdem haben ABs Gemeinsamkeiten. Als größte Gemeinsamkeit würde ich mal die Optik anführen. Nicht dass ich behaupten möchte, alle ABs sehen zum Fürchten aus, aber viele sind nicht gerade Models. Aber auch nicht total unterdurchschnittlich. Bei den wenigsten wird es am Aussehen allein liegen, aber es hilft halt, AB zu bleiben. Ich denke, wenn zu dieser Optik noch ein zweites Manko hinzukommt, der Weg zum MAB (??) sehr eben ist. Es bedarf nicht mehr viel Anstrengung, um allein zu bleiben. Dieses zweite Manko stellt dann die Unterschiede dar, die Rechthaberei sein können oder Unterwürfigkeit, aber in den meisten Fällen irgendeine Form von Unsicherheit. Einige Misserfolge tun dann ein Übriges.

Ich glaube, dass ich wohl eher ein »Selberschuld-AB« bin, denn ein gravierendes Manko gibt es bei mir eigentlich nicht. Das größte Handicap wird wohl doch meine Feigheit sein. Statt »Augen zu und durch« versuche ich immer, alles so arrangieren zu wollen, dass es wie zufällig aussieht, um dann die ultimative Gelegenheit abzuwarten, die aber nicht kommt, weil man bei der fastultimativen denkt, es kommt eine hyperultimative Gelegenheit. So lüg ich mir in die eigene Tasche, bis der Zug abgefahren ist.

Eigentlich habe ich gute Ausgangsbedingungen. Nur verstehe ich nicht, das umzusetzen und gut zu verkaufen. Ich bin dazu viel zu ehrlich und fange immer an, die Nachteile aufzuzählen, statt erst einmal zu erklären, was es Positives gibt. In den letzten Tagen ist mir auch klar geworden, woher das kommen mag. Es ist eine Mischung aus »fishing for compliments« und sich »auf das Schlimmste vorbereiten«. Macht man sich selbst klein und stellt sich »schlimm« dar, dann fällt es dem Gegenüber leichter, aufbauende Worte anzubringen, als wenn man sich selbst über den grünen Klee lobt und dann eigentlich eine korrigierende Aussage in die negative Richtung nötig werden würde, oder eben einfach gedacht wird: »Was für ein eingebildeter Schnösel!«

Pia: »Manchmal fror ich selbst in der Kälte, die ich ausstrahlte.«

Pia, 37, Studentin der Wirtschaftswissenschaft.

Ich stamme aus einem sehr konservativen, katholischen Elternhaus mit einer entsprechend prüden und körperfeindlichen Erziehung. Zärtlichkeiten wurden zwischen meinen Eltern und mir nicht und zwischen meinen Eltern kaum ausgetauscht. Sexuell aufgeklärt wurde ich von meinen Eltern auch nicht. Die Erziehung war nicht darauf ausgerichtet, dass ich mich zu einer selbstbewussten Person hätte entwickeln können.

Allerdings sind das alleine keine zwingenden AB-Gründe. Meine beiden älteren Brüder hatten keine Probleme, Beziehungen einzugehen. Beide sind heute glücklich verheiratet und haben jeweils eine Familie gegründet. Bei mir muss also noch etwas anderes hinzugekommen sein.

Generell bin ich eher introvertiert, war immer schon gerne alleine und hatte früher Probleme, auf fremde Menschen zuzugehen und Smalltalk zu betreiben. Partys sind mir seit jeher verhasst. Ich bin ein Mensch der eher leisen Töne.

Hinzu kommt, dass ich extrem sensibel bin, wenn nicht gar überempfindlich, und daher vieles persönlich nehme und Verstimmungen nicht richtig verarbeiten kann. Als Kind war ich pummelig und wurde deswegen gelegentlich gehänselt. Das hat mein Selbstbewusstsein extrem unterminiert. Auch heute noch habe ich Probleme, meinen Körper so anzunehmen, wie er ist, obwohl ich sicher nicht dick bin (Kleidergröße 38/40).

Dummerweise war ich in einer sehr schwierigen Klasse auf einem Gymnasium. Neulich traf ich meinen Lehrer von damals, der heute kurz vor der Pensionierung steht. Er bestätigte mir, dass meine Klasse die schlimmste war, die er je hatte. Meine noch heute engsten Freundinnen – auch langjährige ABinen –

habe ich in dieser Klasse kennen gelernt. Beide waren die absoluten Außenseiterinnen und wurden regelrecht gemobbt. Ich war lange eine brave, geduldete Mitläuferin, aber irgendwann konnte ich es nicht mehr mit ansehen, so dass ich mich mit ihnen solidarisierte und mich damit bewusst zum Außenseiter machte, was ich bis heute nicht bereue.

Kombiniert mit meiner Scheu vor vielen Menschen und lauten Partys hatte dies zur Folge, dass ich meine Pubertät regelrecht verschlief oder zumindest mit anderen Dingen beschäftigt war als der ersten Liebe und allem, was dazu gehört. Ich habe es schlicht und einfach nicht gelernt zu flirten und mich aufreizend zurechtzumachen, um Männern zu gefallen.

Lange Zeit hatte ich aber auch nicht das Bedürfnis nach Zweisamkeit – oder ich unterdrückte es unbewusst. Ich war davon überzeugt, eine Einzelgängerin zu sein, und redete mir ein, alle Männer seien eh blöd und ich wäre ohne sie sowieso besser dran. Dafür strengte ich mich in meinem Studium (Wirtschaft) an, fand adäquate Stellen und verdiente früh gutes Geld.

Mein AB-Problem wurde mir 1992 bewusst. Ich hatte damals schon länger für meinen Arbeitskollegen C. geschwärmt. Alle paar Monate gingen wir zusammen zum Mittagessen, was für eine ABine wie mich schon ein absolutes Erfolgserlebnis war. Allerdings waren wir beide richtige Trauerklöße und erzählten uns gegenseitig hauptsächlich unsere Probleme (er war allerdings kein AB), so dass von Flirten oder erotischer Stimmung rein gar nichts zu spüren war. Die Stimmung zwischen uns war immer verkrampft, weil auch er eher introvertiert und tendenziell depressiv war.

An einem ungemütlichen Novembertag befand ich mich gerade auf dem Nachhauseweg, als mir ein Liebespaar entgegenkam. Wieder einmal dachte ich bei mir: »Schade, dass ich das mit C. nicht auch erleben kann. Aber so, wie mein Körper aussieht, hab ich das ja gar nicht verdient!« – Im selben Moment blieb ich wie angewurzelt stehen. »Äh, was hab ich da gerade gedacht? Warum sollte ich es nicht verdient haben, geliebt zu werden?« Schlagartig wurde mir klar, dass dieser Satz »Du hast es nicht verdient, geliebt zu werden!« mein ganzes bisheriges Leben total bestimmt, beherrscht, wenn nicht gar versaut hatte, ohne dass ich mir dessen bewusst gewesen war. Nun war urplötzlich die Absurdität dieses Satzes und somit meine AB-Thematik und meine Minderwertigkeitskomplexe in mein Bewusstsein vorgedrungen.

Schnell war mir klar, dass ich ein Problem von einer Dimension hatte, für dessen Lösung ich professionelle Hilfe brauchte. So fing ich eine Therapie an. Mit meinem ersten Therapeuten kam ich nicht klar, aber zwei Jahre später fand ich eine Therapeutin, die es schaffte, mich zu motivieren. Ich hatte fast das Bedürfnis, ihr in der jeweils nächsten Sitzung etwas Positives berichten zu können. Daher spürte ich einen immensen Druck in mir, die Sache voranzutreiben, und tat Dinge, die ich früher nicht für möglich gehalten hatte.

Kurz nach einem Arbeitsplatzwechsel überwand ich meine Scheu und bat den Kollegen um ein Wiedersehen. Er stimmte zu und bei diesem Treffen landeten wir tatsächlich im Bett. So hatte ich im zarten Alter von 29 Jahren das erste Mal Sex. Es war aber alles andere als berauschend. Das lag jedoch hauptsächlich an mir, weil ich mich schämte und mich nicht traute, ihm meine Unerfahrenheit einzugestehen. Es blieb bei dieser einen gemeinsam verbrachten Nacht. Sicher wäre es besser gewesen, ihm meine Unerfahrenheit einzugestehen, aber ich würde mich wahrscheinlich auch heute noch nicht trauen.

Trotzdem fühlte ich mich nach dieser Nacht unheimlich erleichtert, wie von einer schweren Last befreit, und hatte das Gefühl, endlich richtig dazuzugehören und mitreden zu können. Dass das ein Irrtum ist, merkte ich erst viel später. Der erste Sex ist ein wichtiger Schritt, aber letztlich nur einer von vielen hin zu einem normalen Beziehungsleben.

Kurz darauf lernte ich bei der täglichen Fahrt zur Arbeit im Zug einen Mann näher kennen, den ich schon lange vom Sehen her kannte. Ich wusste, dass wir mit der Musik ein gemeinsames

Hobby hatten. Ich gab ihm einen Tipp für ein Konzert, das wir dann tatsächlich gemeinsam besuchten. Mir fiel an ihm sofort auf, dass wir über vieles gemeinsam lachen konnten, was ich von meinem Arbeitskollegen überhaupt nicht kannte. Ich wertete das als gutes Zeichen, und nach einem weiteren gemeinsamen Konzertbesuch gingen wir noch zu ihm. Dabei erzählte er mir von seiner Freundin, mit der ihn nur noch ein Bruder-Schwester-Verhältnis verbinden würde. Ich war zwar überrascht, zögerte aber angesichts dieser Erklärung nicht, mich auf ihn einzulassen. Das ganze dauerte dann ein paar Wochen. Heute ist er mit der Frau verheiratet, mit der er angeblich nur ein Bruder-Schwester-Verhältnis hatte!

Ein paar Monate später hatte ich ein kurzes Verhältnis zu einem verheirateten Mann, den ich im Rahmen eines Kongresses kennen gelernt hatte. Er erwähnte seine Frau erst, als wir schon gemeinsam im Bett lagen. Ich akzeptierte dies widerspruchslos und genoss für kurze Zeit das mir bis dahin unbekannte Gefühl, begehrt zu werden. Wir beendeten das Verhältnis nach wenigen Wochen im gegenseitigen Einvernehmen. Wir haben aber heute noch freundschaftlichen Kontakt zueinander, und er freut sich heute mit mir über meine glückliche, funktionierende Beziehung.

Zwei Jahre später lernte ich bei einem Workshop einen Musiker kennen. Die Pausen verbrachten wir zusammen und entdeckten viele Gemeinsamkeiten. Die Gegensätze will man in einer solchen Situation wohl nicht wahrnehmen. Nach dem Kurs schrieb ich ihm, dass ich ihn gerne wiedersehen würde, worauf er umgehend einging. Auch hier kam es relativ schnell zu Sex, und ich erhoffte mir eine richtige Beziehung zu ihm. Allerdings wohnte er etwa 100 Kilometer von mir entfernt, und angeblich konnten wir uns wegen seiner unregelmäßigen Arbeitszeiten und beruflichen Verpflichtungen nur alle paar Wochen oder Monate sehen. O Gott, was war ich blauäugig! Irgendwann erfuhr ich von anderen, dass er eine Freundin in einer anderen Stadt hätte. Ich sprach ihn darauf an, aber er stritt es ab. Naiv wie ich war, glaubte ich ihm und akzeptierte es weiterhin widerspruchslos, dass wir uns an Feiertagen, Geburtstagen etc. nicht sehen konnten, weil ihm angeblich daran nicht lag. Das Ganze nahm erst ein Ende, als es ihm wieder einmal gelungen war, mich daran zu hindern, zu einem Konzert von ihm zu reisen. Erst später erfuhr ich, dass ich nicht die Einzige war, mit der er dieses Spiel trieb.

Wohl auch als Folge meiner eingangs bereits erwähnten Überempfindlichkeit hatte ich an diesen Enttäuschungen jeweils sehr lange zu kauen. Heute würde ich nicht einmal sagen, dass das schlechte Erfahrungen waren. Es waren einfach Erfahrungen, die andere in ihrer Teenagerzeit machen. Aber je älter man ist, desto größer ist der Schmerz, weil man mit fortgeschrittenem AB-Alter seine Chancen schwinden sieht. Danach tat ich mich umso schwerer, auf Männer zuzugehen. Durch mein neutrales Verhalten sahen diese nie die Frau in mir, sondern höchstens eine asexuelle Kumpelfreundin.

Im Jahre 2000 hielt das Internet Einzug in mein Leben, und ich stieß auf die AB-Foren. Durch die dortigen Diskussionen dämmerte mir, dass es an meinem Verhalten liegen musste, wenn ich von den Männern regelmäßig übersehen wurde. Das theoretische Wissen nutzt mir aber nur bedingt. Ich neige noch heute dazu, in meinem Auftreten jede erotische Komponente zu unterdrücken. Diese ominösen Signale zwischen Mann und Frau beherrsche ich einfach nicht. Die für mich obskuren Flirtspiele hatte ich in der Pubertät vor lauter Komplexen nicht mitgespielt und begreife daher immer noch nicht die Spielregeln. Leider war das nie Thema der Therapie gewesen, weswegen ich sie heute auch ein wenig in einem kritischen Licht sehe.

Aufgrund meiner Flirtunfähigkeit hatte ich nie normale Dates, die sich im Alltag hätten ergeben können. Mir blieb also gar nichts anderes übrig, als es mit Kontaktanzeigen zu probieren. Ich antwortete gelegentlich auf Kontaktanzeigen in der Zeitung oder im Internet und gab einmal auch selbst eine Annonce im Internet auf. In wenigen Tagen hatte ich acht Zuschriften, nicht hunderte, wie im Forum manchmal vermutet wird, doch ich fühlte mich mit diesen acht schon überfordert. Ich hatte nämlich als mir persönlich wichtige Anforderung Interesse an klassischer Musik angegeben, aber keiner der Interessenten erfüllte diese Bedingung. Dennoch traf ich mich – höflich wie ich bin – mit vier der Männer. Doch die Unterschiede waren zu groß, und ihr Benehmen ließ zum Teil zu wünschen übrig. Hier muss ich einfach den Männern den Vorwurf machen, dass sie sehr wahllos auf alle möglichen Internet-Anzeigen von Frauen antworten, weil das Antworten per Copy&Paste-Standard-Mail sehr einfach ist. Ich vermute, auf eine Zeitungsanzeige würden Männer nicht so schnell antworten.

Weil auch das keinen Erfolg brachte, begann ich mich endgültig auf ein Leben als Dauersingle einzustellen, indem ich mich darauf konzentrierte, mehr die Momente zu genießen, in denen es mir gut ging, und solche genussvollen Momente auch bewusst herbeizuführen. Ich begann mit Fitness-Training, Akupunktur und Imageberatung, um mir selbst etwas Gutes zu tun. Langsam aber sicher war ich auch allein ganz zufrieden.

Die Imageberaterin hatte ich aufgesucht, weil ich herausfinden wollte, wie ich nach außen wirke und was ich eventuell verbessern könnte. Zudem kenne ich mich mit Mode, Kosmetik etc. überhaupt nicht aus und hatte Lust, etwas Neues auszuprobieren. Sie brachte mir nach ausführlicher Analyse meiner Körpersprache schonend bei, dass mein Gang darauf hinweise, dass ich meinen Unterleib ablehne!

Außerdem riet sie mir, mich bewusst femininer zu kleiden. Dies fällt mir allerdings auch heute noch sehr schwer. Ich habe regelrecht Angst davor, weiblich und verlockend zu wirken, und hätte keine Ahnung, wie ich mich verhalten sollte, wenn mich daraufhin ein fremder Mann ansprechen würde. Jetzt erst ist mir klar geworden, wie sehr ich jahrzehntelang meine Weiblichkeit versteckt hatte vor lauter Ängsten und Unsicherheiten. Es soll Frauen geben, die ihr Selbstwertgefühl überwiegend aus den bewundernden Blicken der Männer ziehen. Diese Haltung ist mir so fremd, als käme ich von einem anderen Stern. In diesem Zusammenhang kann ich meine AB-Erfahrung immer besser nachvollziehen.

Manchmal, wenn mir langweilig war, studierte ich weiterhin Kontaktanzeigen. Es war wieder ein ungemütlicher Novembertag, jetzt zehn Jahre später. Ich saß zu Hause und vertrieb mir die Zeit im Internet. Unter anderem schaute ich auf meiner bevorzugten Kontaktanzeigenseite vorbei. Seit meinem letzten Besuch dort hatte es keine neuen Einträge gegeben. Aus Langeweile veränderte ich mein bisheriges Suchschema ein klein wenig (höheres Alter), und dann, ja dann sprang mir die Überschrift einer Annonce förmlich ins Auge: Liebe, Musik und Literatur ... Sein Foto überzeugte mich nicht unbedingt, aber in jeder Zeile seines ausführlichen Textes spürte ich: Dieser Mann sucht mich! Eine Nacht überlegte ich, dann antwortete ich ihm.

Wir verloren keine Zeit durch langes Mailen, sondern waren bereits fünf Tage später zum Mittagessen verabredet – rein zufällig der Tag nach meinem ersten Besuch bei der Imageberaterin, der mich in eine euphorische Stimmung versetzt hatte. Und so riskierte ich entgegen meinem bisherigen Verhalten den ein oder anderen tiefen Blick in seine blauen Augen. Vor unserem zweiten Treffen mailte er mir, die Zeit bis zu unserem Wiedersehen scheine viel langsamer zu vergehen als sonst, und signalisierte mir somit sein weitergehendes Interesse. Bei diesem zweiten Treffen acht Tage später hat er mich dann einfach geküsst, obwohl ich mir der Sache noch gar nicht so sicher war. Wie schrieb jemand im Forum mal so schön: Frauen dürfen gar nicht erst zum Denken kommen. Er hat ja so Recht! Zwei Tage danach hat er mich besucht und ist gleich über Nacht geblieben.

Wir sind nun seit eineinhalb Jahren zusammen und diese Zeit ist die bisher intensivste und schönste meines Lebens. Noch nie habe ich mich so gut angenommen und wohl aufgehoben gefühlt wie bei ihm. Wir ergänzen uns auf wunderbare Weise, können über alles miteinander reden, auch über meine AB-Vergangenheit, haben ähnliche Interessen und – ganz wichtig – ähnliche Bedürfnisse. Nun bin ich definitiv Ex-Abine! Obwohl ...

Mein Fazit nach langer Beschäftigung mit dem Thema:

- … AB-Erfahrungen scheinen sehr prägend zu sein, zumindest beschäftigt mich das AB-Thema auch heute noch sehr. Es ist sicher kein Zufall, dass mein engerer Freundeskreis hauptsächlich aus ABs besteht (zwei Frauen, zwei Männer, nur mein Partner ist kein AB). Daher mache ich mir weiterhin sehr viele Gedanken dazu und lese immer noch regelmäßig in den Foren mit, sofern meine nun knappere Zeit es mir erlaubt. Im Forum wird gelegentlich diskutiert, dass man wohl immer ein wenig AB bleibt. Das stimmt und macht mir gleichzeitig etwas Angst, auch wenn ich versuche, mein neu gewonnenes Selbstbewusstsein zur dauerhaften persönlichen Weiterentwicklung zu nutzen. Aber sollte ich eines Tages wieder alleine sein und von meiner AB-Vergangenheit, sprich meiner Unfähigkeit, Männern Interesse zu signalisieren, eingeholt werden, dann will ich da ansetzen, wo ich vor meiner Beziehung aufgehört hatte. Ich will dann versuchen, auch alleine ganz bewusst die schönen Momente des Lebens zu genießen. Es mag absurd klingen, aber irgendwie gibt mir diese Vorstellung Trost und Sicherheit, gerade auch in meiner Beziehung, die ich so entspannter genießen kann.

- Die wenigsten ABs, die ich durch Forentreffen persönlich kenne, entsprechen dem unter Normalos verbreiteten Vorurteil, Menschen ohne Beziehungserfahrungen seien hässliche, langweilige, altbackene, schrullige Junggesellen und alte Jungfern. Vielen gemeinsam ist jedoch ein falsches Selbstbild (»Ich bin ja so hässlich!«) und/oder ein unterentwickeltes Selbstbewusstsein (»Ich bin nicht liebenswert!«) aufgrund schlechter, falsch verarbeiteter Erfahrungen in der Kindheit und Jugend. Daraus kann sich unbewusst ein Vermeidungsverhalten und eine entsprechende Körpersprache entwickeln, die einen unnahbar oder unsichtbar für das andere Geschlecht macht. Manchmal habe ich selbst gefroren in der Kälte, die ich ausgestrahlt habe.

- Ein statistisch nachweisbarer Männerüberschuss in den jüngeren Jahrgängen, die gestiegene finanzielle Unabhängigkeit der Frauen als Folge der Emanzipation, das Bild von der großen Liebe, so wie es in den Medien täglich propagiert wird, und ein generell gestiegener Leistungsdruck mit entsprechend höherem Anspruchsdenken (nur das Beste ist gerade gut genug!) tun in meinen Augen ein Übriges dazu, dass die Beziehungsanbahnung immer schwieriger geworden zu sein scheint, besonders für zurückhaltende Menschen mit wenig Selbstbewusstsein.

- Vielleicht würde es schon helfen, wenn Lehrer darin ausgebildet würden, Außenseiter besser in die Klassen zu integrieren. Viele ABs scheinen Außenseitererfahrungen gemacht zu haben, die im späteren Leben vielfältig negativ nachwirken können. Es mag vielleicht kleinlich klingen, aber in Forenumfragen zeigte sich, dass viele ABs schlecht im Schulsport waren. Ich habe den Schulsport auch so erlebt, dass anhand sportlicher Leistungsfähigkeit entschieden wurde, wer welchen Rang innerhalb der Klasse einnahm. Leistungen in anderen Fächern spielten dahingegen keinerlei Rolle bei diesem gruppendynamischen Prozess. Vielleicht könnte man wenigstens im Schulsport die Noten abschaffen und ihn neu in Richtung Spaß, Spiel und Entspannung konzipieren.

- Wichtig ist mir abschließend der Hinweis, dass Frauen ebenso wie Männer aktiv werden müssen, um beziehungsmäßig erfolgreich zu sein. Im klassischen Beziehungsanbahnungsprozess sendet die Frau einem Mann, der ihr gefällt, nonverbale Signale (Blickkontakt, Lächeln, Spiel mit den Haaren etc.), um ihn damit aufzufordern, sie anzusprechen. Dies ist in diversen Studien wissenschaftlich belegt. Ich selbst habe nie gelernt, mich aktiv an diesem Anbahnungsprozess zu beteiligen, was mir früher nicht bewusst war. Das ist mit ein Grund, warum es bei mir so lange nicht geklappt hat. Umgekehrt habe ich mehrmals versucht, auf Männer direkt zuzugehen und sie zum Essen einzuladen. Daraus wurde nie etwas.

- Für Leute wie mich, die an dieser klassischen Beziehungsanbahnung scheitern, sind Kontaktanzeigen im Internet oder in einer Zeitung ein Ausweg, auch wenn manche es nicht glauben wollen. Ohne das Internet wäre ich meinem Freund wahrscheinlich nie begegnet oder zumindest nicht aufgefallen. Es kann aber lange dauern und braucht unter Umständen viele Anläufe. Daher sollte man Geduld aufbringen und das Suchschema variieren. Bei Kontaktanzeigen kann man gezielt nach Gleichgesinnten suchen und es ist von vornherein klar, worum es geht, was von Vorteil ist für Leute wie mich, die die sagenumwobenen Flirtspiele nicht beherrschen.

- Die meisten ABs, die ich kenne, glauben im Leben etwas verpasst zu haben, und würden viel dafür geben, wenn sie die Zeit nochmals zurückdrehen könnten. Ich selbst sehe das anders. Irgendwie betrachte ich das lange Alleinsein nicht als Verlust, sondern als Erfahrung. Ich denke, ich habe immer so gehandelt, wie es mir für den Moment möglich war und gut tat. Als mir das AB-Sein bewusst wurde, hab ich nicht lange gezögert und mir sofort externe Hilfe geholt, was ich jedem empfehlen kann.

- Wenn es trotz Therapie und Kontaktanzeigen nicht klappt, sollte man versuchen, auch alleine glücklich sein, anstatt sich auf das AB-Thema zu versteifen. Meine Lebenszufriedenheit in Single-Zeiten hat sich immer dann verbessert, wenn ich aktiv an mir gearbeitet habe, um meine Situation zu verbessern (Therapie, Sport, Beratung). Wenn ich in den Seilen hing, mich hängen ließ und herumjammerte, ist nie etwas passiert, was mich vorangebracht hätte.

Jake: »Eine Bekannte bot mir an, Sex mit ihr zu trainieren.«

Jake, 39, ist EDV-Angestellter.

Mit elf Jahren bekam ich Bronchialasthma. Dieses wurde mit einem Kombi-Präparat aus Beruhigungs- und Aufputschmitteln behandelt, was zu einer Medikamentenabhängigkeit führte. Durch die Krankheit und die Droge verlor ich fast völlig den Kontakt zu Gleichaltrigen. Kein Sport, kein Weggehen. Dafür viel ungewollte Meditation, wenn der Körper stillgelegt war und der Geist keinen Schlaf fand. In diesen Zeiten habe ich mir meine Allgemeinbildung angelesen, aber das Reden fast verlernt.

Als ich vierzehn war, wurde dieses Medikament aufgrund seines Suchtpotenziales vom Markt genommen. Als Ersatz bekam ich Cortison subkutan jeweils als Depot für $1/4$ Jahr gespritzt. Mein Gewicht stieg in einem Jahr auf 105 Kilogramm an. Dieses Gewicht halte ich bis heute bei minimalen jahreszeitlichen Abweichungen. Meine Isolation stieg dadurch weiter. Mit sechszehn wurden dann die Cortisonspritzen abgesetzt. Es zeigte sich, dass mein Immunsystem fast zerstört war. Häufige Infektionen und eine deutlich sichtbare Neurodermitis ergänzten das Asthma.

Körperlich war diese Zeit mein absoluter Tiefpunkt. Seitdem geht es in dieser Hinsicht mit mir stetig aufwärts. Heute ist die Haut nur noch für einen Arzt auffällig und der Rest ist seit Jahren stabil eingestellt, so dass ich völlig normal leben kann. Nur das Gewicht ist unverändert, aber damit habe ich keine Probleme mehr.

Mit sechszehn hatte ich mir ein Hobby zugelegt, um mal rauszukommen. Dabei wurde ich zwar persönlich immer noch gemieden, aber durch meine Leistung wurde ich anerkannt. Das half mir, wieder hochzukommen.

Mit achzehn traf ich meine »erste große Liebe«. Ich war total verliebt in sie und begehrte sie. Als wir zwei Monate zusammen waren, fühlten wir beide, dass die Zeit gekommen war, miteinander zu schlafen. Sie dachte aber sehr romantisch und glaubte stark an »die Liebe« und prüfte nochmals gründlich ihre Gefühle für mich. Weil die Zeichen, an denen sie »die Liebe« zu erkennen glaubte, wie Herzrasen, Appetitlosigkeit, Schlaflosigkeit und Erdbeben ausblieben, beendete sie unsere Beziehung an dem Abend, an dem wir miteinander schlafen wollten – lange bevor es wirklich eine Beziehung war. Seitdem habe ich Probleme, mich emotional an eine Frau zu binden.

Dazu kam, dass ich damals ich in einer Firma jobbte, in der die meisten Frauen ihre Sexualität in einer mich schockierenden Weise auslebten. Sich in Dreck, Gestank und Müll im Stehen für eine Flasche Bier oder eine Schachtel Zigaretten »ficken« zu lassen, fand ich für eine Frau unwürdig und konnte es absolut nicht mit meinem Frauenbild vereinbaren. Es gab z. B. eine Frau, die so die fünf oder sechs Flaschen Bier, die sie pro Schicht trank, »verdiente«. Da ich so schön jung war, hat sie »es« mir umsonst angeboten. Es gab noch eine Fülle wesentlich krasserer Vorgänge, aber davon will ich hier nur den Schlimmsten wiedergeben:

Eine Kollegin bot in der Pause in einer Kneipe an: »Jeder der mir einen doppelten Korn ausgibt, darf mir einen verlöten!« Der Wirt ging rum und hat kassiert. Sieben Doppelte serviert. Sie hat sie alle gekippt, sich dann die Jeans ausgezogen und sich auf den Tisch gelegt. Beim dritten Mann fiel sie ins Delirium. Als sie zwei Stunden später wach wurde, hatte sie zusätzliche drei Doppelte gut.

Mit neunzehn war dann der geistige Tiefpunkt erreicht. Mein Bild der Frau als »edles Wesen« war gründlich zerbrochen, und alle Frauen – außer notgeilen »Abfallschlampen« über 40, die nur Brechreiz in mir erzeugten und die Sache noch schlimmer machten – mieden mich.

Die Kumpels sahen es alle ebenso, und der einzige verständnisvolle Partner des Mannes war der Alkohol! Alle Frauen waren arrogante (weil nicht an uns interessiert), geldgeile (weil Kumpels, die genauso wie wir dachten, aber viel Geld hatten, immer irgendeine fanden), dumme (weil bei unseren Themen, zum Beispiel U-Bootkrieg, unwissend), oberflächliche (weil sie unseren Wert nicht erkannten) Fickfrösche (weil dies das Einzige war, woran wir dachten).

Diese Phase hielt etwa drei Jahre an. Von den Kumpels von damals sind etwa ein Drittel immer noch in ihr drin. Ein weiteres Drittel hat den leichten Fluchtweg genommen und sich umgebracht oder schlief mit Kerlen oder hat beides miteinander verbunden. In dieser Zeit nahm ich Frauen generell nicht mehr als mögliche Partnerinnen wahr, um mich vor ihrer Zurückweisung zu schützen und um den bloßen Gedanken an meine Situation zu vermeiden. Hoffnungen hatte ich keine mehr.

Als ich 23 war, brauchte ein Freund aus meinem Hobby jemanden, der ihm bei Führungsaufgaben den Rücken freihielt und brachte mir bei, wie man sich gepflegter kleidet und wie man mit Menschen erfolgreich kommuniziert. Wir saßen einmal einen ganzen Tag nur in der Halle des Flughafens, und er hat mit mir besprochen, welcher Passant wie gekleidet war. Welcher Gürtel zu welchen Schuhen passt. Was jemand besser ändern solle, um anders zu wirken. Welche Frau absichtlich welche Reize zeigt und wie sie deshalb auf Männer wirkt. Und dass mindestens die Hälfte aller Frauen offensichtlich ihren BH falsch anzieht. Ich lernte dadurch selbstbewusst aufzutreten und fand Anerkennung damit.

Ein anderer Freund bot mir an, als Referent und später als Seminarleiter bei ihm zu arbeiten. Auf etwa 40 Wochenendveranstaltungen pro Jahr konnte ich vor jeweils völlig Fremden alle möglichen Stile und Varianten meines Auftretens austesten und optimieren. Bei diesem Trial-and-error-Verfahren habe ich anfangs ziemliche Nackenschläge erhalten, aber wenigstens bekam ich die Reaktionen mitgeteilt und konnte schon eine Woche später eine positive Rückkopplung meiner Änderungen spüren.

In dieser Zeit fand quasi meine Sozialisation statt.

Als diese Entwicklung ihre Früchte zeigte, stellte sich auch der Erfolg bei Frauen ein. Mal wurde mir bei einer Tagung nachts auf dem Flur ein diskreter One-Night-Stand angeboten, mal hat sich beim Heimfahren eine Bekannte drei Knöpfe an der Bluse geöffnet und mich auf einen Kaffee eingeladen. Ich war aber nicht soweit, diese Möglichkeiten zu nutzen.

Meine Menschenkenntnisse stiegen durch eifriges Beobachten der Menschen, die sich auf solchen Seminaren wie in einem Brennglas offenbaren. Ich lernte, mit Frauen zu reden und sie zu verstehen und sah plötzlich all die Signale, deren Vorhandensein ich vorher nie bemerkt hatte. Ich testete, bei welchem Auftreten, welcher Kleidung, welchen Gesprächsstoffen ich welche Signale bekam.

Irgendwann war es soweit. Ich bekam ein Angebot, das ich auf jeden Fall annehmen wollte. Ich hatte ziemlichen Bammel vor dem ersten Mal wegen meiner Angst, gerade in diesem Moment doch wieder zurückgewiesen zu werden. Eine ältere Bekannte bat ich um einen Rat, und sie bot mir spontan an, mit ihr Sex zu trainieren. Dann lief alles wie von selbst.

Mit 25 war ich dann kein AB mehr. Es folgte meine »wilde Zeit« mit vielen Flirts, Abenteuern und einigen One-Night-Stands. Diese Phase endete, als ich immer mehr spürte, dass es nicht der Körper einer Frau war, der mir fehlte. Darauf aufbauend entwickelten sich Beziehungen und aus einer davon entwickelte sich eine Ehe.

Mit den meisten Leuten meiner früheren Umgebung habe ich noch einen losen Kontakt. Bei den Damen habe ich mich relativ gründlich umgehört, wie sie mich damals (und heute) einschätzten. Ich war reichlich verblüfft, als ich mitbekam, dass einige auch in meinen schlimmsten Zeiten (zumindest aus heutiger Sicht der Damen) durchaus bereit waren, mit mir zu schlafen, und Signale sendeten, die mindestens diese Bereitschaft zum Sex rüberbringen sollten. Ich habe es nur nie gerafft.

Verstanden habe ich meine Entwicklung erst richtig durch das

AB-Forum. Man lernt erst aus den eigenen Fehlern, wenn man sie bei anderen sieht. Deshalb fällt es mir auch bei manchen frauenfeindlichen Positionen so schwer, sie zu tolerieren. Ich weiß zu genau, was man sich damit alles selber verbaut und versaut.

Jetzt bin ich 39 und habe eigentlich alles Wichtige in meinem Leben erreicht. Ich bin glücklich verheiratet, habe zwei Kinder und einen Beruf, der mir Spaß macht und uns alle ernährt. Die Träume vom Leben auf einer Südseeinsel zusammen mit zehn immer willigen, großbusigen, hemmungslosen, tabulosen Weiber und Fässern voller Rum und endlosen »Vicious Games« sind zwar noch vorhanden, aber ich habe eigentlich etwas Schöneres gefunden.

Man sollte allerdings die Langzeitfolgen des AB-Seins nicht vernachlässigen. Ich zum Beispiel bin jetzt fast 15 Jahre verheiratet, merke aber immer noch bestimmte emotionale Reflexe, um mich rückzuversichern, dass meine Frau mich liebt, die mir andererseits »unnormal« vorkommen.

Ich (und einige andere befreundete Ex-ABs) habe auch Jahre nachdem eine Partnerschaft besteht (und keinerlei Probleme bestünden, weitere aufzubauen) immer noch Zweifel, ob ich um meiner selbst geliebt werden kann. Es gibt Paare, wo beide Ex-ABs sind, in denen es noch nach zehn Jahren immer wieder deshalb Krisen gibt mit dem Leitmotiv: »Du kannst so was wie mich doch gar nicht gern haben.«

Bei mir ist die Nachwirkung meiner AB-Zeit, vor allem seit dem Aufarbeiten meiner AB-Probleme durch das Forum, inzwischen fast verschwunden. Das Grundproblem bei vielen anderen ist: Man schafft es nicht, in der ersten Beziehung rechtzeitig Grenzen zu setzen aus Angst vor einer Trennung und den Problemen bei der Suche nach der zweiten Beziehung. Und wenn man wirklich diese zweite Beziehung suchen muss, hat man oft wieder dieselben Probleme wie vorher als AB.

Deshalb begibt man sich einerseits in eine zu starke, die Partnerschaft belastende Abhängigkeit von seinem Partner, weil man die Partnerschaft als einmalige Schicksalsfügung ansieht, die man auf keinen Fall gefährden will. Das wird sehr deutlich bei Paaren, die beide dasselbe Problem haben und sich quasi aneinander klammern und dann kaum eine Chance haben, andere Probleme in den Griff zu bekommen.

Andererseits steht man dann in Krisen ab einem bestimmten Punkt nicht mehr fest genug zu seinem Partner, weil man letztendlich nicht versteht, warum er einen überhaupt mag, wo man sich selbst doch als so minderwertig ansieht und daher dieser Bindung nicht weit genug vertraut. Dadurch entsteht statt Zuneigung schnell eine Mischung aus »hündischer Ergebenheit« und der Annahme, dass es für den Partner viel besser wäre, mit jemand anderem zusammen zu sein.

Man kann diese Geisteshaltung letztendlich nur überwinden, indem man ein starkes Selbstbewusstsein entwickelt, das einen in die Lage versetzt, sich nicht vom Partner abhängig zu machen. Das gerade aber ist praktisch erst da, wenn man erlebt und gefühlt hat, dass man auch mit einem anderen Partner ähnlich (!) glücklich sein könnte.

Es gibt im Nebel hinter dem Forum ein relativ dichtes Netzwerk von One-Night-Stands, die sehr diskret gehandhabt werden. Es gibt sowohl Damen, die im Lauf der Jahre sicher schon mit mehreren ABs geschlafen haben, als auch Männer, für die umgekehrt Gleiches gilt. Man merkt es eigentlich im Forum nur daran, wenn jemand sich als Hardcore-AB bezeichnet und in der einen oder anderen Antwort einer Frau ein Smilie dahintersteht.

Für ABs und ABinen, die ein Mindestmaß an Kommunikationsfähigkeit und Sensibilität zeigen, gibt es dadurch sehr wohl die Möglichkeit, direkt über das Forum einen Sexpartner zu finden.

Umso trauriger ist es, wenn einige männliche ABs dann doch quasi auf der Bettkante scheitern. In der Regel sieht das so aus, dass man sich trifft und unausgesprochen (!) klar ist, dass man zusammen Sex haben will. Dann aber bekommt einer von beiden, meistens der Mann, Angst und taucht in seine Komplexe ein und findet kein anderes Thema mehr als die Gründe, warum er so minderwertig ist. Bestenfalls gibt die Frau ihm Recht und sieht ihn auch als minderwertig an. Im schlimmsten Fall aber ist sie gelangweilt und frustriert. Den Weg zur körperlichen Nähe und zum Sex aber finden die beiden bestimmt nicht.

Ich gebe den Immer-noch-ABs gerne Ratschläge, und dies gibt mir relativ viel. Ich hätte es allein damals auch nicht geschafft und es ist gut, diese Hilfe weiterzugeben. Leider gibt es für mich dabei zwei Probleme: Erstens Männer, die diese Hilfe als Angriff sehen und sie nicht annehmen können und wollen, und zweitens Frauen, die bei Fragen nach dem Hintergrund ihres AB-Problems und auch ihrem sexuellen Selbstbild sofort denken, ich wolle sie anbaggern.

Davon abgesehen wollen die Leute meist per Mail die unterschiedlichsten Dinge von mir wissen. Eine ABine fragte mich auch schon danach, wie viel Sperma ein Mann pro Ejakulation von sich gibt und wollte den Geschmack beschrieben bekommen oder wie viele Finger in ihre Vagina passen und ob diese Zahl »normal« sei.

Ganz sicher bin ich nicht der Seelsorger oder Beichtvater unseres Forums. Dafür bin ich völlig ungeeignet, und das will ich auch nicht sein! Bei vielen ist es aber Teil ihres Problemkreises, dass sie in ihrer realen Umgebung niemanden haben, mit dem sie offen und ehrlich all ihre Ängste und Sehnsüchte besprechen können.

Unser Forum hat für viele tatsächlich einen therapeutisch nutzbaren Effekt. Das Problem für das Forum selbst ist nur, dass diejenigen, die sich weiterentwickeln, danach das Forum nicht mehr brauchen und nur noch per Mail, im Chat und halt auf den Treffen zu finden sind. Im Forum bleiben nur die schwierigsten, »verkorkstesten« Menschen. Diese Gruppe von Beziehungsunfähigen bestimmt leider das Klima und den Gesamteindruck im Forum und verzerrt mit seinen Lebenslügen die ganze Wahrnehmung der AB-Probleme.

Ich bin absolut der Ansicht, dass AB-Sein eine Art Folgeerscheinung von viel tiefer sitzenden Störungen ist. Wenn man zum Beispiel verfolgt, wie viele der ABs im Forum nur in eine Diskussion einsteigen, um ihre Meinung durchzusetzen – um zu gewinnen – oder wie viele

»die Frau« nur als unerreichbare Fickmöglichkeit, aber nicht als Menschen sehen, merkt man sehr schnell, warum diese ABs beziehungsunfähig sind. Solange aber die Beziehungsfähigkeit nicht vorhanden ist, bleibt man AB. Die einzigen Sonderwege sind ein Beziehungsversuch mit einer ABine, bei dem beide die Fehler des Partners bewusst akzeptieren und alles als »Übungsbeziehung« sehen oder mit viel, viel Glück einen Menschen zu treffen, der einen auch als beziehungsunfähigen Menschen für eine Beziehung akzeptiert.

Fachleute und Pioniere
– Interviews zur Sache

Wolfgang Cronrath: »Die Gesamtzahl der Betroffenen ist sehr hoch.«

Wolfgang Conrath hat sich mit den gesellschaftlichen Ursachen und den psychologischen Hintergründe der AB-Situation beschäftigt. Darüber hinaus gelang es ihm, seinen eigenen Ausweg aus dieser Krise zu finden. Er arbeitet gerade an einem Buch zu diesem Thema.

Du hast dich mit internationaler Literatur, Websites und Betroffenheitsberichten über Jahre hinweg gründlich auseinander gesetzt. Wie hoch schätzt du eigentlich den Anteil der von diesem Problem Betroffenen?

Die Frage ist, wie man das Problem definiert. Das AB-Forum war ursprünglich nur für *absolute* Beginner in Sachen Sex und Liebe gedacht. Es kamen aber Menschen hinzu, die schon mal Sex oder »Affären« hatten, aber lange Zeit unfreiwillig Single waren oder sind. Es kamen auch Menschen mit einem Lebenspartner dazu, weil sie die Erfahrung langen unfreiwilligen Singledaseins gemacht haben oder um ihre geringen Chancen im Falle einer Trennung wissen. All diesen Menschen gemeinsam ist, dass sie unabhängig von Erfahrung oder aktueller Beziehung sich ihrer Probleme bei der Partnerfindung bewusst sind. Die meisten von ihnen werden trotzdem irgendwann ihre erste Erfahrung machen und einen Partner finden, aber eben nicht mit 15, sondern mit 25 oder erst mit 50 und mit langen Durststrecken dazwischen.

Was ich damit sagen will, ist, dass bestimmte Probleme der Partnerfindung mehr Menschen betreffen als nur Menschen ohne jegliche Beziehungserfahrung. Ich schätze den Anteil auf zehn Prozent der erwachsenen Bevölkerung, also rund vier Millionen Menschen in Deutschland. Zehn Prozent, weil etwa so viele 20-jährige Männer und etwa halb so viele gleichaltrige Frauen noch nie Sex hatten. Ebenso viele Universitätsabsolventen haben mit 29 ebenfalls noch nie Sex gehabt. [Starke 2002] Die Gesamtzahl der Betroffenen ist also sehr hoch.

Worin siehst du die gesellschaftlichen Ursachen für dieses Problem?

Sprechen wir als erstes von unserer Schule und der von ihr forcierten Lernkultur. Fast alle ABs waren Außenseiter, viele wurden lange Zeit in der Schule gemobbt. Dass bestimmte Begabungen und Charaktere zu Ausgrenzung führen, hat mehrere Ursachen: Ein Grund dafür ist die Lernfeindlichkeit, die in vielen sich zivilisiert nennenden Ländern wie Deutschland, USA und Japan herrscht. Während Erwachsene ständig »Leistung« predigen, bauen sie gleichzeitig durch Willkür, stupides Pauken und eine distanzierte Lehrer-Schüler-Beziehung eine Gegenbewegung unter den Schülern auf, die sich in einer massiven Abneigung gegen Lernen äußert. Schüler, die trotzdem lernwillig sind, werden isoliert. Zumindest solange sie ihre Unbeliebtheit nicht durch zum Beispiel Sportlichkeit kompensieren können.

Sport ist sowieso schon recht beliebt und wird darüber hinaus noch gefördert, so dass unsportliche Kinder noch mehr aus dem Rahmen fallen. Sport ist das einzige Fach, das nur praktisch (also ohne abstrakten Frontalunterricht) »unterrichtet« wird. Es ist auch das einzige Fach, in dem (im Rahmen der Ballsportarten) Kooperation in der Gruppe gefordert wird. Wer da nicht mitmachen kann, behindert alle anderen. Das Mannschaften-Wählen entartet zu einer sich wiederholenden demütigenden Darstellung der Hackordnung.

In allen Fächern außer Sport werden Schüler abgesehen von sporadischer Gruppenarbeit als isolierte Einzelkämpfer, die gegeneinander konkurrieren, unterrichtet. Das fördert ja schon an sich Ausgrenzung nach jeder möglichen Abweichung. Die Kultusminister fordern laut Schulgesetzen, dass alle Schulnoten von 1 bis 6 vergeben werden müssen, unabhängig von dem absoluten Maß an Fähigkeiten der Schüler. Das bedeutet, wer eine gute Note bekommt, bewirkt, dass ein anderer keine ebenso gute Note bekommen kann. Neid und Hass entstehen insbesondere in den

Naturwissenschaften, wo nicht jeder durch »Labern« eine Chance auf gute Noten hat.

Und schließlich leisten viele Lehrer ihren Beitrag dazu, indem sie bei sozialen Problemen der Schüler einfach weggucken oder einige sogar die Betroffenen verhöhnen! All das führt zu Isolation, Verhinderung von guten Erfahrungen im Umgang mit Menschen und schließlich zum AB-tum.

Wie kann man dieses Problem deiner Ansicht nach auf gesellschaftlicher Ebene lösen?

Wenn Schüler andere mobben, haben sie einen persönlichen Gewinn in Form von Schadenfreude, Gemeinschaftsgefühl und Anerkennung. Und der Gemobbte kann aufgrund der Schulpflicht nicht einfach die Schule verlassen. Meine These: Würde die Schulpflicht aufgehoben und in der Klasse ein gemeinsames (Lern-)Ziel definiert, was mit Spaß am Lernen und nur durch Kooperation miteinander erreichbar wäre, dann würde es kaum Mobbing und Ausgrenzung geben. Würde jemand mobben, dann würde der Gemobbte die Gruppe einfach verlassen, und das gemeinsame Ziel wäre gefährdet. Aus diesem Grund lehne ich auch die Ganztagsschule ab, denn sie würde Kinder der Chance berauben, wenigstens nachmittags ihre soziale Umgebung selbst zu bestimmen.

Brian Gilmartin, der sich in den USA gründlich mit diesem Thema beschäftigt hat, erhebt eine weitere interessante Forderung: Er lehnt Trennung nach ethnischer Herkunft, Geschlecht usw. strikt ab, aber er fordert Trennung von Kindern nach ihrem Temperament. [Gilmartin 1987] Ich denke, das würde den Stress und die Gefahr für Kinder drastisch reduzieren und ihnen die Möglichkeit zu ungezwungenem Kontakt mit zu ihnen passenden Mitmenschen erlauben. Vom anderen Extrem, einer realitätsfernen Erziehung auf der »Insel der Glückseligen«, sind wir trotzdem noch weit genug entfernt.

Aber die Schule ist wohl nicht die einzige Ursache, wenn ich mir die vorliegenden Lebensgeschichten so anschaue. Eine andere scheint die Familie des Betreffenden zu sein.

Ja, allerdings. Viele ABs berichten von mangelnder Unterstützung bis hin zu übelster Gewalt durch ihre Eltern. Körperliche Gewalt von Eltern gegen Kinder geht angeblich zurück und wird zunehmend ein typisches Randgruppenproblem. Wenn Leute meinen, jetzt Entwarnung geben zu können, dann irren sie sich. Ich sehe nämlich vor allem sehr viel subtile psychische Gewalt, die die sichtbare körperliche Gewalt zunehmend verdrängt hat und meines Erachtens bisher nicht ausreichend berücksichtig wird. Es gibt Familien, in denen die Kinder nie geschlagen werden, denn die Eltern halten sich ja für »fortschrittlich«. Aber die Aggressionen gegen Kinder kommen dann doch in Form von bitterer Ironie, Zynismus oder in den mit automatischem Gleichmaß vorgebrachten Schuldzuweisungen zum Vorschein.

Gilmartin hat als weitere Ursache des AB-tums bei Männern familiär bedingte soziale Isolation ausgemacht: mangelnde Kontakte zu anderen Kindern, keine Geschwister, insbesondere keine Schwester und kein Kontakt zu deren Freundinnen, sowie keine weiteren erwachsenen Bezugspersonen neben den Eltern. Insbesondere die Kombination von Problemen, schlechten Eltern *und* das Fehlen weiterer Bezugspersonen ist fatal, meines Erachtens natürlich auch für Mädchen. Ich finde, das spricht eine deutliche Sprache gegen das Konzept der isolierten Kleinfamilie überhaupt. Die Kritik daran wäre aber ein eigenes Thema und würde hier zu weit führen.

Siehst du außer der Situation in Schule und Kleinfamilie noch weitere Ursachen für das AB-tum?

Ich vermute noch ein paar kulturelle und gesellschaftliche Ursachen: erzwungene Extraversion und ein »Verkuppelungstabu«.

Fangen wir mit Extraversion und den damit verbundenen Erwartungen an die Selbstdarstellung des Einzelnen bei der Partnersuche an. Sowohl Männer als auch Frauen, und nicht nur ABs, sind gleichermaßen anfällig dafür, sich auf solche Vertreter des anderen Geschlechts einzulassen, über die Außenstehende nur den Kopf schütteln können. Sie fallen auf deren Selbstdarstellung herein oder sie haben völlig unzweckmäßige Suchkriterien. Viele Frauen lassen sich täuschen durch den souverän wirkenden Charmeur, der ihr die Wünsche von den Augen abzulesen scheint, den Hochstapler, der es zu nichts gebracht hat, und die dominante Führerpersönlichkeit, die im richtigen Augenblick ihre körperlichen Grenzen überschreitet. Männer achten zu sehr auf Äußerliches und Unwesentliches, auf die sich selbstbewusst gebende Frau, die sich aufreizend anzieht, und übersehen dabei etwaiges untragbares Verhalten und andere Ausschlusskriterien. Alle bekommen, wonach sie suchen, aber nicht, was sie sich eigentlich wünschen. Mancher AB hat da mehr zu bieten, wird aber nicht wahrgenommen und erscheint unattraktiv.

Ich behaupte, in unserer Gesellschaft wird eine hohe Erwartungshaltung an Extraversion und Selbstdarstellung aufgebaut, während es gleichzeitig introvertierte Menschen gibt, die von Natur aus so sind oder erst durch Isolation dazu gemacht worden sind, die diese Erwartungen nicht erfüllen können oder wollen.

Ich verallgemeinere einmal ein wenig: Mir ist nämlich schon in der Schule aufgefallen, dass Schüler immerzu aufgefordert werden, eine Meinung »abzusondern«. Das heißt dann »mündliche Mitarbeit«. Mit zehn sollen sie Witze auf den »Humor«-Seiten der Regenbogenpresse als frauenfeindlich erkennen, sich mit vierzehn dann Gründe für das Scheitern von Entwicklungshilfe durch Förderung des Eisenerzabbaus in Botswana ausdenken, und das obwohl sie weder irgendetwas dazu erlebt haben, noch es sie betrifft, noch sie etwas ändern können. Und wer keine Meinung hat, wird mit schlechten Noten und so indirekt mit Arbeitslosigkeit und Armut bedroht. (Irgendjemand im Kultusministerium muss mit dieser erzwungenen »Meinungsfreiheit« wohl sein schlechtes Gewissen beruhigt haben.) Auch in der Jugendszene muss jeder besonders cool sein und mit auffälligen Statussymbolen glänzen. Als Erwachsene geben sie dann in jeder Diskussion ihren Senf dazu, obwohl bereits alles gesagt worden ist. Hauptsache, sie haben die Aufmerksamkeit aller auf sich gezogen. Bei Bewerbungen um einen Arbeitsplatz muss man sich bei schlechten Personalabteilungen darstellen und bis hart an die Grenze der Lügnerei und Hochstapelei gehen. Sonst gilt man trotz Überqualifikation als der letzte Depp, während der letzte Depp durch Phrasendrescherei den Job bekommen kann. Still sein, wenn nichts zu sagen ist, ist out. Und zugeben, dass man zu einem bestimmten Thema nichts weiß, ist peinlich, außer wenn es um Naturwissenschaften geht.

Diese Erwartungshaltung an Selbstdarstellung überträgt sich meines Erachtens auch auf die Partnersuche. Wer nicht penetrant genug auf sich aufmerksam macht, wird übersehen. Wer die Selbstdarstellung anderer aber für bare Münze nimmt, wird zwangsläufig einen Reinfall erleben. Viele Leute (nicht nur ABs) scheinen unter diesen Umweltbedingungen schlechte Selbstdarsteller und schlechte Bewerter zu sein.

Und was hat es mit dem »Verkuppelungstabu« auf sich?

Das soll heißen, dass hierzulande alle Aktionen, die bewusst dazu dienen, einen Partner zu finden, oft bewirken, dass man schief angeschaut wird. Den Verdacht habe ich zumindest.

Wenn man sagt, »ich gehe zum Arbeitsamt, um Arbeit zu suchen.«, dann ist das (abgesehen von der bestehenden Arbeitslosigkeit) in Ordnung. Wenn man zur Volkshochschule geht, »um Aquarellmalerei zu lernen«, dann auch. Wenn man aber an einer Gruppenreise teilnimmt mit der Absicht, »sich einen Mann/eine Frau zu angeln.«, dann wird man außer vielleicht am Stammtisch plötzlich schief angeguckt, obwohl viele Leute genau bei solchen Gelegenheiten ihren Partner gefunden haben. Ich behaupte sogar, dass ein wesentlicher Grund, warum die Reise überhaupt Spaß macht, nicht nur Sehenswürdigkeiten oder gemeinsame Aktivitäten sind, sondern dass da wirklich nette Leute sind und sich etwas ergeben könnte! Und wenn man versucht, einen Mann und eine Frau mit dem Ziel einer potenziellen Beziehung einander vorzustellen, und sagt, »Der/die könnte zu dir passen.«, dann wird garantiert einer der beiden einen Strich durch die Rechnung machen. Wirklich schade! In anderen Ländern klappt das nämlich.

Das schränkt die Partnersuche unnötig ein, aber nicht jeder hat das Handwerkszeug, um die verbleibenden Möglichkeiten zu nutzen.

Kommen wir zu den möglichen gesellschaftlichen Folgen des AB-Seins. Bei einigen Absoluten Beginnern hast du ausländerfeindliche, bei anderen frauenfeindliche Tendenzen entdeckt. Und du glaubst, dass beides zumindest auch aus den negativen Erfahrungen der Betreffenden bei der Partnersuche herrührt. Fangen wir mal mit dem Frauenhass an: Wie ist er bei den Betreffenden entstanden?

Lassen wir mal die passiven männlichen Absoluten Beginnern außen vor und betrachten die aktiv gewordenen. Sie versuchen zumindest, mit Frauen in Kontakt zu treten. Ich unterstelle mal, dass die meisten von ihnen nicht mit Hass gegen Frauen geboren wurden, sondern anfangs freundlich gesonnen waren. Aus ihrer Sicht sieht es jedenfalls so aus.

Ein männlicher AB zeichnet sich dadurch aus, dass er nicht von einem großen Teil von Frauen abgelehnt wird wie ein erfolgreicher Mann, sondern ausnahmslos von *allen* Frauen. (Erfolgreiche Männer haben auch nur Erfolgsraten von um die zehn Prozent.) Anders als der erfolgreiche Mann hat ein männlicher Absoluter Beginner überhaupt keine Erfolgserlebnisse, die die Ablehnungen kompensieren könnten. Die Abfuhren, die diese ABs erfahren, sind aus verschiedenen Gründen wahrscheinlich schwerer als bei normalen Männern.

Hinzu kommt, dass kontaktfreudigere ABs sich durchaus mit Frauen anfreunden können, was sie anfänglich als Erfolg verbuchen, dann aber mit *all diesen* Frauen auf vielfältige Weise scheitern, was ihre Enttäuschung vergrößert.

Manche männlichen ABs bieten »Freundschaftsdienste« an als Computerschrauber, Blumengießer, »Ghostwriter« für Studienarbeiten usw. Manche Frauen nutzen ihre hilfsbereite und naive Einstellung gezielt aus und springen oft auf erschreckend unverschämte Weise mit ihnen um, ohne an ihnen als Mensch interessiert zu sein.

Männliche ABs werden manchmal von Frauen auch gern als

gute Zuhörer kontaktiert und erfahren intime Details aus der Beziehung mit ihrem jetzigen Freund. Wenn eine solche Frau gegenüber einem AB über ihren Freund klagt, sich gleichzeitig nicht von ihm trennen will oder sich immer wieder solche schlechten Liebhaber sucht und der männliche AB sich (vielleicht sogar zu Recht!) für einen besseren Partner hält, dann wird er frustriert: »Sie sucht sich immer wieder einen Scheißkerl, und ich gehe leer aus, obwohl ich doch besser bin als der.« Manche ABs fühlen sich dann als seelische Mülleimer missbraucht.

Hier treffen also Menschen, die sich selbst zu wenig schützen, mit anderen Menschen zusammen, die einen teilweise recht parasitären Lebensstil verfolgen. Diese Konstellation ist übrigens geschlechtsunabhängig.

Und weil männliche ABs wegen sexualfeindlicher Erziehung und des ganzen Geredes um sexuelle Belästigung und Männer, die nur das »Eine« wollen, sich völlig asexuell verhalten, werden sie meistens auch nur als geschlechtsloses Wesen betrachtet und landen auf der so genannten Kumpelschiene (»Lass uns nur Freunde sein!«). Bestenfalls bleibt eine Freundschaft bestehen, schlimmstenfalls erfolgt wieder eine üble Abfuhr. Aber nicht genug damit! Nachdem männliche ABs Frauen ihre Zuneigung deutlich gemacht haben (meist auf ungeschickte Art durch »Gestehen«), hören sie von ihnen Sätze wie »Ich bin noch nicht soweit für eine weitere Beziehung«. Es ist wohl eine »Notlüge«, aber der Frust kommt zeitverzögert, erst recht, wenn die Frau danach doch eine Beziehung eingeht – natürlich mit einem anderen Mann.

Durch diese Sammlung von Frustrationen kippt eine anfänglich freundliche Haltung irgendwann in Frauenhass um. Er wendet sich oft gegen *alle* Frauen, weil männliche ABs bisher ja von *allen* Frauen konsequent abgelehnt wurden und solche Widersprüche und Demütigungen erleben mussten.

Du erwähntest gerade die Debatte um sexuelle Belästigung. Welchen Einfluss hat deiner Einschätzung nach die feministisch geprägte Veränderung unserer Gesellschaft auf Menschen ohne Beziehungserfahrung?

Ich glaube aufgrund der Äußerungen und der Wortwahl von männlichen ABs, dass auch der Feminismus insgesamt einen großen Beitrag zur Verunsicherung beim Umgang zwischen den Geschlechtern geleistet hat, nicht nur was sexuelle Belästigung betrifft.

Ich habe den Eindruck, dass vor allem männliche ABs einige feministische Forderungen aus Schule und Massenmedien aufgenommen haben und sie perfekt erfüllen: Sie sind gute Zuhörer, und sie sind bei der Kontaktaufnahme völlig asexuell (also belästigen nicht sexuell und wollen bestimmt nicht nur das »Eine«). Wenn es zur Beziehung käme, würden sie vielleicht auch wie gewünscht bei der Hausarbeit mithelfen. Sie sind also das Gegenteil von dem Feindbild der Frauenbewegung, dem bösen Macho.

Dieses Vorbild für männliches Verhalten steht in der Tat in Konkurrenz zu einigen anderen Verhaltensmodellen. Ich finde es jedoch durchaus verständlich, dass ein männlicher AB sich nicht mit »prolligen« Männern, die offensichtlich nur das »Eine« wollen, Gangstern und Revolverhelden, oberflächlichen Allgemeinbeliebten usw. anfreunden kann, sondern stattdessen den »sensiblen« Mann bevorzugt, der auch das »Andere« will und von Gleichberechtigung etwas hält.

»Leider« entspricht der Männergeschmack der Feministinnen, wie die Praxis zeigt, nicht dem Männergeschmack der Mehrheit der Frauen. Die Anpassung an diese Forderungen bewirkt, dass männliche ABs als seelischer Müllablageplatz missbraucht und als *Männer* schlicht ignoriert werden. Nicht einmal Feministinnen selbst (wohl die Minderheit unter den Frauen) honorieren die Neuen Männer! Anscheinend sind hier das Verhalten einiger Männer und die Erwartungen fast aller Frauen an Männerverhalten weit auseinander gelaufen.

Stattdessen wurden deutsche Männer rund 30 Jahre durch radikalen Feminismus mit einseitigen und unerfüllbaren Forderungen konfrontiert, verunsichert, kollektiv als das Tätergeschlecht beschimpft und psychisch demontiert [Hoffmann 2002]. Viele deutsche Männer scheinen sich diesen Forderungen angepasst zu

156

haben und sind schlicht eingeschüchtert. Sie sehen Frauen als das höhere, reine Geschlecht und treten ihnen gegenüber devot auf. Ich habe manchmal schon entsprechende Äußerungen von Männern gehört, die auf geradezu erschreckende Weise ihre eigenen Bedürfnisse zugunsten von Frauen mit den Füßen getreten haben. Da ist es eigentlich nahe liegend, dass normale Frauen für solche irregeführten Männer keinen Respekt mehr haben.

Ich denke, dass diese Entwicklung zum Glück weder von den meisten Frauen aktiv getragen wird, noch den meisten Frauen zugute kommt. Frauen haben ja auch nichts davon, wenn es immer weniger attraktive Männer gibt. Und wenn einigen Frauen beigebracht worden ist, z. B. auf Männer herabzusehen, dann werden sie damit auch keine glückliche Beziehung führen können. Aber solche Einstellungen dominieren meines Erachtens in der »öffentlichen Meinung«, und auch manche Frauen scheinen sie verinnerlicht zu haben.

Welche Rolle spielen die Medien bei dieser Entwicklung?

Mangels reeller Erfahrungen nehmen Medien bei ABs generell eine größere Rolle ein, denn ABs suchen dort Vorbilder und Hinweise auf Auswege, die ihnen im richtigen Leben fehlen. Aber sie finden dort viele widersprüchliche Informationen, z. B. in Form von Zeitschriften und schlechten Lebensratgeber-Büchern.

Manche männlichen ABs nehmen aufmerksam Schilderungen von Extremfällen wahr, in denen sogar Verbrecher erfolgreich zu sein scheinen, wie (in einer bekannten, auf solche Fälle spezialisierten deutschen Zeitung) Berichte von Frauen, die sich ihren zukünftigen Vergewaltiger als potenziellen Traummann selbst ausgesucht haben, oder à la »Mörder bekommt Hunderte Liebesbriefe in den Knast geschickt.« Aus alledem entstand die »Arschlochtheorie«, die immer wieder im Forum breitgetreten wird: »Ein Mann muss ein Arschloch sein, um bei Frauen anzukommen.« Ich halte diese These insgesamt für unzutreffend, obwohl mehr als nur ein Körnchen Wahrheit dahinter steckt.

Der Kontrast zwischen den Ansprüchen von Frauen an Männer (reell erfahren oder publiziert) und der erlebten realen Erfolglosigkeit der männlichen ABs führt dazu, dass jeder Anspruch, den Frauen an Männer stellen (Geld, Körpergröße, Dominanz, Sex ...) von manchen männlichen ABs einer gründlichen »Prüfung« unterzogen wird. Mit steigender Frustration sind sie zunehmend weniger bereit, diese Ansprüche ernst zu nehmen. Partnerlose Frauen, die Männer ablehnen und sich über zu viele schlechte »Anmachversuche« beschweren, finden ebenso kein Verständnis mehr für ihre erfolglose Partnersuche. Sie werden als »Luxus-ABinen« bezeichnet. Ihre Ansprüche seien zu hoch, denn Frauen würden (laut diverser Berichte aus Frauensicht) eh immer und ewig von Männern angemacht, so dass sie nur noch zugreifen müssten.

Ich finde diese verallgemeinernden Schuldzuweisungen traurig und ungerecht, weil kaum eine der AB-Frauen für die an manchen deutschen Frauen zu Recht kritisierten Verhaltensweisen verantwortlich ist und viele die gleichen Probleme haben wie AB-Männer auch.

Als weitere Quelle von Frustration kommen die ewigen Denunziationen durch einseitige männerfeindliche Medieninhalte hinzu. Zum Beispiel haben viele Männer in der Schule Mobbing erlebt. In Medien wird dagegen oft nur von weiblichen Opfern und männlichen Tätern gesprochen und stolz von Selbstverteidigungskursen *nur für Mädchen* berichtet. Immer mehr Männer (nicht nur einige männliche ABs) haben genug davon, immer wieder auf diese Art missachtet und als das minderwertige Geschlecht dargestellt zu werden.

Mit solchen Übertreibungen, Irreführungen und tendenziösen Darstellungen gießen Medien regelmäßig Öl ins Feuer und fördern meines Erachtens ganz erheblich sowohl Frauenhass als auch Männerhass.

Gibt es bei manchen weiblichen ABs einen ebensolchen Männerhass, wie bei manchen männlichen ABs Frauenhass existiert?

Von weiblichen ABs im Forum höre ich zwar von vielen schlechten Erfahrungen und Frust mit ziemlich »dämlichen« Männern, aber ein verallgemeinernder Männerhass ist mir nicht aufgefallen.

Aber wenn ich mir Filme, Werbung oder Nachrichten anschaue, sehe ich in unserer Gesellschaft insgesamt schon einen erheblichen Männerhass, sogar von Männern. Ich stelle auch einen gewissen Männerhass bei einigen Frauen im richtigen Leben fest. Aber ich habe bis jetzt den Eindruck, dass alle Frauen, die sich bei mir über Männer beklagt haben, einen Freund haben oder bereits mehrere hatten. Sie sehen mir überhaupt nicht nach weiblichen ABs aus.

Es scheint mir, als ob männliche Frauenhasser schon in der »Anmachphase« frustriert werden, wenn sie bereits vor irgendeinem möglichen körperlichen Kontakt abgelehnt werden. Dagegen rutschen zukünftige Männerhasserinnen oft in eine Beziehung oder eine kurzzeitige Affäre hinein, in der die Männer erst den Sex genießen und dann die Frau rauswerfen. Diese Frauen sind nach der Definition keine ABs und lassen ihren Dampf woanders ab, z.B. im radikalen Feminismus oder ganz einfach nur in »zickigem« oder anderweitig unakzeptablem Verhalten.

Du hast eben beiläufig erwähnt, an der These, dass Frauen auf »Arschlöcher« stünden, sei schon ein wenig dran. Was meinst du damit?

Die »Arschlochtheorie« besagt, dass ein Mann sich mies oder sehr egoistisch benehmen *müsse*, um bei einer Frau gut anzukommen, und wird von einigen männlichen ABs vertreten. Diese Behauptung ist überzogen, denn die meisten Männer haben eine Freundin und sind keinesfalls alle Arschlöcher. Ich gehe davon aus, dass die meisten Frauen Eigenschaften wie Dominanz, Selbstsicherheit, Humor und »sexuelle Ausstrahlung« schätzen. Nicht alle Männer haben diese Eigenschaften, aber anscheinend doch jeder Bösewicht. Und der wird wohl für diese Eigenschaften geliebt und nicht für sein bösartiges Verhalten.

Trotzdem sprechen einige Punkte für die Arschlochtheorie, denn bösartiges Verhalten hält manche Frauen nicht von einer Beziehung mit dem betreffenden Mann ab. Es finden sich tatsächlich sogar Beispiele, wo Frauen bösartiges Verhalten gegen Dritte oder sogar gegen die eigene Person belohnen.

Fangen wir mit der Definition von »Arschlochverhalten« an. Darüber herrscht nämlich keine Einigkeit. Männliche ABs haben wie gesagt oft große Angst, selbst sexuell zu belästigen. Zweideutige Witze und die Frau an Schulter, Wange und Hand zu berühren, fällt dann für männliche ABs in die Kategorie »Arschlochverhalten«, obwohl es für andere Männer und Frauen unter Umständen nur »völlig normal« ist.

Es gibt aber auch genügend Beispiele von Verhalten, über dessen Schlechtigkeit Einigkeit herrscht. Nehmen wir die Schule, wo viele ABs gemobbt worden sind. In Deutschland wird bei der Behandlung von Mobbing oft versucht, den Täter seinerseits als Problemkind zu darzustellen, und behauptet, dass der Mobber selbst unbeliebt und Außenseiter wäre. Das kann ich nicht bestätigen, denn die meisten Mobber wirken auf mich wie Schauspieler und Entertainer: Sie veranstalten vor Mitschülern ein Theaterstück mit sich selbst und dem Mobbingopfer in den Hauptrollen und ernten dafür von den Zuschauern Beifall. Es gibt auch Literatur, die dies belegt: Der US-Psychologin Jaana Juvonen zufolge sind Täter durchaus sehr beliebt. [Juvonen 2003] Diese Zuschauer gehören als Mitläufer immer zum Mobbing dazu. Die Literatur über Mobbing lässt vermuten, dass die Mehrheit der Mitläufer selbst rückgratlose Opportunisten sind, die sich immer an den Stärksten oder Beliebtesten anhängen, um ihre eigenen Schäfchen ins Trockene zu bringen.

Mobber und Mitläufer gehören also zum Mainstream der Schulklasse. Für ein Mobbingopfer sind sie selbstverständlich »Arschlöcher«. Rein statistisch werden sie wie der Rest der Klasse irgendwann mit vierzehn bis siebzehn ihre erste Freundin haben, während das Mobbingopfer als zukünftiger AB leer ausgeht. Dann steht die folgende Aussage im Raum: »Ich muss andere zum Lachen bringen und mich beliebt machen, indem ich z. B. Unbeliebte mobbe, und dann bekomme ich *dafür* eine Freundin.« Abwegig ist das nicht, denn sogar übelste Verbrechen korrupter Politiker und gewalttätiger Diktatoren haben bekanntlich ihre Ehefrauen und die ihrer Sympathisanten nicht von der Heirat abgehalten.

Als Erwachsene machen männliche ABs ähnliche Erfahrungen. Wie ich bereits zur Entstehung ihres Frauenhasses sagte, erleben sie, wie frustrierte Frauen über ihre Liebhaber klagen. Manche der Liebhaber sind angeblich bestenfalls fehlerbehaftete Menschen wie du und ich und schlechtestenfalls richtige »Arschlöcher«. Diese Frauen bevorzugen aber offensichtlich ihre »Arschlöcher« als Liebhaber vor dem zuhörenden AB.

Die Gegenthese zur »Arschlochtheorie« besagt, dass nur gestörte Frauen gestörte Männer suchen. Sie wird von einigen etwas lebenserfahreneren Frauen auch im AB-Forum vertreten. Sie sagen dann den betroffenen Männern sinngemäß: »Solche gestörten Frauen sind doch nichts für dich!« Frauen, die sich beispielsweise einen Mörder oder einen Schläger als Freund suchen, sind wohl wirklich dadurch geschädigt, dass sie als Kind Gewalt erlebt haben. Sie sind wahrscheinlich auch als Freundinnen schwierig. Bei manchen Frauen, die sich immer den gleichen problematischen Typ von Liebhaber suchen bzw. auf ihn reinfallen und beim AB ausheulen, halte ich es aus eigener Erfahrung für plausibel, dass sie wirklich gestört sind. Ob sie so gestört sind, dass ein Mann sie wirklich als Freundin ablehnen sollte, oder sie »nur« schlechte Suchkriterien haben, kann ich hier nicht sagen. Und junge Frauen, die dem Mainstream einer Schulklasse angehören und sich dem mobbenden Alphatier einer Schulklasse oder dessen Gefolgsleuten anbieten? Ob sie gestört sind oder nicht, darüber kann man streiten. Ich halte sie auf jeden Fall für gefährlich, weil sie sich aus Oberflächlichkeit und Opportunismus oft ohne Gefühl für Unrecht und ohne Kritik Führerpersönlichkeiten anschließen und durch ihr Mitläufertum einem Führer erst die Macht verleihen. Ich erinnere da nur an die Experimente Milgrams [Milgram 1987] und Zimbardos [Zimbardo], die ihren Versuchspersonen eine erschreckende Autoritätshörigkeit und Manipulierbarkeit durch die Gruppe attestiert haben.

Für die »Arschlochtheorie« finden sich also einige Belege. Der Gegenthese kann man auch zustimmen, wenn man bereit ist, eine ziemlich große Zahl von Frauen als gestört zu bezeichnen. Ich habe den Eindruck, dass beides mehr oder weniger zutrifft.

Wenn ein AB erlebt, wie eine Frau ein offensichtliches »Arschloch« ihm gegenüber bevorzugt, ist es schwer für ihn, die Gründe für diese Ablehnung zu begreifen, und zu verstehen dass es eben nicht an seinem Mangel an Bösartigkeit, sondern entweder an seinem Mangel an attraktiven Eigenschaften und oder an der Störung der Frau liegt. Und es fällt ihm schwer, diese Frau loszulassen und ihren eigenen Weg gehen zu lassen, auch wenn der in ihr Unglück führt.

Bis jetzt habe ich nur aus der Sicht von Männern berichtet. Mobbing und üble Konkurrenzkämpfe gibt es aber auch unter Frauen. Eine Frau berichtete mir z.B. von einer Arbeitskollegin, die unfreundlich zu Frauen war, aber freundlich zu Männern und entsprechend beliebt bei ihnen. Es gibt also auch das weibliche »Arschloch«, auf das Männer stehen. Analog zu Männern, die offensives Verhalten anderer Männer ablehnen, lehnen auch manche Frauen »freizügiges« Verhalten anderer Frauen ab. Wie ich bereits sagte, gibt es bei Vertretern beider Geschlechter eine Tendenz, sich unpassende Partner zu suchen. Ich vermute daher, dass die Situation weiblicher ABs sich gar nicht so sehr von der Lage der männlichen ABs unterscheidet. Ich kenne aber zu wenig Lebensgeschichten, um das bestätigen zu können.

Soweit dazu. Zum nächsten Punkt: Wie erklärt sich der Ausländerhass mancher ABs?

Obwohl die Beziehung zu Ausländern nichts mit der Beziehung zu Frauen zu tun haben scheint, taucht das Thema Ausländer in zwei verschiedenen Zusammenhängen auf: Ausländerhass und ausländische Lebenspartner(innen). Der Bielefelder Gewaltforscher Wilhelm Heitmeyer fand Fremdenfeindlichkeit bei einem Drittel der deutschen Bevölkerung, bei Frauen sogar etwas häufiger als bei Männern. [Heitmeyer 2002] Unter ABs habe ich bis jetzt Ausländerhass nur bei Männern beobachtet. Ich sehe dabei zwei Ursachen: Mobbingerfahrung und Neid auf erfolgreiche ausländische Männer.

Fast alle ABs sind als Kind ausgegrenzt oder gar gemobbt worden. Das lässt sich der Diplomarbeit von Wickenhöfer [Wickenhöfer 2004] ebenso entnehmen wie den Forschungen Gilmartins [Gilmartin 1987] und den im Forum geäußerten Lebensgeschichten. Einige männliche ABs sind anscheinend bevorzugt von ausländischen Kindern (wahrscheinlich Jungen) gemobbt worden. Mir liegen hierzu mehrere Andeutungen vor. Selbst ein Lehrer aus meinem Bekanntenkreis beklagte sich über ausländische Jungen, die »sämtliche pädagogischen Errungenschaften der letzten Jahrzehnte gefährden.« Über konkrete Erfahrungen sprechen diese männlichen ABs aber wenig, so dass man nicht sagen kann, ob sie Ausländer wegen konkreter Mobbingerfahrung hassen oder sie ihnen wegen anderer Missstände wie Arbeitslosigkeit und Armut die Schuld in die Schuhe schieben, ohne jemals einen Ausländer gesehen zu haben.

Verhaltensunterschiede von ausländischen und deutschen Männern scheinen eine weitere Ursache von Neid und damit auch von Ausländerhass zu sein. Deutsche Männer wurden rund 30 Jahre mit radikalem Feminismus konfrontiert, verunsichert und psychisch demontiert [Hoffmann 2002] – anders als viele ausländische Männer, die zu Dominanz oder teilweise auch zu Gewalttätigkeit gegen Mitmenschen erzogen wurden. Auch wenn die Mentalitätsunterschiede zwischen ethnischen Gruppen nur gering sein mögen, können sie doch bewirken, dass am unattraktiven Ende der Skala fast nur Deutsche sind und am attraktiven fast nur Ausländer.

Das könnte zur Folge haben, dass Frauen Ausländer aufgrund ihres noch intakten Selbstwertgefühls tendenziell bevorzugen. (Nicht ohne Grund gibt es auch Frauen, die gezielt ausländische Partner suchen oder zwecks sexueller Beziehungen mit Einheimischen ins Ausland reisen.) Das könnte ebenfalls bedeuten, dass ABs häufiger in Kulturen mit einseitiger »Frauenförderung« (Deutschland, USA) zu finden sind. Und wenn ABs erleben, wie sie selbst von einer Frau abgelehnt werden, dann aber sehen, wie diese Frau die Diskothek mit einem Türken oder einem Afrikaner verlässt, dann ist der Neid da. (Ausländische ABs fallen natürlich nicht auf!) Auch hier kann ich nicht sagen, wie viel auf eigener Erfahrung beruht und wie viel die Presse durch tendenziöse Berichterstattung beigetragen hat.

Der Vollständigkeit möchte ich hier noch den gegenteiligen Effekt erwähnen. Es gibt auch ABs, die aufgrund ihrer Isolation nie in die deutsche Gesellschaft eingedrungen sind und z. B. an der Uni nur mit Ausländern zusammen sind.

Wie geht man nun mit solchen Problemen wie generellem Hass am sinnvollsten um?

Ich finde es wichtig, dass man den Hassern aller Art insoweit Verständnis entgegenbringt, indem man ihre konkreten schlechten Erfahrungen nicht als halb so schlimm herunterspielt oder als erfunden verleugnet, denn sie sind real erlebt worden. Meiner Ansicht nach muss man die Denkfehler und Umstände herausarbeiten, die zu solch einseitigen Erfahrungen führen und angenehme Ereignisse völlig verhindern. Die Einseitigkeit solcher schlechten Erfahrungen ist an sich nicht falsch, nur die Interpretationen, die man daraus zieht.

Wenn ein Kind nur von ausländischen Kindern gemobbt wird, dann ist das eine Tatsache. Es ist nachvollziehbar, dass das Kind unter diesen Umständen zu dem Schluss kommt, dass alle Ausländer gewalttätig seien. Dieser Schluss ist erst einmal »richtig« und nützlich, ja sogar überlebenswichtig, weil er das Kind vor weiterem Schaden schützt. Sobald man aber die »Versuchsbedingungen« ändert, kann man unter Umständen zu völlig anderen Ergebnissen kommen. Wenn das Kind nicht in einer Gegend voller Asozialer mit hohem Ausländeranteil wohnen würde, dann würde es vielleicht weniger Ausländer kennen lernen, dafür aber einige freundliche. Es gibt viele Umstände, die zu solch einseitigen Beobachtungen und Schlussfolgerungen führen können.

Das können umweltbedingte Umstände sein. Es gibt Gruppen von unangenehmen Menschen, die trotz ihrer geringen Zahl übermäßig stark in Erscheinung treten – zum Beispiel Abzocker auf dem Partnermarkt in armen Ländern, die die ehrlichen Partnersuchenden völlig überdecken können; »frauenfreundliche« Medien, die den Eindruck vermitteln, alle Frauen seien sozial benachteiligt und sexuell belästigt; Kleinkriminelle, die naturgemäß mehr Aufmerksamkeit erregen als unauffällige ehrliche Menschen. Und Ausländer hier in Deutschland sind nicht unbedingt repräsentativ für die Bewohner ihres Herkunftslandes. Und bestimmte Menschentypen kommen in einigen Ländern so gut wie überhaupt nicht vor, so dass man sie nicht trifft, selbst wenn man sie ansonsten anzieht: zum Beispiel der hiesige Macho lateinamerikanischer Art und die emanzipiert-tuende Frau in Ostasien.

Persönliche Eigenschaften, die zu einseitigen Erlebnissen führen können, gibt es reichlich. Wer zu nachgiebig ist, der zieht unangenehme Menschen an, die das ausnutzen (zum Beispiel beim Mobbing und bei der Partnerwahl). Wer zu zurückhaltend ist, wird übersehen. Wer zu aufdringlich ist, wird abgelehnt. Wer unsicher wirkt (nicht ist!), wird nicht ernst genommen.

Ich glaube auch, Menschen haben eine große Tendenz, vertrautes Schlechtes gegenüber unbekanntem potenziellem Gutem zu bevorzugen. Sie suchen sich dann immer wieder die gleichen »falschen« Leute aus, auch wenn sie mit ihnen immer die gleichen schlechten Erfahrungen machen.

Und selbst wenn man sich unter die »richtigen« Leute begibt, dann ist der Erfolg der Kontaktaufnahme nicht garantiert, weil die bisherigen persönlichen Eigenschaften bzw. Verhaltensweisen und die neue Subkultur vielleicht nicht zueinander passen. Dann sitzt man kulturell zwischen zwei Stühlen.

Manchmal glaube ich, dass man die vielen persönlichen Eigenschaften, die reproduzierbar zum Glücken von Kontakten führen können, auf einige wenige wie »Selbstsicherheit«, »Humor« und so weiter reduzieren kann. Und manchmal entdecke ich neue Gründe fürs Scheitern, die das Gegenteil nahe legen.

Und schließlich habe ich den Eindruck, dass manche Vorurteile auch einfach stimmen, – auch wenn sie nicht »politisch korrekt« sind. Da sollte man nicht ständig versuchen, sich das Gegenteil zu beweisen, und vor eine Wand zu rennen.

Man muss die verschiedenen Ursachen für schlechte Erfahrungen betrachten. Alles auf die Umwelt abzuschieben ist genauso unzweckmäßig wie für jedes Scheitern die Schuld bei sich selbst zu suchen.

Wir haben die Rolle der Medien bereits im Zusammenhang mit Frauenhass angesprochen, aber du siehst hier noch andere Problemstellen. Welche?

Da liegt allerdings einiges im Argen – beispielsweise die Nichtbeachtung der ABs in sämtlichen Untersuchungen zu Sex und Singles und das Image des angeblich glücklichen promisken Singles, der aus rein egoistischen Gründen kinderlos bleibt. Das schürt Neid auf die suggerierte sexuelle Abwechslung der Singles und verneint pauschal Probleme bei der Partnerfindung.

Die beiläufige Erwähnung, dass ein Kindermörder »Probleme mit Frauen« habe und schon einmal wegen sexueller Belästigung bestraft worden sei. Das verführt Leute zum logisch falschen Umkehrschluss: männlicher AB gleich Belästiger gleich potenzieller Verbrecher.

Filme haben als Hauptpersonen oft Männer, die in Komödien den Trottel spielen, im wahren Leben wahrscheinlich AB wären und nur durch den guten Willen der Frau doch noch zum Happy-End kommen – moderne Märchen also. Dadurch werden Verhaltensweisen, die im richtigen Leben nicht zum Erfolg führen, dem Zuschauer als erfolgreich vorgeführt.

Kommen wir noch einmal zurück auf etwas, was du auf eine frühere Frage in diesem Interview angemerkt hattest. ABs erführen stärkere Abweisung von Frauen als andere Männer. Warum ist das deiner Einschätzung nach so?

Ich sehe mehrere Gründe, die übrigens genauso gut für Frauen gelten können. Ich formuliere sie deswegen geschlechtsneutral.

ABs haben oft übertriebene Erwartungen an den Erfolg bei einem Date. Manche ABs nehmen an, dass ein erfolgreicher Mensch von 90 Prozent des anderen Geschlechts gemocht wird.

Diesen Wert erreichen jedoch allenfalls Prominente. Selbst Männer, die sich als »Anmachprofis« bezeichnen, sprechen von maximal 20 Prozent Erfolg. Leute, die über Kontaktanzeigen ihre Partner gefunden und ein Buch darüber geschrieben haben, berichten auch oft von Dutzenden von Dates, bis der Richtige erschienen ist. Die höchste Zahl, von der ich gehört habe, waren 170 Dates in einem Jahrzehnt! Ich halte daher für Normalsterbliche eine Erfolgsquote von 1 zu 50 für durchaus realistisch. Die meisten ABs, die mehr erwarten, werden zwangsläufig enttäuscht.

Ich selbst bin zum Beispiel bei Kontaktanzeigen erst einmal davon ausgegangen, dass die Anzeigenschreiberin wirklich einen Partner sucht. Wenn dann am Anfang kein richtiges Gespräch aufkommen wollte oder der Funke nicht überspringen wollte, dann habe ich versucht, mit einem weiteren Treffen nachzuhelfen. (Das Folgetreffen wurde dann meist von der betreffenden Frau abgesagt.) Mein Gedanke war, dass beide Beteiligten eigentlich das gleiche Ziel verfolgen, nämlich eine Beziehung irgendeiner Art aufzubauen, und dafür auch etwas tun würden. Dem ist nicht so. Entweder klappt es ohne Aufwand oder gar nicht, weil die meisten Menschen weniger Aufwand zu investieren bereit sind als ich.

ABs fehlt also ein Maß dafür, wie viel Energie sich in eine potenzielle Beziehung zu investieren lohnt. Das kommt von mangelnder Lebenserfahrung und zu niedrigen Ansprüchen. ABs fehlt die Erfahrung, dass langweilige Menschen (zumindest auf absehbare Zeit bis zum nächsten Date) langweilig bleiben, dass oberflächliche Menschen oberflächlich bleiben und Anpassung an nicht passende Menschen unter Umständen nicht möglich ist. Ihnen fehlt auch die Erfahrung, dass es Menschen gibt, die immer leiden, ihre Situation nicht verbessern wollen und stattdessen jemanden nur zum Zuhören suchen. Ihnen fehlt daher auch der Anspruch, solche gestörten Menschen nicht als Liebespartner haben zu wollen. Männlichen »Frauenverstehern«, die von der »Emanzipation« und der »Güte« des weiblichen Geschlechts überzeugt sind, fehlt der Anspruch an emanzipiert tuende Frauen, dass diese auch einen Fahrradreifen flicken können müssten. Hätten ABs selbst höhere Ansprüche, würden sie nicht immer nur vom Gegenüber mit höheren Ansprüchen abgelehnt werden. (Dass ABs in anderer Ansicht zu hohe Ansprüche haben, steht auf einem anderen Blatt.)

Ein Mann, der keine Grenzen setzen kann, zieht genau die Frauen an, die einen Mann zum Ausnutzen oder als Sandsack zum Aggressionsabbau suchen. Der Mann wird ausgenutzt, bekommt herbere Abfuhren oder, wenn doch eine Beziehung zustande kommt, regelmäßig Ärger. Frauen, die keine Grenzen setzten, bekommen wohl weniger unmittelbare Abfuhren, aber dafür rutschen sie eher in Beziehungen mit Männern hinein, mit denen sie letzten Endes auch schlechte Erfahrungen machen.

Ein weiterer wichtiger Grund für unangenehme Ablehnungen könnte die fehlende Ungezwungenheit von Angeboten zu Sex oder Beziehung sein, die männliche ABs an Frauen machen. Wenn ich einen guten Freund zu Besuch habe und vermute, er könnte durstig sein, dann biete ich ihm etwas zu trinken an. Wenn er dann aber ablehnt, bin ich natürlich nicht beleidigt. Er hat auch keine Angst, mich im Falle einer Ablehnung damit zu verletzen. Ein männlicher AB (und die meisten Menschen in unserem Kulturkreis auch) schaffen es nicht, ein Angebot zu Sex und Beziehung auf eine solch freundliche, unaufdringliche und nicht bedürftig wirkende Art und Weise zu machen.

All das führt dazu, dass ein AB an als Partner ungeeignete oder unwillige Menschen gerät, in die er zuviel Energie investiert, ohne zum Erfolg zu kommen. Ein erfolgreicher Mensch würde wahrscheinlich schnell die wenigen Personen, bei denen er hohe Erfolgsaussichten hat herausfischen, und die anderen ebenso schnell vergessen.

Und schließlich wissen ABs nicht, dass für viele andere Menschen anscheinend der *Weg* das Ziel ist. Wenn ein AB einem solchen potenziellen Partner eindeutig, selbst wenn unaufdringlich, Interesse signalisiert, dann ist für den Partner die Spannung und das Interesse schlagartig verschwunden. Ein AB bekommt selbst dann einen Korb, wenn eigentlich alles gestimmt hat und eine Beziehung erfolgreich verlaufen wäre.

Was hältst du von der von einigen ABs vertretenen Männer-überschusstheorie?

Erst mal finde ich es erstaunlich, mit wie viel Akribie die darin enthaltenen Thesen ausgearbeitet wurden. Man muss sich schon richtig anstrengen, um sie zu widerlegen.

Richtig ist, dass es ein paar Prozent mehr Männer als Frauen gibt. Richtig ist auch, dass seit 1970 die Geburtenrate rückgängig ist, so dass es deutlich mehr Männer (ca. 10 %) gibt als altersmäßig entsprechend ein paar Jahre jüngere Frauen. Richtig ist meines Erachtens auch, dass das Ungleichgewicht auf dem Partnermarkt vergrößert wird, indem sich Paare bilden und sich dauerhaft diesem Markt entziehen. Ich glaube daher, dass auf dem Partnermarkt bei mittleren Altersgruppen zurzeit wirklich ein Männerüberschuss herrscht. Das zeigt sich ja auch in der extremen Ungleichverteilung der Geschlechter bei Kontaktanzeigen. (Der Männerüberschuss allein kann aber nicht die Ungleichverteilung der Zahl der Zuschriften erklären, die Männern und Frauen bekommen.)

Wenn der Partnermarkt immer noch so statisch wäre wie vor 50 Jahren, wo es (zumindest auf dem Papier) nur ganz wenige Scheidungen gab, dann blieben die letzten wirklich übrig. Aber der Partnermarkt ist sehr dynamisch geworden. Jede zweite Ehe wird nach einigen Jahren geschieden, und viele Leute heiraten erst gar nicht und erscheinen nach wenigen Jahren immer wieder auf dem Partnermarkt. Und die Geschlechter sind ungleichmäßig verteilt: Von 100 Männern zu 1 Frau bei den Studenten der Ingenieurswissenschaften bis zu 1 zu 100 bei den Studentinnen von Lehramt Primarstufe und Kochkursen in der Volkshochschule ist alles vertreten.

Wenn alle Männer die gleichen Chancen hätten, dann könnten theoretisch alle Frauen immer in Partnerschaft leben und alle Männer immerhin einen Teil der Zeit. Aber bekanntlich leben einige der Männer zu 100 Prozent in Partnerschaft und andere nie. Die Unerfahrenheit der Männer, die die Anhänger der »Verachtungstheorie« (wieder eine neue Theorie) als Hauptgrund der Ablehnung von männliche ABs durch Frauen sehen, mag bei erwachsenen Männern gelten, aber nicht in der Jugend, wo alle sexuell ähnlich unerfahren sind, aber einigen ihre AB-Karriere bereits anzusehen ist. Es gibt also andere wesentlichere Gründe für die Ablehnung und die Ungleichverteilung der Chancen.

Ich behaupte, selbst bei einem dramatischen Frauenüberschuss würden Jungen Jungen und Mädchen Mädchen mobben. Die gemobbten Männer wären so unattraktiv, dass Frauen lieber eine Weile Single blieben, als sich mit einem dieser unattraktiven Männer anzufreunden. Der Teufelskreis für diese Männer begänne. Wir haben ja auch jetzt trotz Männerüberschuss weibliche ABs. Und männliche ABs berichten, dass selbst ein lokaler Frauenüberschuss ihnen nichts genutzt hat.

Ich schließe daraus, dass es einen Männerüberschuss gibt. Er wirkt verschärfend, indem er die Zahl der männlichen ABs erhöht und ihre Chancen auf eine Beziehung senkt, ist aber nicht die Ursache für die extreme Chancenungleichheit. Die heftige Diskussion darüber lenkt von den wesentlichen Gründen ab.

Ich persönlich nehme den Männerüberschuss wesentlich gelassener hin, seitdem mir bewusst geworden ist, wie unattraktiv »Frauenversteher« und Ausländerhasser sind und dass ich mir im Vergleich zu ihnen ein wenig Attraktivität erarbeitet habe. Männer, die unattraktiver sind als ich und nicht lernen wollen, subtrahiere ich nämlich vom Männerüberschuss.

Siehst du ABs von unserer Gesellschaft unfair behandelt? Ich denke da an Lebensumstände für Singles, Steuern, Rente usw.

Ich finde, dass alle Singles gegenüber unverheirateten Paaren und erst recht gegenüber kinderlosen Verheirateten finanziell benachteiligt werden. Singles werden nicht nur durch steuerliche Nachteile, sondern auch durch unökonomische Singlehaushalte mehr belastet: teurere Lebensmittel weil in kleineren Packungen, mehr Verkehrs- und Zeitaufwand, um auszugehen und Menschen zu treffen, mehr Kosten für auswärts Essen, weil selbst kochen sich nicht lohnt, teureres Einzelzimmer statt Doppelzimmer im Hotel und so weiter. Aber daran hat man sich ja schon gewöhnt.

Was erhöhte Rentenbeiträge für Kinderlose betrifft: Die Ursachen für Kinderlosigkeit sind kinderfeindliche Städte, unverhältnismäßig großer Zeitaufwand für Kinderbetreuung und Kindertransport, mehr Stress durch Schule, Zwang zu Markenklamotten und Mobiltelefon und nicht zuletzt die Steuererklärung, die durch Kinder dreimal so schwierig wird. Bei ABs kommt hinzu, dass sie trotz etwaigen Kinderwunschs durch Mitverschulden der Gesellschaft erst gar keinen Partner finden können.

Leute mit Kindern sind meines Erachtens gegenüber allen anderen benachteiligt, was aber nicht durch Geld kompensiert werden kann. Geldmangel ist meines Erachtens hierzulande zweitrangig. Trotzdem wollen einige Politiker ausgerechnet mit Geld in Form von höheren Rentenbeiträgen als Strafe für Kinderlosigkeit die Leute zur Verpaarung und Vermehrung nötigen.

Es ist schon ein Tritt in den Hintern der ABs, dass ausgerechnet Politiker, die keine Gelegenheit auslassen, sich über den Frauenhandel zu erzürnen, eine Politik machen wollen, als ob Singles mit Geld Lebenspartner kaufen könnten. Ich bedaure auch die Kinder, die geboren würden, nur weil der Staat ihren Eltern sonst die Rente verweigert hätte.

Manche ABs scheinen die Partnersuche im Ausland als Ausweg aus ihrer Misere zu sehen. Wie beurteilst du diese Chancen?

Insgesamt ziemlich gut. Der Weg ins Ausland wird ja auch von »normalen« Männern und Frauen beschritten. Unter den ABs kenne ich jedoch nur Männer, die diesen Weg gegangen sind. Die waren dann auch recht erfolgreich. Aber es gibt viele Einschränkungen und Stolpersteine.

Das Ausland hat den Vorteil, dass man selbst als Ausländer mehr Menschen und andersartige Menschen trifft als zu Hause, sowohl Einheimische als auch andere Ausländer. Verschiedene Charaktere kommen kulturell bedingt häufiger oder seltener vor.

Im eigenen Land reagiert man wegen langjähriger Erfahrung schon allergisch auf bestimmte Menschentypen bzw. Subkulturen. Im Ausland brechen diese vorgefertigten Muster zusammen, weil dort die Subkulturen ganz andere Erkennungsmerkmale haben, so dass man unvoreingenommen auf ganz andere Menschen trifft. Ausländer haben einen Ausländerbonus, Menschen sind kontaktfreundlicher, ausländische Frauen sind nicht so »zickig«, Männer etwas offensiver und erotischer. Als Ausländer kann man ein sehr abwechselungsreiches Leben führen. Kurz gesagt: Die Karten werden neu gemischt.

Aber egal wie man es anstellt, es gibt Probleme: Ohne Kenntnis von Land und Leuten trifft man auch auf viele Menschen, die man nicht treffen will. Bei traditionellen Wegen der Partnerfindung wie zum Beispiel arrangierten Ehen landet man oft beim Mainstream des Landes, mit dem man vielleicht nichts zu tun haben will (»Spießbürger«) oder dessen Anhänger sich überhaupt nicht für Ausländer interessieren. Partnervermittlungsinstitute sind notorisch unseriös, machen oft falsche Versprechungen und ihre Angebote wirken stereotyp und klischeehaft. Die Inserenten von Kontaktanzeigen wohnen meist weit weg, und Kennen lernen auf Distanz ist schwierig.

Auf dem offenen Partnermarkt im Ausland (das heißt durch Eigeninitiative in Discotheken, im Bekanntenkreis und so weiter) herrschen trotz unterschiedlicher Hintergrundkultur im Wesentlichen die gleichen Gesetzmäßigkeiten wie hier auch. Wer hier als AB an keine Frau rankommt, wird nämlich auch im Ausland leer ausgehen. Wer aber etwas »Handwerkszeug« mitbringt, wird im Ausland vielleicht weiterkommen als in der Heimat. Wer in einem relativ armen Land sucht, wird auch auf viele potenzielle Partner stoßen, die einen nur betrügen oder in sonstiger Weise einseitig ausnutzen wollen. Aufgrund unterschiedlicher Kultur gibt es unterschiedliche Erwartungshaltungen und viele, viele Anlässe für Missverständnisse. Sie lassen sich oft nicht überwinden, weil meist mindestens ein Beteiligter nicht in der Lage ist, offen miteinander zu reden.

Aus dem Zusammenspiel all dieser Gründe kann es passieren, dass man im Heimatland abgelehnt oder gar verachtet wird und nur im Ausland nach vielen Höhen und Tiefen einen Partnerschaft beruhend auf beidseitiger Sympathie findet. Wenn eine Beziehung zustande gekommen ist, tauchen weitere Fragen auf: Wo will man leben, Einschränkungen durch Rassismus, Aufenthaltgenehmigung, binationale Eheschließung, Eltern, Einleben in einem fremden Land und vieles mehr.

Überhaupt ist es für das Zustandekommen einer langfristigen Beziehung angebracht, dass zumindest einer die Sprache und Kultur des anderen kennt. Ich empfehle natürlich dem AB, die Sprache seiner Zielgruppe zu lernen, damit er so sein Schicksal in die eigene Hand nehmen kann. Am besten lebt man eine Weile im Ausland. Für einen sprachbegabten AB ist es immer noch einfacher, »mal eben« Portugiesisch oder gar Chinesisch zu lernen als sich »Anmachfähigkeiten« anzueignen. Nur dann kann man die Kultur kennen lernen, unpassende Leute meiden, passende Menschen richtig kennen lernen und verstehen und Missverständnisse klären.

Damit aber keine falschen Vorstellungen entstehen, muss ich an dieser Stelle einschränken: »Anmachexperten« kommen auch mit Bruchstückenglisch in jedes Bett, was zeigt, dass Sprache wohl nicht das Wesentliche ist, um den sexuellen Teil einer Beziehung zu etablieren! Manche Leute haben ihren ausländischen Partner sogar »sprachlos« geheiratet. Das kann ich jedoch nicht empfehlen!

Die Probleme lassen sich überwinden. Man muss auch nicht alle gleichzeitig beseitigen wollen, sondern nur die auf dem eigenen Weg. Sie sorgen jedoch für enorm viel Frust und Ärger. Wenn man es schafft und ein Standbein im Ausland hat, ist es eine enorme Bereicherung, die sogar den meisten »normalen« Menschen verborgen bleibt. (Und Ausländerhasser wirken angesichts dieser vertanen Chancen geradezu arm!) Ich kann diesen Weg weiterempfehlen, aber nur für Menschen, die stark genug sind, um sich mit eigener Kraft aus der AB-Krise zu befreien.

Von der Partnersuche im Ausland abgesehen – welche anderen Lösungswege für den einzelnen AB siehst du?
Viel fällt mir dazu nicht ein. Ich kenne nicht viele ABs, die dann doch irgendwann ihren Partner oder Partnerin gefunden haben. Und die, die ich kenne, haben nichts Besonderes gemacht – also einfach nur Glück gehabt – oder haben ihre erste Freundin geheiratet. Beides beeindruckt mich nicht. Und von anderen kenne ich die Geschichte noch nicht. An dieser Stelle kann ich also höchstens allgemeine Hinweise geben, die der Leser selbst mit konkreten Aktionen füllen muss.

ABs leiden neben ihrer Partnerlosigkeit oft unter Depressionen oder unter sozialer Isolation oder beidem. Alle drei Dinge sind wechselseitig als Teufelskreis miteinander verbunden, der sich meines Erachtens bei Abwesenheit von fremder Hilfe nur durch Abbau der Depressionen und Aufbau eines Bekanntenkreises aufbrechen lassen. Bei dem von Gilmartin [Gilmartin 1987] propagierten Ansatz, eine Freundin im Rahmen von arrangierten Situationen zu bekommen und als »Allheilmittel« einzusetzen, bin ich skeptisch, weil Frauen erstens normalerweise keine depressiven Männer wollen und zweitens selbst mit Freundin die Isolation vorerst bestehen bleibt. Umgekehrt gilt aus der Sicht von Frauen das Gleiche.

Depressionen kann man abbauen, indem man an Aktivitäten teilnimmt, die einen persönlich interessieren und einem Spaß machen und eben nicht um Leute kennen zu lernen. Das können Kurse aller Art sein, Mitarbeit in der Fachschaft an der Uni und so weiter. Da hat man als sichere Plattform ein Thema, bei dem man sich auskennt, und eine vorstrukturierte Situation, in der klar ist, was zu tun ist und worüber man reden kann. Das macht weniger Stress als auf Partys oder in Discotheken. Dabei eignet man sich auch nebenbei das Handwerkszeug an, um einen Bekanntenkreis aufzubauen, weil sich immer wohldosiert persönliche Gespräche ergeben, die man aber jederzeit beenden kann. Reisen ist auch gut, weil man ohne Mühe viele kurzzeitige Kontakte zu anderen Reisenden knüpfen kann. Wer sich etwas sicherer fühlt, sollte eine Gruppenreise probieren, wieder mit dem Ziel, an den Aktivitäten Spaß zu haben und sich vorsichtig an den Kontakt zu anderen Menschen zu gewöhnen.

Ich glaube, dass die meisten ABs sich so Erfolgserlebnisse und Spaß verschaffen, einen Bekanntenkreis aufbauen, gelegentlich einen Freund finden, interessante Erlebnisse zum Weitererzählen sammeln und Sicherheit im Umgang mit anderen Menschen aufbauen können. Das bricht den Teufelskreis auf und bereitet überhaupt erst die *Grundlage*, an eine Freundin oder einen Freund denken zu können.

Es gibt jedoch auch einige ABs, die all das angeblich schon ausprobiert haben und erfolglos geblieben sind. Es gibt auch ABs, die so depressiv und demotiviert sind, dass ihre Probleme sie total herunterziehen und handlungsunfähig machen. Die kommen wahrscheinlich nicht um professionelle Hilfe herum.

Eigentlich ist es egal, was man macht – Hauptsache, man macht es und hat Spaß! Wichtig ist auch, dass man exakt einen Schritt weiter geht, als man bisher gegangen ist. Man muss also das machen, was man noch nicht kann, aber sich gerade eben zutraut. Dabei soll man Kurzzeitbekanntschaften aufbauen üben, aber keine Freundschaften oder gar sexuelle Kontakte erwarten. Bloß keine Erwartungshaltung!

Abschließend: Was kann ein AB tun, um nicht mehr als geschlechtsloses Wesen betrachtet zu werden?

Das ist zweifellos ein Thema, das so gut wie alle ABs betrifft. Da gab es im Forum schon mal einen Thread (siehe Glossar) zum Thema »Was ist sexuelle Ausstrahlung?«. Da wurde viel herumdiskutiert und eine Definition durch eine andere und die andere wieder durch die eine ersetzt, ohne zu einem sinnvollen Ergebnis zu kommen. Auch ich kann »sexuelle Ausstrahlung« nicht definieren. Aber ich kann vielleicht einige notwendige Rahmenbedingungen nennen.

Wichtig erscheinen mir einige Dinge bereits lange vor dem ersten Kuss: Augenkontakt und Berührungen, – und zwar unverfänglichere Berührungen von Hand, Oberarm, Schulter, Oberschenkel (nicht zu weit oben) … ABs tendieren zur Vermeidung von Augenkontakt und Berührungen. Männliche ABs haben wie gesagt Angst, die Frau sexuell zu belästigen. Weibliche ABs haben diverse andere Ängste, z. B. als bedürftig oder als »Schlampen« zu gelten, wenn sie selbst aktiv würden. Beide denken, es sei zu früh, man kenne sich noch kaum oder das Gegenüber sei nicht Herr oder Frau Richtig. Und wenn sie dann doch endlich Initiative zeigen, dann hat das Gegenüber schon lange lange vorher das Interesse verloren oder gar noch nie gehabt.

Hinter diesen Verhaltensweisen stehen Einstellungen, die über das Gerede von sexueller Belästigung, sexualfeindliche Erziehung, die Vorstellung von Sex als Dienst der Frau zum Vergnügen des Mannes usw. in ABs eingedrungen sind, aber mit der Wirklichkeit wenig zu tun haben. Und wer sich aus Vorsicht selbst immer geschlechtslos verhält, wird leider auch immer die geschlechtslose Fassade gezeigt bekommen und so in seinen falschen Einstellungen bestätigt.

Die meisten Menschen tun prüde, aber handeln freizügiger. Sex ist nicht (mehr) auf den letzten Schritt von einer guten Freundschaft in eine Liebesbeziehung beschränkt, sondern kann heutzutage sogar zwischen guten Bekannten stattfinden, wenn beide gerade Single sind. Sex findet oft schon nach einem eher kurzen Kennen lernen statt, und wenn überhaupt entsteht erst danach eine verbindliche Liebesbeziehung. Diese Tatsache ist für ABs wohl ziemlich ungewohnt, aber sich damit anzufreunden, ist vergleichsweise einfach und erleichtert die Partnersuche erheblich.

ABs müssen eigentlich *alle* Einstellungen, die sie je in ihrem Leben erworben haben, kritisch hinterfragen und gegebenenfalls über Bord werfen. Dazu sollten sie sich zumindest von ihren Einstellungen distanzieren und sie ohne Wertung aus der Vogelperspektive betrachten, damit sie Kritik daran nicht als Kritik an ihrer eigenen Person verstehen. Vielleicht kann eine Therapie dabei helfen. Auf jeden Fall wird da eine ganze Menge Müll zum Vorschein kommen.

Wer sich zu eigen gemacht hat, dass das Angebot von körperlichem Kontakt grundsätzlich nichts Schlechtes ist und möglicherweise vom Gegenüber sogar gewünscht wird, kann anfangen, andere zu beobachten und selbst vorsichtig mit Berührungen zu experimentieren. Geeignete Zeitpunkte für Berührungen sind zum Beispiel, wenn man nach einem angenehmen (!) Gespräch beim Verabschieden »Mach's gut!« sagt und den Oberarm des Gegenübers kurz tätschelt. Oder wenn in einem Zweiergespräch über gelungene Situationskomik gelacht wird, dann legt einer dem anderen seine Hand auf dem Oberschenkel und lässt sie dort eine Sekunde. Dass ein Mann einer Frau in den Mantel hilft, wird zwar auch manchmal empfohlen, wirkt aber meines Erachtens altmodisch und der Frau gegenüber unterwürfig.

Ohne geeignete Situation und Stimmung sind Berührungen eher unangenehm. Wer also diese Stimmung nicht aufbauen kann, der sollte erst daran arbeiten und später mit Berührungen experimentieren.

Das Stichwort »Stimmung« führt uns auch ganz schnell zu »Humor«. Humor wird in jeder zweiten Kontaktanzeige verlangt, und Lachen gilt laut vieler Untersuchungen als Indikator oder notwendige Voraussetzung für gegenseitige Sympathie. Wahrscheinlich werden humorvolle und lachende Menschen auch sexuell aktiver und attraktiver eingeschätzt. Humor bietet durch die für ihn typische Zweideutigkeit auch die Möglichkeit, den Partner verbal sexuell zu berühren, ohne dabei eindeutige Angebote zu machen. Vielleicht erleichtert eine lustige Stimmung auch, Angebote zu machen, ohne bedürftig zu wirken, und Angebote abzulehnen, ohne dass der andere dumm dasteht.

Viele ABs haben durch ein ziemlich hartes und humorloses Leben eigentlich recht wenig Grund zum Lachen. (Dass einige trotzdem recht gesellig und lustig wirken, wundert und freut mich für sie und gibt Hoffnung.) Ihnen fällt nichts ein, was Leute zum Lachen bringen könnte. Sie können nicht schlagfertig reagieren, insbesondere nicht in Gegenwart einer begehrten Person, und sie haben eine durchaus berechtigte Angst, sich durch einen langweiligen Witz selbst lächerlich zu machen.

Ich sehe als einzigen Weg, um schlagfertig und humorvoll zu werden: Depressionen abbauen und so lebensfroher werden, und sich zunehmend in Kontakt mit unbekannten Menschen setzen, um so Unsicherheit vor Fremden abzubauen und Erfahrungen zu sammeln. Darüber hinaus ist es hilfreich zu beobachten, wie andere Leute ihre Zuhörer zum Lachen bringen, sich eigene Erfolgserlebnisse bewusst zu merken, auf Scherze und Situationskomik mit sexuellen Komponenten zu achten, und vor allem zu beobachten, wie humorvolle Menschen reagieren, wenn sie mal einen Witz »versägt« haben und niemand lacht. Es ist einfach haarsträubend, was für ein Zeug Leute erzählen können und trotzdem noch gut ankommen!

Also auch hier müssen ABs erst mal durch Änderung ihrer Einstellungen, Humor, Redegewandtheit und Berührungen *Grundlagen* schaffen, bevor sie sich sinnvoll mit sexueller Anziehung beschäftigen können.

Sven: »Letztlich muss die Heilung von einem selbst kommen.«

»Sven Hundeson«, so sein Internet-Nick, ist Leiter eines Web-forums der »Absoluten Beginner«. Dort wird er vor allem wegen seiner treffenden Kommentare geschätzt. Hier schildert er zu-nächst einmal seinen persönlichen Hintergrund und antwortet dann auf einige Sachfragen zum Thema.

Zunächst zu meiner Person:

39 Jahre alt
Realschule bis 16
Kaufmännische Ausbildung 16-18
Einige Jahre ziellose Berufsfindungsversuche
24-27 Abitur auf dem zweiten Bildungsweg, finanziert durch Nebenjob im Wachdienst
27-30 Fachhochschulstudium
seither im öffentlichen Dienst beschäftigt

Beziehungserfahrungen:

Bis 22 hatte ich nicht mal eine Händchenhaltebeziehung und auch keine Gelegenheiten dazu. Mit 17 eine große unerwiderte Liebe, die mich über Jahre unterschwellig beschäftigte.

Als ich 22 war, verliebte sich die Ehefrau eines Kumpels in mich. In der Trennungsphase war ich vermittelnd in ihre Probleme einbezogen worden. Sie wohnte 600 Kilometer entfernt, und nachdem sie die Turbulenzen der Trennung überwunden hatte, sah sie ein, dass ich nichts für sie war. Zwar hatte ich mit ihr meine ersten sexuellen Erfahrungen, aber unter dem Strich war ich eher abgeschreckt von dem Wenigen, was ich über Be-ziehungen von ihr lernte. Die große Liebe war es auch von mei-ner Seite nicht.

Meine erste echte Beziehung hatte ich mit 26 zu einer neun Jahre älteren Frau, die ich durch eine Zeitungsanzeige kennen lernte. Sie war erst kurze Zeit zuvor von ihrem Mann verlassen worden, nachdem bei ihr eine unheilbare Krankheit diagnostiziert wurde. Der Altersunterschied machte sich gar nicht *so* deutlich bemerkbar, da ich sowohl äußerlich als auch durch mein Temperament älter und »reifer« wirkte. Es war der Eindruck einer Reife, die ich natürlich in beziehungsrelevanten Dingen nicht besaß. Auch hier lag wieder die Ausgangslage »Frau in einer Ausnahmesituation« und »Mann, der froh ist, dass sich überhaupt eine Frau für ihn interessiert« vor. Wir waren ein knappes Jahr zusammen, dann nahmen die Differenzen überhand. Wir hatten nie zusammen gewohnt.

Wieder ein Jahr später lernte ich – ebenfalls durch ein Inserat – eine 22-jährige aus der Nachbarstadt kennen. Sie kam aus dem Osten, befand sich in fremder Umgebung und war in behütetem Elternhaus aufgewachsen. Vor diesem Hintergrund kam ich mit meiner unspektakulären, Zuverlässigkeit und Harmlosigkeit ausstrahlenden Art ausnahmsweise gut an. Ich empfand erstmals wirklich etwas für eine Frau, mit der ich »verbandelt« war. Allerdings beruhte unsere Beziehung im Endeffekt vor allem darauf, dass wir ausbildungsbedingt wenig Zeit füreinander hatten. Die Beziehung endete nach fast drei Jahren, als wir merkten, dass wir eigentlich nichts miteinander anzufangen wussten, wenn wir genügend Zeit für uns gemeinsam hatten.

Seither – mehr als acht Jahre lang – hat es sexuell keine und auch gesellschaftlich nur sehr kurze und oberflächliche Kontakte zu Frauen gegeben.

Forenkarriere:

Das AB-Forum fand ich Mitte 1999. Ich befand mich in einer psychischen Krise, die im Januar 2000 in einem (halbherzigen) Suizidversuch ihren Höhepunkt fand. Im ersten Jahr meiner Forenpräsenz fiel ich zwar auch schon durch gute Beiträge auf, leider aber auch durch ziemliche Aggressivität, welche zum Teil in meiner psychischen Verfassung, zum anderen in diversen Medikamenten begründet war, die ich damals nahm. Ich wechselte mehrfach die Nicknames, nachdem ich mich für meine Begriffe »unmöglich« gemacht hatte. Mit der Zeit erkannte man aber meinen Stil, und so blieb ich bei meinem letzten großen »Zusammenstoß« mit einem anderen Poster (siehe Glossar) bei »SvenHundeson«. Ich wurde allgemein ruhiger und lernte zu ignorieren, was mich vorher aufgeregt hatte, bzw. ein »Zornesposting« so lange zu lesen und zu überarbeiten, bis es sozial verträglich war – und dann erst abzuschicken. Ich nahm an ein paar Forentreffen teil und wurde zu einem ausgleichenden Faktor der Besonnenheit im Forum, was dann letztlich auch dazu führte, dass man im November letzten Jahres den Forenleiter-Job an mich herantrug. Das ist allerdings keine gar so große Auszeichnung, wenn man bedenkt, wie schwierig es ist, Forenleiter anzuwerben.

Warum ich den Job angenommen habe, frage ich mich mittlerweile auch. Ursprünglich wahrscheinlich aus Langeweile (mein Leben ist sonst fast völlig ohne Inhalt, wenn man von der Arbeit absieht) und aus der Einsicht, dass das Forum eine Art Ersatz für mein fehlendes soziales Umfeld ist und ich mich, um zu seinem Weiterbestehen beizutrgaen, nicht davor drücken kann, eine Mitverantwortung zu übernehmen.

Wie viele Teilnehmer mit Vereinsamungstendenzen im wirklichen Leben sehe ich das Forum weniger als ein Hilfsmittel zur Lösung des AB-Problems, sondern als Freizeitgestaltung.

Resignative Tendenzen:

Ich habe mittlerweile ein Alter erreicht, in dem ich nicht mehr an grundlegende Änderungsmöglichkeiten meiner Persönlichkeit glaube. Jedenfalls nicht in dem erheblichen Umfang, der notwendig wäre, um das abzustellen, das mir (nicht nur, aber vor allem) im Kontakt zu Frauen immer im Wege gestanden hat. Es ist

181

zu viel, was gegen mich spricht, auch wenn jeder einzelne Negativaspekt für sich genommen kompensiert werden könnte.

Ich bin derzeit in der unangenehmen Situation noch unter meiner weitgehenden sozialen Isolation zu leiden, aber auch schon Symptome von Einsiedlertum zu zeigen. Das gilt für den Umgang mit Menschen im Allgemeinen und für den mit Frauen im Besonderen. Ich bin sexuell nicht leicht zu erregen (also alles andere als triebgesteuert) und nicht mehr bereit zu Beziehungsversuchen wie den geschilderten. (Da ist eine Frau, die dich nicht zurückweist, also versuch es mal, auch wenn du nicht viel für sie empfindest.) Da ich zusätzlich optisch unattraktiv bin und vordergründig den Eindruck eines Langweilers erwecke, beschränken sich meine seltenen Beziehungschancen auf solche Frauen, die ebenfalls in akuter Gefahr sind, keinen halbwegs interessanten Mann abzubekommen, und daher lieber den Erstbesten nehmen, der will, als alleine zu bleiben. Das ist mir aber nicht genug. Mit den Beziehungsversuchen unter Sitzen gebliebenen habe ich keine guten Erfahrungen gemacht.

Als Folge davon unternehme ich daher nicht mehr viel, um die Beziehungslosigkeit zu beenden. Eigentlich warte ich nur auf Chancen, die sich zufällig ergeben, was bei meiner zurückgezogenen Lebensweise selten der Fall ist – und dann auch stets in einen Misserfolg mündet.

Gelegentlich höre ich die Vermutung, dass ich bei meinem »Prominentenstatus« in den AB-Foren auf erhebliches Interesse bei den Forumsfrauen stoßen müsste. Das ist aber nicht der Fall.

Warum mein Leben so inhaltslos ist, kann ich nur sehr spekulativ beantworten. Schon als kleines Kind war ich gezwungen, mich meist alleine zu beschäftigen. Weil ich sehr anpassungsfähig bin, habe ich keine deutlich zu Tage tretenden Probleme in sozialen Gruppen bekommen, in die ich neu hereinkam. Doch habe ich bei dieser sehr frühen Entwicklung zum Einsiedler einiges nicht oder nur unzureichend gelernt, was man braucht, um in solchen Gruppen bestehen zu können.

Dies führte zu einer Interessenentwicklung hin zu Dingen, die man alleine machen kann. Es gibt faktisch äußerst wenig, an dem ich Freude entwickeln kann und das im geselligen Umfeld ausgeübt wird. Ich entdecke zwar gelegentlich neue Interessen, aber die sind meist nur strohfeuerartig aufflackernd und im Normalfall geeignet, ihnen zu Hause oder zumindest ohne die Einbeziehung anderer Menschen nachzugehen. Ich erlebe sie daher nicht als gut für mich, da ich ohnehin immer stärker unter meiner sozialen Isolation (im privaten Bereich) leide und nicht zuletzt deswegen erhebliche depressive Symptome entwickle.

Es ist irgendwie so, dass ich mit Menschen nur wohl dosiert und in begrenztem Umfang etwas anfangen kann, aber im Laufe der Jahre auch mit mir selber immer weniger.

Das Interview:

Bei meinen Interviews hat sich ein Teufelskreis der Einsamkeit aufgetan: Viele Befragte waren in ihrer Jugend auf die eine oder andere Weise Außenseiter und haben nicht gelernt, wie man sich am besten verhält, wenn man beim anderen Geschlecht »landen« wollte. Deshalb blieben sie lange Zeit alleine und hatten erst recht keine Gelegenheit, dieses Verhalten zu entwickeln. Inzwischen werden sie von möglichen Partnern zurückgewiesen, eben weil sie noch nie eine Beziehung geführt hatten. Die möglichen Partner haben Sorge, dass sich die ABs vielleicht nur an ihnen »gesundstoßen« möchten und sie nicht wirklich lieben. Oder ihnen ist der Stress zuviel, einen AB in die Welt des Beziehungslebens einzuführen. Kann man diesem Teufelskreis überhaupt entkommen? Wenn ja: Wie?

Für mich war das bislang ein eher geringes Problem. Ich kann mich gut verstellen, wirke vordergründig ziemlich souverän in dem, was ich tue und sage, und bin nicht so naiv, einer Frau in einem sehr frühen Stadium der Bekanntschaft meine (relative) Beziehungsunerfahrenheit auf die Nase zu binden. Männer, die aus diesem Grunde Zurückweisung erfahren, haben für meine Begriffe nicht das Problem der fehlenden Beziehungserfahrung, sondern dass man *es* ihnen deutlich anmerkt. Dies scheint mir ohnehin ein zentrales Problem bei männlichen ABs zu sein: Sie können sich nicht in Szene setzen, also im Umgang mit Frauen ihre Stärken betonen und ihre Schwächen kaschieren. Was die Beziehungserfahrung angeht, leide ich unter dieser Facette wie gesagt weniger – dafür aber mehr, wenn es darum geht, eine »männlich-souveräne Ausstrahlung« zu verbreiten.

Bei manchen ABs hat man den Eindruck, das Leben hat sie schon so zerrüttet, dass sie als allererstes keinen Partner bräuchten, sondern eine psychologische »Rundum-Generalüberholung«. Gleichzeitig scheint gegen Therapien oft eine große Skepsis zu bestehen. Du hast das AB-Forum ja schon lange Jahre verfolgt. Was ist deine Einschätzung zu Therapieerfolgen und -misserfolgen unter ABlern?

Auch ich bin therapieerfahren. Die Probleme, die ich dabei sehe, sind folgende:

- einen geeigneten Therapeuten zu finden (mit dem die Chemie stimmt),
- das individuelle Problemspektrum dem Therapeuten in vollem Umfang zu vermitteln,
- eine wirksame Therapieform zu finden.

Therapeuten sind heute sehr gut beschäftigt. Man muss froh sein, einen Therapieplatz zu erhalten. Der erste Eindruck vom Therapeuten ist nicht immer richtig. Man kann sich wunderbar mit jemandem verstehen, und nach 30 Sitzungen wird schleichend klar, dass man ihm (oder ihr) noch gar nicht wirklich vermittelt hat, worum es eigentlich geht. Auch stellt sich die Frage, ob es bei manchen Persönlichkeitsbildern überhaupt wünschenswert ist, einen Therapeuten zu haben, mit dem man menschlich so gut zu Recht kommt, oder ob man nicht einen braucht, an dem man sich auch ein wenig reiben kann.

Bei meiner Therapie habe ich erst gegen Ende bemerkt, dass der Therapeut zwar auf meine vordergründigen Aussagen eingegangen ist, aber nicht die Hintergründe, warum es so gekommen ist, thematisiert hat. Deshalb ist auch seine Behandlung wirkungslos verpufft, weil ich seine Anregungen nicht umsetzen konnte. Ich habe versucht ihn darauf aufmerksam zu machen, aber das war vergeblich.

Letztlich muss die »Heilung« von einem selbst kommen. In meinem Fall weiß ich eigentlich sehr gut, was ich tun müsste. Ich kann es nicht, weil unüberwindbare Hemmungen bestehen, und das ist wiederum so, weil ich nicht an den Erfolg glaube. Dieser fehlende Optimismus basiert auf vielen schlechten Erfahrungen. Natürlich ist auch eine ordentliche Portion Schwarzseherei dabei. Doch leider hat sich der Pessimismus viel zu oft als realistische Betrachtungsweise erwiesen, als dass ich mich von seinem Einfluss auf Zuruf hin befreien könnte. Daran scheitern dann auch Therapieansätze.

Ich kann mir nicht vorstellen, wie eine Therapie helfen könnte, und kein Therapeut hat mir bislang den Eindruck vermitteln können, dass dies immerhin grundsätzlich denkbar wäre.

Mehrere ABs erwähnen in ihren Texten den Gedanken an Selbstmord. Wie ernst ist das deiner Einschätzung nach zu nehmen? Gab es bei euch im Forum schon mal solch einen Fall?

Es gab vor einiger Zeit den Fall eines Teilnehmers der einen – glücklicherweise erfolglosen – Suizidversuch unternommen hat. Die Sache ist nicht allgemein bekannt. Der Teilnehmer hat sich zuerst an uns Forenleiter gewandt und gefragt, ob er die Geschichte ins Forum stellen darf. Wir haben ihn gewarnt, dass er möglicherweise nicht nur Mitleid und Verständnis ernten wird. Daraufhin hat er von einem Outing abgesehen. Soweit ich ihn verstanden habe, lag es aber nicht schwerpunktmäßig am AB-Sein, sondern an seinem Gefühl insgesamt, ein Lebensversager zu sein.

Grundsätzlich glaube ich, aus diversen Äußerungen entnommen zu haben, dass Depressionen und suizidale Gedanken bei einer Reihe von ABs vorkommen. Ich sehe einen Teufelskreis, dass eine depressive Veranlagung das Problem der Beziehungslosigkeit verschärft und anhaltende Beziehungslosigkeit den Depressionen Vorschub leistet.

Erkennst du Unterschiede in den Bewältigungsstrategien von männlichen und weiblichen ABs?

Nun … es ist ziemlich offensichtlich, dass Verbitterung und aggressives Verhalten vor allem bei männlichen ABs vorkommen. Ich glaube, dass dies typisch für männliches Problembewältigungsverhalten ist. Da die Frauen im Forum sich so selten in die Karten gucken lassen, könnte ich nicht sagen, wie deren Bewältigungsstrategien aussehen. Grundsätzlich projizieren sie wohl die Schuld an der Misere weniger auf andere, als Männer dies tun. Andererseits findet man in den Diskussionen aber auch so gut wie keine Selbstreflexion bei den weiblichen ABs. Irgendwie erhält man den Eindruck, dass die Männer verzweifelt auf der Suche nach Gründen für ihre Beziehungslosigkeit sind und dabei – je nach psychischer Disposition – sich selbst oder die böse Welt dafür anklagen. Frauen dagegen erscheinen passiv, leiden still und warten auf das Wunder, das sie erlösen soll. Wenngleich das natürlich im wirklichen Leben nicht so krass sein dürfte, wie es im Forum den Eindruck macht, so glaube ich doch, dass es solche Tendenzen gibt.

Jeder zieht wohl sein persönliches Fazit, aber was glaubst du: Gibt es eine oder mehrere Grundursachen dafür, AB zu sein?

Ich habe bislang weder bei einem Einzelnen und schon gar nicht bei einer Vielzahl von Betroffenen ein Problem erkannt, welches für sich genommen die dauernde Beziehungslosigkeit erklären könnte.

Für meine Begriffe gibt es einen ganzen Strauß an Ursachen, die das AB-Sein begünstigen. Soweit ich das erkennen kann, liegt bei jedem eine Auswahl von mehreren davon vor. Daher rede ich in diesem Zusammenhang auch gerne von »individueller Problemstruktur«. Ein besonders häufiges Problem scheint Schüchternheit zu sein, aber schon in den Gründen, in denen diese Schüchternheit wurzelt, gibt es erhebliche Unterschiede – und damit auch in den Möglichkeiten, etwas dagegen zu tun.

Als zweites fällt mir soziale Isolation ein. Von vielen hört man, dass sie nicht in ein intaktes Geflecht aus Familie, Freunden und

Bekannten eingebunden sind. Auch hier fallen mir die verschiedensten individuellen Variationen auf.

Ein dritter großer Problemkomplex dürfte ein schwaches Selbstwertgefühl sein, verbunden mit der Geringschätzung der eigenen Person. Dies wirkt unattraktiv und verstärkt die Neigung, sein Licht unter den Scheffel zu stellen.

Letztlich hadern auch nicht wenige mit ihren äußerlichen Unzulänglichkeiten. Wirklich abstoßend hässlich ist so gut wie keiner, aber es gibt doch einige, denen ihre diesbezügliche Schwäche im Verein mit anderen Eigenschaften deutlich im Wege steht.

Du persönlich magst für dich in gewisser Weise resigniert haben. Aber hast du trotzdem einen Denkanstoß, wie viele ABs entweder doch noch einen Partner finden oder aber zumindest ihre Situation besser bewältigen könnten?

Aufgrund der vorher angedeuteten Komplexität der Hintergründe würden alle allgemein gehaltenen Ratschläge zwangsläufig in schwammige Worthülsen à la »an sich arbeiten«, »umdenken« oder »über seinen Schatten springen« münden. Tipps würde ich – vielleicht – in mir persönlich gut bekannten Einzelfällen geben. Auch halte ich die Problemlösungsmöglichkeiten, die Bücher bieten, für begrenzt geeignet. Wer sich im Klaren ist, woran es bei ihm liegt (und sich nicht dabei in die Tasche lügt), der kann sich möglicherweise sinnvolle Informationen anlesen. In der Praxis verschwenden aber viele ihre Ressourcen auf Flirtratgeber und andere Nebenkriegsschauplätze.

Worin siehst du den Nutzen eures AB-Forums?

Für mich ist es »nur« so etwas wie Unterhaltung, Zeitvertreib und Ersatz für zwischenmenschliche Kontakte, die ich im wirklichen Leben nicht habe und nicht aufzubauen vermag. Damit stehe ich aber sicherlich nicht alleine.

Neu Hinzugekommenen hilft zunächst die Erkenntnis, dass sie nicht alleine oder gar freakige Exoten sind. Der Austausch mit Betroffenen lindert offenbar (vorübergehend) den Leidensdruck

Eine weitere Gruppe erhofft sich konkrete Anregungen zur

Beendigung ihrer chronischen Beziehungslosigkeit. Das ist aber schwer zu erfüllen, da viele Blinde zusammen auch nicht mehr sehen als ein Einzelner und die Ratschläge mitdiskutierender »Normalos« oft nicht für die eigene Situation zu adaptieren sind. Letztlich stellt natürlich auch das Forum selber eine Kontaktplattform dar. Die Real-life-Kontakte sind vergleichsweise intensiv. Im freundschaftlich-geselligen Bereich läuft eine ganze Menge, und es haben sich auch schon viele Paare gefunden. Wobei letztgenannte Möglichkeit wegen des zahlenmäßigen Ungleichgewichts für die Forumsfrauen deutlich größer ist als für die Männer.

Denkst du, AB-Sein liegt ausschließlich im Einzelnen begründet, oder gibt es auch gesamtgesellschaftliche Bedingungen?

Ich denke, es ist letztlich ein individuelles Versagen. Wobei man allerdings zugeben muss, dass es so mancher AB unter anderen gesellschaftlichen Bedingungen einfacher hätte. Aber das ist keine Frage von »gut« und »schlecht«, sondern welche individuellen Stärken eine Gesellschaft honoriert oder für unbedeutend erachtet.

Für meine Person bemerke ich, dass sich unter konservativen, das heißt leicht altmodischen Bedingungen meine Probleme abmildern. In einer weniger atomisierten Gesellschaft als unserer, wo man zwangsweise in viel mehr soziale Gefüge integriert wäre (Familie, Sippe, Dorfgemeinschaft oder Ähnliches) und man ohne aktive Auflehnung auch gar nicht herauskäme, wären Leute, die Probleme haben, Anschluss zu finden, besser aufgehoben. Das finden sehr individualistische Menschen hingegen nicht so toll. Deshalb will ich nicht sagen »früher war alles besser«.

Sinngemäß kann man das auch auf die Kriterien der Partnerwahl übertragen. In den letzten 50 Jahren hat es eine Werteverschiebung gegeben. Nach den Maßstäben der Generation meiner Eltern wären viele ABs »eine gute Partie« gewesen und kaum längere Zeit alleine geblieben – trotz ihres zurückhaltenden Wesens. Heute findet Partnersuche fast nur noch nach »Bauchgefühlen« statt, und da sehen die meisten ABs blass aus, denn bei aller wahrscheinlich vorhandenen Alltagstauglichkeit als Partner ist die von ihnen ausgehende Anfangsfaszination gering.

Aber dies sind keine gesellschaftlichen Bedingungen an denen man etwas ändern könnte oder gar müsste. Unterm Strich bleibt daher mein Urteil, dass ABs an ihrer Situation nur selber etwas ändern können. Sie scheitern an Umständen, die für alle gelten und mit denen die meisten klar kommen. Es könnte lediglich für einige ABs ein möglicher Ausweg sein, sich im Ausland nach Partnern umzuschauen, wo noch stärker nach den alten Spielregeln gespielt wird.

Olaf Wickenhöfer: »Man muss den Teufelskreis durchbrechen.«

*Als einer der wenigen deutschen »wissenschaftlichen Experten«
zum Thema Absolute Beginner gilt der diplomierte Pädagoge
Olaf Wickenhöfer. Er verfasste seine Diplomarbeit über dieses
Thema. Sie wurde mit »sehr gut« bewertet und ist unter dem Titel
»Unfreiwillig Single – Eine Studie zur Sozialisationsgeschichte
und kulturellen Alltagspraxis« 2004 im Marburger Tectum Verlag
erschienen.*

Olaf Wickenhöfer war so freundlich, die Inhalte seiner Arbeit für
dieses Buch zur Verfügung zu stellen, die entsprechende Passage
gegenzulesen und mir einige weiterführende Fragen zu diesem
Thema zu beantworten. Auch die im Kapitel »Fazit« geschilderten Ergebnisse Küppers und Donnellys wurden mir durch Olaf
Wickenhöfers Vorarbeit zugänglich gemacht. Dafür hier noch
einmal ganz herzlichen Dank!

Bei seiner Beschäftigung mit Menschen ohne Beziehungserfahrung stieß Olaf Wickenhöfer auf immer wiederkehrende Muster im Lebenslauf und der Entwicklung, die er in verschiedene Le-
bensphasen und -aspekte unterteilt. Natürlich müssen nicht alle
diese Punkte bei jedem einzelnen Betroffenen vorkommen. Sie
zeigen sich in dieser Gruppe allerdings mit auffälliger Häufigkeit.

1. Familie:

● Hier findet man häufig eine Überbehütung vor allem durch die
  Mutter. Als Folge davon sammelt das betreffende Kind seltener auf eigene Faust Erfahrungen in neuen Bereichen. Das
  führt dazu, dass das nötige Selbstbewusstsein nicht entsteht,
  um Herausforderungen entgegenzutreten. Im sozialen Kontakt
  äußert sich das in Schüchternheit.

- Häufig sind die Eltern ängstlich, pessimistisch und zeigen dem Leben gegenüber eine eher besorgte Grundeinstellung.
- Der Vater ist nicht selten cholerisch, kann seine Gefühle nicht unter Kontrolle halten und neigt zu Wutausbrüchen. In extremen Fällen kommt es zu Gewaltanwendung und Alkoholmissbrauch.
- Das Elternhaus trägt konservative Züge. Sexuelle Aufklärung und Thematisierung von Liebe und Sexualität fehlen ebenso wie der sichtbare Austausch von Zärtlichkeiten der Eltern untereinander oder mit ihren Kindern. Eine Körperfeindlichkeit kommt hinzu, die in manchen Fällen kirchlich geprägt ist. Die Kinder lernen daher keine körperlichen Umgangsformen und halten sexuelle Wünsche für unanständig.
- Manche Kinder werden fortwährend herabgesetzt und beispielsweise im Vergleich zu ihren Geschwistern unfair behandelt und zurückgestellt.
- Das Resultat all dieser Aspekte ist ein mangelndes Selbstwertgefühl.

2. Kindheit und Jugend:

- Die betreffende Person erlebt sich unter Gleichaltrigen (sei es in der Schule, sei es in der Nachbarschaft) als Außenseiter.
- Mangelnde Kontakte werden ebenso als schmerzhaft erlebt wie Angriffe von Gleichaltrigen.
- Oft entsteht der Außenseiterstatus bei einem Umzug in neue Nachbarschaft oder dem Wechsel in eine neue Schulform und damit eine neue Klasse: etwa von der Mittel- zur Oberstufe. Das niedrige Selbstwertgefühl und die mangelnde Fähigkeit, neue soziale Beziehungen zu knüpfen, tragen zur Bildung der Außenseiterrolle ebenso bei wie negativ bewertete körperliche Attribute: etwa Unsportlichkeit, wenig modische Kleidung, Übergewicht oder Behinderungen.
- Häufig fliehen die Betreffenden in eine Subkultur (etwa Heavy Metal, Grunge), was ihren Status als Außenseiter zementiert.

191

- Mittlerweile findet ein Wechselspiel einander verstärkender Prozesse statt, das in die Beziehungslosigkeit mündet: Die Außenseiter werden zum Beispiel nicht auf Partys eingeladen, auf denen erste Liebesspiele und -experimente stattfinden. Dieses im Zeitfenster der Pubertät nicht erworbene Wissen fehlt für den Rest des Lebens.
- Auch hemmt das bereits untergrabene Selbstbewusstsein beim selbstsicheren Zugehen auf das andere Geschlecht.

3. Freizeit:

- Die Betroffenen interessieren sich vor allem für Freizeitbeschäftigungen, denen man allein nachgehen kann: etwa lesen, schreiben und Computer.
- Sehr häufig sind sie unsportlich und Sport gegenüber stark abgeneigt. Selbst wenn sie von ihren Eltern nachdrücklich beispielsweise zum Besuch von Sportvereinen angehalten werden, empfinden sie daran keine Freude und befreien sich bald davon.
- Typischerweise werden sie im Sportunterricht bei Mannschaftsspielen als Letzte gewählt, was sie als Demütigung erfahren.
- An Partys und Discotheken haben sie ebenfalls keine große Freude.

4. Ausbildung und Beruf

- Typisch erscheint bei den Befragten ein hohes Bildungsniveau in Verbindung mit einem Studium. Das dazu notwendige verstärkte Engagement dient offenbar dem Ausgleich von Mangelgefühlen im zwischenmenschlichen Bereich.
- Einige Betroffene haben ein ausgezeichnetes Examen, um dann ihrem Eindruck nach ohne Partner lebensgeschichtlich vor dem Nichts zu stehen.
- Während des Studiums führt die Partnerlosigkeit häufig zu

psychischen Problemen wie Depressionen, Einsamkeit und einem Verlust des Lebenssinns. Das wiederum führt zu Problemen innerhalb des Studiums. Ein Lehramtsstudent unter den Befragten fühlt sich dadurch belastet, dass seine zukünftigen Schüler im partnerschaftlich-sexuellen Bereich tausend Mal mehr Erfahrung haben werden als er.

- In der Schule führt das verstärkte Engagement häufig dazu, dass die Betreffenden als »Streber« gelten, was wieder ihre Außenseiterrolle verstärkt.

- Die angestrebte Kompensation fehlender sozialer Kontakte durch schulische bzw. berufliche Erfolge funktioniert oft nicht: Das starke Engagement im Studium oder im Beruf verhindert Sozialkontakte nur noch mehr. Manche Betroffenen sind zu diesem Zeitpunkt seelisch bereits so erschüttert, dass sie auch in diesem Bereich versagen.

- Der erlernte Außenseiterstatus und das untergrabene Selbstbewusstsein führen zu einem fehlenden verbalen Durchsetzungsvermögen, insbesondere in Gruppen.

- All dies hat häufig eine Berufskarriere zur Folge, die unterhalb des eigentlichen Ausbildungsniveaus bleibt, was sich in einer geringen Bezahlung und einer instabilen Karriere äußert.

5. Liebe, Sexualität und Partnerschaft

- Häufig haben die Betreffenden ein besonders frühes und starkes Interesse am anderen Geschlecht, das sie aber wegen ihrer Außenseiterposition und ihrem mangelnden Selbstwertgefühl nicht verwirklichen können.

- Auch erscheint es den männlichen Absoluten Beginnern oft unvorstellbar, dass ein Mädchen Interesse an ihnen haben könnte: Sie erwarten Ablehnung und dass sie ausgelacht werden, weil sie sich selbst als unattraktiv wahrnehmen.

- Stattdessen beschäftigen sie sich mit romantischen und erotischen Tagträumereien.

- Bald gehen sie zusätzlich davon aus, dass sie deshalb abgelehnt werden würden, weil die von ihnen inzwischen verpassten Kenntnisse von potenziellen Partnern irgendwann stillschweigend erwartet werden.

- Sie fühlen sich unfähig, ein Gespräch oder Berührungen einzuleiten.
- Falls sie es schließlich mit extremer emotionaler und psychischer Mühe letztlich doch schaffen, Interesse zu signalisieren, erfüllen sich ihre schlimmsten Erwartzungen: Es kommt durchgehend (!) zu Ablehnungen bis hin zu demütigenden, verletzenden Zurückweisungen. Da das Selbstbewusstsein der Betreffende ohnehin schwach ist, führt dies oft zu verheerenden seelischen Folgen.
- Im frühen Erwachsenenalter wird den Betreffenden ihre Situation oftmals besonders schmerzlich bewusst.
- Die entstehende Kluft zu ihren Freunden, die plötzlich alle in Beziehungen stecken und ihre Aufmerksamkeit dorthin wenden, verschärft dieses Problem zusätzlich.
- Daraufhin werden alternativer Strategien der Partnersuche entwickelt, zuvorderst der Einsatz des neuen Mediums Internet, in dem alle Beteiligten anonym und einander gleichgestellt sind. Das kann den Außenseiterstatus und die fehlende Selbstsicherheit wenigstens zum Teil wettmachen.
- Entwickelt sich jedoch eine Partnerschaft, kommt es dort zu Folgeproblemen, da die Absoluten Beginner keine Erfahrungen mit Beziehungspflege haben. Stattdessen sind sie an Unabhängigkeit und bestimmte Handlungsroutinen über Jahre und Jahrzehnte gewöhnt. Nicht selten scheitert die Partnerschaft rasch.
- Typisch für Absolute Beginner ist es, dass sie sich gerne sogar bis über mehrere Jahre hinweg auf einen bestimmten Wunschpartner fixieren und dieser Person entsprechend lange hinterherlaufen, selbst wenn diese keine oder bestenfalls zweideutige, unklare Signale aussendet. Wie unökonomisch dieses Verhalten der Partnersuche ist, scheint ihnen mangels Erfahrung nicht bewusst.

- Beklagt wird von den männlichen Betroffenen häufig das ausbleibende Feedback von Frauen, die sich nach dem ersten Date zurückziehen, ohne eine Begründung zu nennen. Dadurch fehlt den gescheiterten Männern die Möglichkeit, an den entsprechenden Ursachen zu arbeiten.
- Die eigenen Ansprüche der Absoluten Beginner an einen Partner sinken im Lauf der Jahre allerdings nicht. Das Interesse von Personen des anderen Geschlechts, die ihnen nicht erotisch reizvoll erscheinen, wird von ihnen abgeblockt.
- Bald stellt sich bei ihnen eine resignative Haltung ein bezüglich der Hoffnung, überhaupt jemals einen Partner zu finden, und zwar nicht erst im Alter von 40, sondern auch schon mit 22 Jahren.

Fragen an Olaf Wickenhöfer

Was ist dein wissenschaftlicher Hintergrund, und wie bist du auf den Gedanken gekommen, deine Diplomarbeit über »Unfreiwillige Singles« zu schreiben?

Ich habe in Marburg die Fächer Chemie und Biologie für das Lehramt für Gymnasien sowie Diplompädagogik studiert. Die Idee, eine Diplomarbeit über das genannte Thema zu schreiben, entstand im Frühsommer des vergangenen Jahres: Ich hatte das Erste Staatsexamen für das gymnasiale Lehramt in der Tasche und war nun, vom Leistungsdruck befreit, auf der Suche nach einem interessanten Thema für meine erziehungswissenschaftliche Diplomarbeit. Schon seit längerer Zeit hatte ich den Eindruck, dass unfreiwillig partnerlos lebende Menschen bzw. Personen ohne Beziehungs- bzw. sexuelle Erfahrung so gut wie keine öffentliche Beachtung finden. Während es zu den glücklichen, freiwilligen Singles Unmengen soziologischer Literatur gibt, existierten zu ihren unfreiwillig allein lebenden Pendants absolut keine Publikationen im deutschsprachigen Raum. So kam ich auf die Idee, mich selbst im Rahmen meiner Diplomarbeit damit zu befassen.

Wie bist du bei deiner Arbeit vorgegangen?
Da kaum Erkenntnisse vorlagen, bot sich eine offene, eher explorative Herangehensweise an. Berücksichtigt werden mussten bei der Formulierung der konkreten Fragestellung aber auch das Arbeitsgebiet des betreuenden Professors sowie das vorgeschriebene Teilgebiet der Pädagogik, welchem die Arbeit zuzuordnen war. Letztendlich lag ein Entwurf vor, der vorsah, insbesondere die Sozialisationsgeschichte sowie die Alltagspraxis von unfreiwilligen Singles zu beleuchten, um hier eventuell vorhandene Auffälligkeiten zu entdecken. Bald darauf schilderte ich im AB-Forum mein Anliegen und startete einen Aufruf an mögliche Teilnehmer, die sich von mir würden befragen lassen. Es meldeten sich etwa 30 Leute, von denen letztendlich etwa 20 per E-Mail interviewt wurden.

Es fällt wirklich auf, dass in der psychologischen, soziologischen und pädagogischen Forschung die Untersuchung der Menschen ohne Beziehungserfahrung trotz der vermutlich großen Zahl von Betroffenen nach wie vor einen blinden Fleck hat. Selbst die ansonsten explodierende Ratgeberliteratur zum Gebiet Erotik und Partnerschaft vermeidet das Thema. Wie erklärst du dir das?
Zum einen ist dem Großteil der Bevölkerung nicht klar, wie viele Menschen ohne Beziehungserfahrung tatsächlich existieren. Zum anderen wird die Brisanz eines verpassten Einstiegs in das Beziehungleben sowohl von Laien als auch von vielen Wissenschaftlern völlig verkannt. Viele glauben, man müsse nur warten, »bis sich von allein was ergibt«; eventuell auch öfter ausgehen oder mehr Sport treiben. Dass Beziehungsunerfahrene aber selbst bei sich bietenden Chancen oft scheitern, weil sie sich einfach in ihrer Jugend die zur Beziehungsanbahnung notwendigen Handlungsroutinen nicht angeeignet haben, ist den meisten Menschen nicht klar.

Eine mit den genannten Faktoren im Zusammenhang stehende Ursache besteht in der Scham der Betroffenen, sich als beziehungsmäßig und sexuell unerfahren zu bekennen. Dies gilt insbesondere für Männer, da die Rolle des Mannes sexuelle Erfahrenheit verlangt. Nicht zuletzt deshalb, weil er es ist, der bei der Beziehungsanbahnung die Initiative ergreifen muss. In diesem Zusammenhang laufen verhängnisvolle Rückkoppelungsprozesse ab: Je mehr Menschen heute ihre Unerfahrenheit verschweigen, umso schwieriger wird ein Outing in der Zukunft. Zur weiteren Verschlimmerung der Lage tragen die Medien bei, die den Menschen vorgaukeln, 98% aller Dreizehnjährigen hätten bereits ihr »erstes Mal« erlebt …

Ein deutschsprachiges Sachbuch über ABs ist jedenfalls lange überfällig, und deshalb hast du meine volle Unterstützung.

Gibt es an Belletristik etwas, was du zu diesem Thema empfehlen kannst?

»Mars« von Fritz Zorn sowie »Ausweitung der Kampfzone« von AB-Godfather Houellebecq sind absolute Pflichtlektüre.

Was du berichtest, hört sich so an, als ob man sich als Betroffener besser frühestmöglich um dieses Problem kümmern sollte – nur wie?

Auf diese Frage habe ich leider auch keine gute Antwort. Man muss den beschriebenen Teufelskreis (keine Erfolge bzw. Erfahrungen – kein Selbstwertgefühl – weniger Erfolge – weniger Selbstwertgefühl etc.) irgendwie durchbrechen, aber das ist leichter gesagt als getan. Vielleicht ist es hilfreich, die eigene Situation mit einem gewissen Augenzwinkern zu betrachten und zu versuchen, selbstbewusst zu seiner Vergangenheit zu stehen. Dies setzt natürlich die Fähigkeit voraus, sich von bestimmten gesellschaftlichen Rollenbildern distanzieren zu können.

Wer könnte denn für einen AB, der in einer solchen Situation steckt, eine kompetente Beratung und Hilfe sein?

Viele würden in diesem Zusammenhang zu einem Psychologen raten, aber ich bin da eher skeptisch. Vielleicht können einem gute Freunde weiterhelfen, die mit dem Betreffenden ausgehen und die ihre Lektionen in Sachen Kontaktanbahnung rechtzeitig gelernt haben, so dass sie nun mit Rat zur Seite stehen können.

Die verpassten Gelegenheiten, in der Pubertät Flirten und Se-
xualität zu lernen, mögen die wesentlichen Gründe fürs AB-Sein
sein. Aber redet man sich das nicht auch ein wenig als Problem
ein, wenn man ohnehin über ein schwaches Selbstbewusstsein
verfügt? Die meisten Menschen scheinen etwas hilflos zu sein,
wie sie einem anderen Menschen näher kommen. Sonst gäbe es
doch nicht diese endlose Reihe von auflagenstarken Erotik-Rat-
gebern?

Meines Erachtens besteht die Schwierigkeit des Nicht-Ent-
kommens aus der AB-Situation aus einem Wechselspiel der
genannten Faktoren. Ähnlich wie Denise Donnelly und andere
Forscher sehe ich in verpassten lebensphasenspezifischen »Lern-
fenstern« einen Grund für das AB-Sein. Andererseits gibt es
aber auch Leute, die noch in fortgeschrittenem Alter erstmals
einen Partner finden. Dies spricht dafür, dass ein genügend
großes Selbstbewusstsein offenbar zur Kompensation gewisser
»Wissensdefizite« (Flirten, sexuelle Praktiken, körperliche Annäherung etc.) dienen kann. Wichtig ist darüber hinaus jedoch
die Erkenntnis, dass die beiden wesentlichen Faktoren »Erfah-
rungsdefizit« und »schwaches Selbstbewusstsein« durch Rück-
koppelungsmechanismen miteinander verbunden sind: Wenig
Erfahrung senkt das Selbstbewusstsein, und ein niedriges Selbstbewusstsein wiederum verhindert das Sammeln von Erfahrungen.

Ursachen und Hintergründe – Was wir über die »Unberührten« wissen

»In 100 Jahren gibt es keine Männer und Frauen mehr, sondern nur noch Wichser. Und ich finde das super!«
aus Irvine Welshs »Trainspotting«

Es gibt bislang nur wenige Veröffentlichungen, in denen Erkenntnisse über die Situation der Absoluten Beginner zusammengestellt sind – von brauchbaren Ratschlägen zur Lösung ihres Problems ganz zu schweigen. Doch auch aus dem wenigen vorliegenden Material lässt sich die eine oder andere Information gewinnen.

Brian Gilmartin:
»Liebesschüchterne« Männer

Der vermutlich weltweit einzige Wissenschaftler, der sich in seinen Büchern mit dem Problem der Absoluten Beginner auseinandergesetzt hat, ist der US-amerikanische Psychologe Dr. Brian Gilmartin. Sein zentrales Werk zu diesem Thema ist das 700 Seiten starke »Shyness & Love« (Schüchternheit und Liebe), erschienen 1987 bei der University Press of America. Darin definiert Gilmartin ein Syndrom, das er als »Love-Shyness« bezeichnet, eine besondere Form der Schüchternheit, die auf der Angst vor einer Kontaktaufnahme mit dem anderen Geschlecht beruht.

Einige von Gilmartins Erkenntnissen seien hier in Auswahl und stark verknappt wiedergegeben.

- Gilmartin konzentriert sich auf männliche Absolute Beginner: Seiner Einschätzung nach belastet »Liebesschüchternheit« Männer weit mehr als Frauen, weil es vom Mann seiner Rolle gemäß erwartet wird, auf die Frau zuzugehen und einen Kontakt herzustellen. Schüchterne Frauen finden demnach eher einen Freundeskreis, einen Partner und Lebensglück als schüchterne Männer.
- Nichts hat mehr Einfluss auf die Zufriedenheit mit dem eigenen Leben als glückliche Beziehungen zum anderen Geschlecht. Zufriedenheit führt dazu, dass man sich selbst liebt und annimmt, was wiederum ausschlaggebend dafür ist, von anderen als liebevoll und warmherzig angenommen zu werden.
- Während die Anlage zur Liebesschüchternheit generell biologischer Natur ist, wird sie bei den Betreffenden schon in frühen Jahren sozial verstärkt. Eher zurückhaltende und körperlich wenig attraktive Kinder landen schnell in der Außenseiterrolle und werden schikaniert. Gleichzeitig gelten die schikanieren-

den Kinder als durchsetzungsstark und attraktiv, sammeln mehr Freunde und gewinnen dadurch ein noch stärkeres Selbstbewusstsein. Ihre soziale Reife wächst ebenso schnell wie ihre Fähigkeiten bei zwischenmenschlichen Kontakten. Als Jugendliche zeigen sie insofern ein gewinnendes Auftreten gegenüber dem weiblichen Geschlecht. Währenddessen versuchen die Schüchternen, ihre Mankos dadurch auszugleichen, dass sie sich in die Rolle des Klassenclowns begeben oder in Schule und Ausbildung besonders viel lernen: Beides keine Wege, um das Herz einer Frau zu gewinnen. Stattdessen entfremden sie sich ihren Gefühlen und werden immer verkopfter und »sonderbarer«. Da sie diesen Eindruck ständig als Rückmeldung erhalten, übernehmen sie ihn früher oder später für sich selbst. Ihr so entstandener Charakter wird von anderen fälschlich als selbstverschuldeter Mangel wahrgenommen.

- Ein gemeinsames Kennzeichen von Liebesschüchternen ist das Fehlen einer Schwester. Über den Umgang mit einer Schwester und ihren Freundinnen kann man als Junge einen unverkrampften Umgang mit dem anderen Geschlecht lernen, statt Frauen als fremde und rätselhafte Wesen zu erleben.

- Liebesschüchterne Jungen wachsen überwiegend in emotional kühlen und weniger demokratischen Familien auf, in denen sie keine offene, angstfreie Kommunikation lernen können. Ihren Eltern ist es wichtiger, einen erfolgreichen und sozial anerkannten Mann großzuziehen als einen, der Gefühle und Bedürfnisse empfinden und ausdrücken kann. Typischerweise erhalten diese Jungen zu Weihnachten Kleidung statt Spielzeug. Ihre Mütter sind mehr darauf bedacht, ihr Zuhause zu einem Ort großer Reinlichkeit zu machen, als zu einem, der merklich bewohnt aussieht.

- Bei ihrer Befragung durch Gilmartin gaben mehr als zwei Drittel der liebesscheuen Männer an, nicht nur keine Partnerin, sondern auch keinen Freund zu haben, der ihnen bei den Widrigkeiten des Lebens beistand oder mit dem sie sich spontan zum Kino verabreden konnten. Dieses fehlende Netz von

Freunden machte es ihnen zum einen nur schwer möglich, auf unverkrampfte Weise Frauen kennen zu lernen. Zum anderen führte es dazu, dass sich die Liebesscheuen vor allem unrealistischen Tagträumereien und negativen Gedankenspiralen etwa über ihre verpasste Jugend hingaben.

- Liebesscheue Männer mögen den Eindruck erwecken, asexuell zu sein. In Wahrheit ist das Gegenteil der Fall: Sie interessieren sich früher und stärker für Sexualität und Romantik als andere – was oft dadurch verstärkt wird, dass dies eine fremde Welt und dadurch besonders faszinierend für sie bleibt. Während ein nicht-schüchterner Mann in seinem Leben nur wenige Wochen der unerfüllten Sehnsucht und des Liebeskummers erlebt, erleidet ein schüchterner Mann zwischen sieben und achtzig Jahren dies sehr oft.

- Liebesschüchterne Männer haben einen völlig übersteigerten, unrealistischen Wunsch nach der Schönheit einer Partnerin, insbesondere was ein hübsches, jugendliches Gesicht angeht. Mit durchschnittlich aussehenden Frauen verabreden sie sich oft nicht einmal, von Bereitschaft zu sexuellem Kontakt ganz zu schweigen. Besonders fatal ist, dass die Liebesschüchternen ihre eigene Attraktivität als unterdurchschnittlich einordnen. Wenn ihnen außerdem soziale Fähigkeiten, Selbstbewusstsein und beruflicher Status fehlen, haben sie nicht gerade die günstigsten Chancen, die von ihnen begehrte »Traumprinzessin« zu erobern. Gilmartin: Wenn ein Liebesschüchterner durch einen schrecklichen Unfall erblinden würde, hätte er vermutlich weit größere Chancen, irgendwann eine Partnerin zu kommen.

- Liebesschüchterne haben wegen ihrer Mischung aus romantischer Verliebtheit einerseits und Hemmungen andererseits die Neigung, gut aussehende Frauen über längere Zeit anzustarren und bei plötzlichem Blickkontakt schnell wegzuschauen oder ihnen zu folgen, ohne sie anzusprechen. Natürlich irritiert oder verängstigt das diese Frauen, und es kommt gelegentlich zu harten Rückmeldungen.

- Oft haben liebesschüchterne Männer den Eindruck: »Wenn ich einer Frau emotional schon mal näher komme, stelle ich bald fest, dass sie schon vergeben ist.« Das ist kein Zufall: Frauen, die sich schon in einer Partnerschaft befinden, sind bei vielen Themen entspannter, lockerer. Singlefrauen überspielen ihre Unsicherheit oft mit scheinbarem Desinteresse, was Liebesschüchterne irritiert.

- Wenn sie es mal zu einer Verabredung schaffen, sind die Liebesscheuen vor allem mit der Frage beschäftigt, wie sie auf ihre Gesprächspartnerin wirken. Sie strengen sich viel zu sehr an, werden verkrampft und bekommen einen Tunnelblick. Dadurch wirken sie eher seltsam als anziehend.

- Darüber hinaus haben sie große Schwierigkeiten, nach der dritten oder vierten Verabredung den nächsten Schritt zu schaffen, um eine noch größere Nähe herzustellen. Statt dass sie körperlich auf »Tuchfühlung« gehen, haben sie den Eindruck, schon alles Wichtige gesagt zu haben, es kommt zu immer längeren Gesprächspausen; neue Verabredungen werden nicht getroffen. Die Frauen erkennen die Kluft zwischen Wünschen und Verhalten dieser Männer nicht und fühlen sich entweder zurückgewiesen oder irritiert.

- Liebesschüchterne Männer haben extrem romantische und sentimentale Vorstellungen und ein Idealbild von möglichst großer Offenheit. Das führt dazu, dass sie den von ihnen angebeteten Frauen irgendwann in großem Überschwang ihre Gefühle »gestehen«, statt sich auf das übliche Flirtspiel einzulassen. Das erzeugt bei den Frauen ebenso eine starke Befremdung wie die Liebesscheuen das klischeehaft erwartete männliche Rollenverhalten ablehnen. Frauen haben gelernt, »Zudringlichkeiten« abzuwehren. Mit dem von Liebesscheuen ausgehenden Mangel an Zudringlichkeiten können sie indes nicht umgehen und finden ihn absonderlich..

- Bei anderen sozialen Kontakten, von Partys bis zum Essen in der Mensa, ziehen sich die Liebesschüchternen in ihre innere Welt zurück oder beziehen einen Beobachterposten. Soziale

Kontaktaufnahmen und sei es nur eine einfache Bitte beispielsweise etwas herüberzureichen, vermeiden sie, da dies mit Angst verbunden ist.

- Aufgrund ihrer schlechten Erfahrungen fehlen Liebesschüchternen auch andere Eigenschaften, die Menschen als mögliche Partner anziehend machen: etwa heitere Gelassenheit, Humor und die Fähigkeit, ihre Gefühle im sozialen Kontakt direkt zu zeigen.

- Liebesschüchternheit wirkt sich auch beruflich aus: Männer, die in ihrer Adoleszenz keine Verabredungen hatten, sind in späteren Jahren weit weniger erfolgreich, was Einkommen und Karriere angeht. Häufig sind sie im Vergleich zu ihrer Ausbildung deutlich unterbezahlt. Auch das behindert ihre Partnersuche: Es untergräbt ihr Selbstbewusstsein, macht ihnen Hobbys unmöglich, die mit Kosten verbunden sind, und erschwert das Rollenverhalten, bei dem der Mann die Frau zum Essen, ins Kino und so weiter einladen muss.

Gilmartins Buch ist weit eher eine wissenschaftliche Analyse als ein Ratgeber. Die Ratschläge, die er gibt, beziehen sich überwiegend auf seiner Ansicht nach wünschenswerte gesellschaftliche Veränderungen. Dazu gehört, in den Schulsport auch weniger aggressive Sportarten aufzunehmen – etwa Bowling, Minigolf, Darts, Billard und Tanzen – damit die nicht so »männlichen« Jungen nicht ständig ausgegrenzt werden, sowie die Errichtung von Dating-Übungs-Therapien an den Universitäten. Da die Situation von Absoluten Beginnern von der Gesellschaft bislang noch nicht einmal als ein Problem betrachtet wird, das man auf breiter sozialer Ebene angehen sollte, kann man auf solche Entwicklungen sicher noch lange warten. Hilfreicher wird es für den Betroffenen sein herauszufinden, was er persönlich tun kann, um seinem Dilemma zu entkommen. Dazu äußert sich Gilmartin nur punktuell. Manche Schlussfolgerungen kann man jedoch indirekt aus seinen Beobachtungen ziehen. Seinem Buch lassen sich folgende Denkanstöße entnehmen und im Stile eines Ratgebers formulieren:

- Auch ein liebesschüchterner Mann hat Möglichkeiten, seine Attraktivität zu steigern: Wählen Sie sich Kleidung aus, die ein bisschen was hermacht, treiben Sie Sport, bleiben Sie schlank oder nehmen Sie ab. Erlernen Sie durch den Aufbau von Kontakten die nötigen sozialen Fertigkeiten.
- Verabreden Sie sich regelmäßig auch mit Frauen, die nicht aussehen wie ein Supermodel, um so nach und nach ihre inneren Vorzüge kennen und lieben zu lernen.
- Richten Sie Ihren Schwerpunkt vom Kopf zum Herz. Wissen und Erfolg in der Ausbildung tragen nur begrenzt dazu bei, Frauen für sich zu gewinnen, auch wenn Intelligenz generell geschätzt wird. Liebesschüchterne werden aber von Frauen oft als zu angespannt, ernst und nervös wahrgenommen. Attraktiv hingegen wirkt natürliche Entspanntheit und die Möglichkeit, auf Gefühlsebene schnell in Kontakt zu kommen. Verwenden Sie nicht zu viel Aufmerksamkeit darauf, bei Gesprächen ständig ihre eigene Wirkung auf den anderen zu überprüfen.
- Lenken Sie sich durch Tätigkeiten von Tagträumen, Grübeleien und negativen Gedankenspiralen ab. Füttern Sie sich zudem möglichst ständig mit positiven Aussagen wie »Ich bin humorvoll, selbstbewusst und entspannt« und »Frauen genießen es, in meiner Gesellschaft zu sein«. Früher oder später werden Sie anfangen, es zu glauben und dann auf andere auszustrahlen.

Das Grundproblem bei diesen Ratschlägen ist die Frage, woher die nötige Energie für eine seelische »Rundum-Erneuerung« kommen soll, wenn die betreffende Person bereits in einer depressiven Gemütsverfassung verfangen ist. Ein nahe liegender Gedanke ist eine Psychotherapie. Diese lehnt Gilman aber als viel zu langwierig ab. Manche der für dieses Buch befragten Absoluten Beginner sind aus eigener Erfahrung ebenfalls skeptisch, was die Erfolgsaussichten einer solchen Behandlung angeht. Hinzu kommt die berufliche Misere, in der viele schüchterne Männer stecken und die ihnen nur ein minimales Einkommen verschafft. Das führt viele in das Dilemma, entweder weiter zu Hause wohnen zu bleiben (wofür sie in den Medien als unreife, verwöhnte Bürschlein im »Hotel Mama« verspottet werden und von Frauen auch überwiegend Ablehnung erfahren) oder auf eigenen Beinen zu stehen, dann aber keinerlei Geld für Dinge zu haben, die zu Kontaktanbahnungen führen können. Außerdem versuchen sie, ein schmales Einkommen mit doppeltem und dreifachem Arbeitseinsatz wettzumachen. Dies und die schwermütigen Phasen vieler ABs saugen Zeit und Energie ab, die im Freizeitbereich fehlen. Es verwundert nicht, dass so viele Absolute Beginner mit Mitte dreißig von Selbstmordgedanken berichten.

Beate Küpper: Unfreiwillige Singles

Die Psychologin Beate Küpper erstellte in ihrem Buch »Sind Singles anders?« (Göttingen: Hogrefe 2002) eine Charakteranalyse von unfreiwilligen Singles. Dabei orientierte sie sich nicht ausschließlich an Menschen ohne jegliche Partnerschaftserfahrung und widmete sich auch nicht der Ursachenerforschung. Allerdings entdeckte sie Grundmuster, die sich mit den bei Absoluten Beginnern entdeckten Mustern decken:

- Für unfreiwillige Singles, darunter insbesondere die Männer, ist eine Partnerschaft wichtiger als für freiwillige Singles.
- Es ist kein Unterschied zu anderen Gruppen festzustellen, was die Häufigkeit des Verliebens angeht.
- Frauen fühlen sich vom anderen Geschlecht begehrter als dies Männer empfinden.
- Die männlichen unfreiwilligen Singles sind die mit Abstand unglücklichste unter den untersuchten Gruppen.
- Unfreiwillige Singles zeigen sich besonders bindungsängstlich und verlassen eine Partnerschaft bei Konflikten schnell.
- Die Männer unter den unfreiwilligen Singles zeigen sehr niedrige Werte auf einer Skala so genannter maskuliner Attribute.
- Die Frauen unter den unfreiwilligen Singles halten sich für attraktiv und haben hohe Ansprüche an den Partner, bei den Männern war es umgekehrt.

Gemeinsamkeiten zu den von Gilmartin erforschten liebesschüchternen Männern sind hier also der Wunsch nach einer Partnerin, die schwach ausgeprägte Männlichkeit und das starke Leidensgefühl. Die Bindungsangst kann auf erlerntes Misstrauen hinweisen und die fehlende Konfliktbereitschaft auf große Verletzlichkeit sowie die Unfähigkeit, Spannungen auszuhalten. Ein deutlicher Unterschied: Die von Gilmartin untersuchten Männer sehnten sich nach einer Traumfrau; die von Küpper Befragten hatten keine hohen Ansprüche.

Denise Donnelly: Unfreiwillig Keusche

Die Soziologin Denise Donnelly untersuchte für einen Artikel im »Journal of Sex Research« (»Involuntary celibacy: A life course analysis«, Ausgabe 38 (2) 2001, Seite 159-169) Menschen, die gegen ihren Wunsch keusch lebten, weil sie keinen Partner fanden. Sie entdeckte dasselbe Muster wie Gilmartin. Der »normale« lebensgeschichtliche Ablauf sieht so aus, dass auf die ersten Verabredungen der erste Sex folgt, darauf die erste monogame Paarbeziehung und darauf eine Ehe. Personen, die dieser Verkettung nicht folgen, bekommen das trotz aller gesellschaftlichen Liberalität zu spüren. Um mit Goethes »Wahlverwandtschaften« zu sprechen: Sie sind aus ihrer Bahn gefallen und finden nicht mehr hinein. Küssen und Petting, was die Betreffenden im Teenageralter verpasst haben, lassen sich nicht mehr nachholen, »alle anderen« erscheinen erfahrener. Weitere Faktoren, die den Außenseiterstatus zementieren, sind Schüchternheit, ein wachsender Mangel an sozialen Fertigkeiten und Wissen über soziale Regeln, Depressionen, ein negatives Körperbild, das Gefühl der Asexualität, ungünstige Lebens- und Arbeitsverhältnisse sowie ein Mangel an Mobilität. Die Folgen dieser Lebenssituation sind Unzufriedenheit, Frust, Zorn und Traurigkeit – was den glücklichen Aufbau neuer Beziehungen fast unmöglich macht. Das ist jener Teufelskreis, der unter anderem von Gilmartin nachgezeichnet wurde.

Donnellys Begriff der unfreiwillig Keuschen (»involuntary celibates«) wurde von den Betreibern der Website http://incelsite.com aufgegriffen, die sich mit diesem Thema beschäftigt.

Michael Pilinski: Vergiftende Scham

Der US-Amerikaner Michael Pilinski, selbst ein ehemaliger Absoluter Beginner, führt in seinem E-book »Without Embarassment« den Begriff des »toxic shame« ein: giftige oder vergiftende Scham. Pilinski zufolge erfahren die besonders sensiblen Absoluten Beginner Zurückweisungen als Demütigungen; gehäuft wirken diese Zurückweisungen sich zerstörerisch auf ihre Persönlichkeit aus. Aus diesem Grund vermeiden die Betreffenden eine für sie möglicherweise unangenehme Situation auf zwei verschiedene Weisen: Entweder sie ziehen sich ganz zurück und kapseln sich ein, weil sie das Lähmungsgefühl vor einer Kontaktaufnahme nicht überwinden können. Oder sie weichen wenigstens der sexuellen Spannung aus und landen unversehens auf der gemütlichen, aber wenig befriedigenden »Kumpelschiene«. Die möchten sie zwar wieder verlassen, sobald sie Vertrauen zu der begehrten Person gewonnen haben; das ist dann aber oft nicht mehr möglich. Die Leidenschaft hätte zu Beginn der Beziehung stehen müssen, nicht wenn diese bereits etabliert ist.

Die Angst vor Sexualität kann auch andere Hintergründe haben. Wer von »giftiger Scham« befallen ist, nimmt das Gefühl der Geilheit als negativ wahr, statt als Anreiz, die Furcht vor dem möglichen Partner zu überwinden. Er wertet die sexuelle Aggression innerlich ab und zähmt sie. Dazu mag die Angst treten, durch Sexualität oder durch emotionale Gebundenheit von einem anderen kontrolliert zu werden.

Betroffene, die allein bleiben, trauen sich Pilinski zufolge häufig nicht zuzugeben, dass sie sich nach einem Partner sehnen. Sie betrachten das als Zugeständnis, dass sie nicht souverän genug sind, ihr Leben als machtvoller Einzelkämpfer selbst zu bewältigen, sondern stattdessen einen Vater- oder Mutter-Ersatz suchen. Nach ein paar Jahren der Einsamkeit nehmen sie diese Haltung als Teil ihrer eigenen Persönlichkeit an.

Eva Margolies: Unerfahrene und gehemmte Männer

Ein ausführliches und kundiges Kapitel über männliche Absolute Beginner findet man in dem Buch »Der Mann und seine sexuellen Probleme« (Kabel 1996), verfasst von Eva Margolies, die am US-amerikanischen Center for Sexual Recovery tätig ist. Durch ihren beratenden und therapeutischen Kontakt mit zahlreichen Betroffenen hat Margolies einen bemerkenswert klaren Blick auf viele Kernpunkte dieser Problematik. Dabei gelangt sie zu folgenden Einschätzungen:

● Sexuelle Unerfahrenheit ist für Männer weit gravierender als für Frauen. Während man eine Frau, die bis jenseits der zwanzig unberührt bleibt, nur »das entsprechende Stichwort zu geben« braucht, um einen Lehrmeister zu finden, der sich ihrer annimmt, wird von Männern in unserer Gesellschaft wie selbstverständlich erwartet, dass sie auf erotischem Parkett aktiv und erfahren sind. Männer, denen diese Erfahrung fehlt, schämen sich deswegen, und weichen Frauen deshalb in sexueller Hinsicht aus, was ihre Unerfahrenheit steigert: ein Teufelskreis.

● Der Anteil männlicher Jungfrauen in den USA und anderen westlichen Ländern ist weit höher als man gemeinhin annimmt. Tatsächlich ergibt sie mit zwei bis drei Prozent der Gesamtbevölkerung »eine nicht gerade geringe Gesamtsumme«. Dabei fällt auf, wie wenig diese Männer dem Klischee entsprechen, das Männlichkeit und sexuelle Erfahrung automatisch gleichsetzt. Sie illustriert dies beispielhaft am Fall der ersten männlichen Jungfrau, mit der sie therapeutisch zusammenarbeitete: ein großer eleganter Mann, intelligent, bestimmt bis forsch im Auftreten, sehr erfolgreich im Import-Export-Geschäft, mit erotisierendem französischem Akzent und Fallschirmspringen als Hobby. Margolies schildert den Betreffenden als ungeheuer anziehend und doch hatte »dieser Mann von Welt (hatte) noch nie eine Frau geküsst, von Geschlechtsverkehr mit einer Frau ganz zu schweigen.« Im Gegensatz zu Gilmartin machte Margolies die Erfahrung, dass männliche Jungfrauen jenseits der dreißig in Sachen Bildung und Beruf sogar oft weit über dem Durchschnitt lagen.

- Im familiären Hintergrund der Absoluten Beginner gibt es Margolies zufolge häufig eine jähzornige, streitsüchtige Mutter, einen feindseligen Vater und/oder keine Geschwister.

- Einige Absolute Beginner benutzen Drogen, um sich dadurch ihren Einsamkeitsgefühlen zu entziehen.

- Einig ist sich Margolies mit Gilmartin darin, dass Absoluten Beginnern bei der Wahl einer Partnerin ein hochattraktives Äußeres über alles geht. Die Betreffenden seien hier in der Entwicklungsstufe von Heranwachsenden stehen geblieben, weil sie nie gelernt hätten, »dass sexuelle Chemie über das rein äußere Erscheinungsbild hinausgeht«.

- Margolies charakterisiert die Absoluten Beginner damit, dass sie nach außen hin als geradezu übertrieben nett, beherrscht und angepasst wirkten, während in ihrem Inneren eine anhaltende, kochende Wut brodele, die gelegentlich sehr unerwartet ausbrechen könne.

- Aus der bloßen Unerfahrenheit allein kann eine ganze Verflechtung von Problemen im sexuellen Bereich entstehen: So erscheint den Betroffenen Intimität als bedrohlich, da sie ihnen fremd und unbekannt ist. Sie sind über Jahrzehnte hinweg daran gewöhnt, durch Stimulationen erregt zu werden, die dem Onanieren eigen sind und nicht dem Hinein- und Hinausgleiten in eine Vagina. Das bedeutet, dass sie den ersten Sex, so er denn endlich stattfindet, als weit weniger ekstatisch erleben, als sie sich ihn in ihren überbordenden Wunschphantasien zigfach ausgemalt haben. Wenn dazu eine anfängliche Unbeholfenheit in der Koordinierung von Bewegungen tritt, wird dieses erste Erlebnis fast nur als enttäuschend wahrgenommen. Andererseits stellt Margolies fest, dass die betreffenden Männer »kaum unter sexuellen Konflikten leiden. Haben sie einmal eine sexuelle Erfahrung gemacht, sind sie häufig normal funktionsfähig, laut Aussagen der Partnerinnen sogar besser als der Durchschnitt.«

- Insbesondere die weibliche Vagina erscheint manchen Absoluten Beginnern mit ihren ganzen Gerüchen, Sekreten und ihrem ganzen Erscheinungsbild anfangs als fremdartig, wenn nicht unangenehm und abstoßend.
- Absolute Beginner wirken beim ersten Sex oft benommen und in sich versunken, statt auf ihre Partnerin ausgerichtet. Der Grund dafür ist eine über Jahre, wenn nicht Jahrzehnte erfolgte Prägung, nur durch die eigenen Phantasien erregt zu werden, was erst nach und nach durch eine neue Erfahrung von Erotik durch Zuwendung ersetzt werden kann.

Erkenntnisse aus der Recherche

Vieles, was aus dem bisherigen Forschungsmaterial über Menschen ohne Beziehungserfahrung bekannt ist, wurde durch die Interviews für dieses Buch vertieft und bekräftigt. Allerdings möchte ich noch einmal darauf hinweisen, dass es sich bei den von mir befragten Absoluten Beginnern selbstverständlich nicht um einen repräsentativen Querschnitt aus der Bevölkerung handeln konnte. Alle Befragten habe ich aus mehreren miteinander vernetzten Internet-Foren rekrutiert. Die Untersuchungsgruppe war also bereits auf jene Leute eingeengt, die solche Foren besuchten. Hinzu kommen andere Faktoren: Alle Mitwirkenden meldeten sich freiwillig. Das setzt voraus, dass sie Lust hatten und über ausreichend Zeit verfügten sowie möglicherweise einen gewissen Leidensdruck spürten, um sich öffentlich mitzuteilen zu wollen. Auch mussten sie sich selbst zutrauen, auf meine Fragen ausführliche Antworten zu geben, die für viele Leser von Interesse sein könnten.

Die ca. 20 für dieses Buch ursprünglich durchgeführten Tiefeninterviews mussten auf Verlagswunsch auf etwa die Hälfte gekürzt werden. Zahlreiche Facetten fallen daher weg, und es geht dem Leser möglicherweise auch ein wenig der Blick dafür verloren, was diese Menschen miteinander verbindet und wie durchschnittlich und »normal« sie in vieler Hinsicht sind. Es würde mich freuen, wenn dieses Thema weiter verfolgt werden würde. Die zehn Prozent aller 30-jährigen, die laut Infratest-Dimap sexuell unerfahren sind, sollten nicht auf die wenigen auf diesen Seiten Porträtierten reduziert werden.

Selbstverständlich ist meine Auswahl nicht nach dem Kriterium einer statistischen Repräsentativität gefallen. Wenn wir hier die Lebensläufe verschiedener Personen vorliegen haben, können wir sie zwar nach gemeinsamen Mustern, Erfahrungen, Denkweisen, Bewältigungsstrategien untersuchen, um auf diese

Weise Rückschlüsse zu erlangen. Aus der Geschlechterverteilung der an diesem Buch Mitwirkenden kann man jedoch keine Rückschlüsse über die wahre Geschlechterverteilung unter den Absoluten Beginnern ziehen. Ein anderer Aspekt ist, dass mit diesem Buch nur das Endergebnis meiner Untersuchung vorliegt. Nicht weniger interessant war aber auch einiges, was ich während dieser Arbeit erlebte.

Als ich das fragliche Forum mit der Frage betrat, wer sich für Interviews für ein solches Buchprojekt zur Verfügung stellen wollte, war die erste Reaktion ein weit größeres Misstrauen, als ich es bei Interviewanfragen für ähnliche Protokollbände erlebt habe. Zuerst wurde mir unterstellt, dass ich doch gewiss nur ein Fake sein könnte und gar nicht der echte Arne Hoffmann. Dann wurde die Seriosität meines Buchprojektes angezweifelt. Auf ähnlich große Skepsis stießen andere Journalisten, die sich um dieses Thema bemühten. Dieses Verhalten scheint insofern auf den ersten Blick verwunderlich, als es doch den Betroffenen eigentlich ein großes Anliegen sein müsste, ihre Probleme öffentlich zu machen, um Unterstützung zu erfahren.

Zuletzt gab es eine nicht geringe Zahl von Absoluten Beginnern, die sich schließlich für ausführlichste Befragungen zur Verfügung stellten, mir weiter gehendes Info-Material zusandten und dergleichen mehr. Es gab indes auch mehrere Personen, die dieses Buch von Anfang an verdammten und erklärten, es ganz bestimmt nicht kaufen zu wollen, bevor sie auch nur eine Zeile gelesen hatten. Während die einen überzeugt waren, das Buch würde viel zu frauen*feindlich* werden, waren sich die anderen ebenso sicher, dass es gewiss viel zu frauen*freundlich* geraten würde. Beide Seiten waren überzeugt, diese Arbeit würde in einer Katastrophe enden, und es war für mich anfangs schwierig, auf dieser Basis überhaupt eine angenehme Beziehung herzustellen.

Dieses Verhalten erscheint mir bemerkenswert, wenn es in einem Forum zutage tritt, dessen Mitglieder mit der Etablierung von Beziehungen Probleme haben. Seit einiger Zeit ist in diesen

Foren zum Thema geworden, dass man für das AB-Problem endlich einmal die Öffentlichkeit begeistern müsste, als ein genauso wichtiges Anliegen wie für viele eine Beziehung ein Herzenswunsch ist.

Nun trat jemand auf die ABs und ABinen zu und bot ihnen zumindest eine dieser beiden Gelegenheiten an. Einige griffen mit beiden Händen zu, andere aber wiesen das Angebot zum Teil ausgesprochen unfreundlich zurück. Diese abwehrende Reaktion finde ich aufschlussreich. Zum einen zeigt sich darin ein nicht geringes Grundmisstrauen und eine Scheu, ein Risiko einzugehen. Das bewusste oder unbewusste Motto scheint zu sein: »Das geht ja sowieso in die Hose, und deshalb verweigere ich mich lieber gleich, bevor ich enttäuscht werde.« Der Gedanke ist nahe liegend, dass diese Haltung das Ergebnis entsprechender Lebenserfahrungen ist. Zum anderen zeigte sich die Einstellung »Nur mein Weltbild ist richtig, und dass es noch andere gibt, ist schlimm genug.« Nicht jedem reichte mein Angebot aus, dass die von mir Befragten die Gelegenheit bekommen würden, ihre eigenen Gedanken vor einer breiten Leserschaft auf mehreren Seiten unzensiert auszubreiten. Stattdessen empfanden einige es als störend, dass den in ihren Augen inakzeptablen Ansichten anderer der gleiche Raum zugestanden wurde. Diese mitunter extrem scharfen Meinungskonflikte haben auch dazu geführt, dass sich aus dem ursprünglichen Forum der Absoluten Beginner immer wieder mal verschiedene Sub-, Exilanten- und sonstige Foren abgespalten haben.

Diese Konflikte sind allerdings für Internetforen nicht ungewöhnlich, und es ist denkbar, dass besonders heftig und lautstark auftretende Absolute Beginner, die anderen übertönten. Es wäre vermutlich übereilt, solche Reaktionen überzubewerten und auf die fragliche Gruppe in ihrer Gesamtheit zu verallgemeinern. Im Allgemeinen werfen sich ABs eher das umgekehrte Extrem vor: ein geradezu unterwürfig-angepasstes Nice-Guy-Verhalten und das Unvermögen, Grenzen zu setzen.

Etwas anderes, das mir bei meiner Recherche auffiel, war, wie schnell ich von mehreren Absoluten Beginnern auf Anleitungen und Ratgeber zum angeblich richtigen Flirtverhalten hingewiesen wurde: auf Websites, Artikel aus Zeitschriften, E-Books und so weiter. Vielen dieser Texte war gemeinsam, dass sie große Erfolge beim anderen Geschlecht versprachen, wenn man sich nur die richtigen Techniken in der richtigen Reihenfolge aneignete. Es ist nicht besonders verwunderlich, worin der Reiz solcher »Betriebsanleitungen« besteht. Einer der von mir Befragten ließ sich von mir mein Buch »Dirty Talking« zusenden, um sich bei mir danach per Mail zu erkundigen, ob man mit diesen Techniken schon beim ersten oder erst beim zweiten Date beginnen sollte. Ich antwortete ihm, er solle sein Bauchgefühl entscheiden lassen. Im Nachhinein bezweifle ich, dass dieser Ratschlag hilfreich war. Denn das wegen verpasster Übungsgelegenheiten fehlende Bauchgefühl ist für Absolute Beginner ja gerade das Problem.

Untypisch war auch der Abschluss meiner Befragungen. Aus persönlichkeitsrechtlichen Gründen benötigte ich von jedem Interviewpartner ein unterschriebenes Einverständnis für die Veröffentlichung seines Porträts. In der Regel läuft das völlig problemlos: Wer Zeit und Gedanken für ein längeres Interview aufgewendet hat, lässt es zum Schluss nicht an seinem offiziellen Einverständnis scheitern. Anders sah es bei mehreren befragten Absoluten Beginnern aus: Manche hielten den zustande gekommenen Text mehrere Wochen für eine längere Überarbeitung zurück und schienen sich kaum davon trennen zu können. Sie unterschrieben jede Seite einzeln und verbanden ihre Einverständnis mit diversen »Veröffentlichungsbedingungen«, die für mich ohnehin selbstverständlich waren und die ich ihnen bereits mehrfach zugesichert hatte (insbesondere absolute Anonymität). Fünf meiner Befragten stellten sich auf meine Bitte nach ihrem Einverständnis sogar vollkommen tot und reagierten auf keines meiner Mails. Auch hier habe ich den Eindruck, dass dieses Verhalten Eigenschaften spiegelt, die dieser Personengruppe von anderen Forschern bereits zugeschrieben wurden: ein größeres generelles Misstrauen und eine größere Ängstlichkeit, der Versuch, dies durch stärkeren Perfektionismus in den Griff zu bekommen, sowie trotz einer hohen Begabung zur Selbstreflexion die Unmöglichkeit, den engültigen »Absprung« zu schaffen. Ich halte es für vorstellbar, dass es bei der Kontaktaufnahme mit dem anderen Geschlecht ähnlich aussieht: Nachdem man sich innerlich intensiv mit dieser Herausforderung auseinander gesetzt hat, fasst man sich eben nicht mutig ein Herz und tritt nach außen, sondern verzögert den Kontakt entweder so weit wie irgend möglich oder bleibt zuletzt ganz in seiner eigenen Lähmung stecken. Diese Form der Sozialphobie, der gesellschaftlichen Angst, ist für den Absoluten Beginner ebenso unerquicklich wie für seinen Nicht-Ansprechpartner, der in der Regel vermutlich gar nichts Böses von ihm will.

Ich möchte hier allerdings nicht verschweigen, dass die Angst vor einem Outing als sexuell und partnerschaftlich Unerfahrener alles andere als unbegründet oder gar neurotisch ist. In unserer Gesellschaft wird diese Tatsache ja *tatsächlich* als starker persönlicher Makel hingestellt.

Wenn ich mir die von mir erstellten Protokolle anschaue (einschließlich derer, die nicht ihren Weg in dieses Buch gefunden haben), entdecke ich darüber hinaus mehrere Gemeinsamkeiten unter jeweils einigen Befragten (wobei natürlich nicht alle Faktoren auf alle Interviewten zutreffen):

- Während der Kindheit war die familiäre Situation für sie in irgendeiner Form unglücklich. Typischerweise wurden fehlende Zärtlichkeiten in der Familie genannt, frühes Drängen in eine Erwachsenenrolle, das Ausfallen des Vaters als männlicher Identifikationsfigur für den Sohn, aber auch ein als »überbehütet« geschildertes Aufwachsen.
- In ihrer Jugend wurden sie häufig gemobbt, oft durch Mitschüler oder gar Lehrer. Sie landeten in ihrer Klasse in einer Außenseiterposition, wechselten häufig die Schule und galten beispielsweise wegen fehlender Markenkleidung als unattraktiv.

- Die Jungen entwickelten ein eher früheres Interesse an Mädchen bzw. früheren Kontakt zu ihnen als Gleichaltrige.

- In der Pubertät bildeten sie eine demonstrativ distanzierte, »coole« Haltung aus, später eine merkliche emotionale Abstumpfung bzw. ein »Verkopftsein«.

- Es kommt zu seelischen Untiefen wie einem Gefühl der eigenen Wertlosigkeit, Ängsten oder Depressionen bis hin zu Selbstmordgedanken. Manche unterziehen sich einer psychotherapeutischen Behandlung.

- Viele Männer beschreiben sich als im Kontakt mit Frauen zu »nett«. Häufig ist aber auch eine stark frauenkritische sowie insbesondere feminismuskritische Einstellung zu spüren – letzere nicht zuletzt deshalb, weil viele die radikalfeministische Ideologie (»jede nicht ausdrücklich erwünschte Annäherung eines Mannes ist ein Übergriff«) als verantwortlich für ihre fatale Prägung sehen.

- Das »Versagen« im Privatleben wird versucht, durch außerordentliche Leistung insbesondere im beruflichen oder vorberuflichen Bereich wettzumachen. Dennoch kann es zu beruflichen Problemen wie etwa Arbeitslosigkeit kommen. Arbeitslosigkeit ist aber heutzutage bekanntlich ein Problem, die die gesamte Bevölkerung betrifft und deshalb nicht als »typisch« gewertet werden kann.

- Mit der wirklichkeitsverzerrenden Darstellung von Sexualität und Partnerschaft in unseren Medien sind etliche Absolute Beginner unzufrieden.

- Schließlich fielen mir unter den Texten, die ich als Antwort erhalten habe (die Interviews wurden ja per Mail durchgeführt), auch zwei sprachliche Eigenheiten besonders stark ins Auge, die mir bei Mail-Interviews für Bücher zu anderen Themen nicht derart stark aufgefallen sind. Beide Eigenheiten mussten in meiner sprachlichen Bearbeitung für dieses Buch zumindest teilweise geglättet werden, um einen gefälligeren Stil bzw. einen besseren Lesefluss zu ermöglichen.

Die erste dieser stilistischen Auffälligkeiten möchte ich als »Verschwinden des Ichs« bezeichnen. Sie fanden sich in den Original-Interviews in Formulierungen wie den folgenden:

- *Erste starke Unzufriedenheit stellte sich mit 19/20 ein. Als Ursache kommen viele Faktoren zusammen. Zuerst ist die Nachdenklichkeit und mangelndes impulsives Handeln zu nennen (in AB-Kreisen häufig anzutreffen).*
- *Mit 13 kam dann der Umzug aufs Land. Ein neuer Freundeskreis war schnell da, aber so richtig dicke Freunde fehlten in diesem entscheidenden Alter.*
- *Somit hat das Thema Beziehung schon etwas an Dringlichkeit verloren. Fühl mich zwar manchmal recht einsam, aber die Welt droht nicht mehr einzustürzen.* (Selbst da, wo das Ich grammatikalisch in den Satz gehört, wird es schlicht herausgekürzt.)
- *Davor noch eine etwas desolate Kindheit mit einer ziemlich psychotischen Mutter und einem dauerarbeitenden Vater.*
- *Die Erlebnisqualität schwankt zwischen leidiger Selbstverständlichkeit und quälendem Leidensdruck.*

Gerade das letzte Beispiel klingt so, als sei der Betreffende förmlich aus sich herausgetreten und gebe eine Fremddiagnose über einen Patienten ab (dessen Name für ihn nicht von besonderer Bedeutung ist).

Einigen der jüngeren für dieses Buch Befragten gelang es in einer für mich erstaunlichen Weise, aus einer Befragung über ihr persönliches Leben einen theoretischen Essay über die gesellschaftliche Situation der Absoluten Beginner an sich zu machen.

Als zweite stilistische Eigenheit fiel mir der Versuch auf, klare Benennungen von Sachverhalten so weit wie möglich zu vermeiden, indem entweder ein Schrägstrich eine besonders starke Ambiguität signalisierte oder Anführungsstriche uneigentliches Sprechen kennzeichneten. Auch hier einige Beispiele aus den Original-Texten:

- *Ich suchte jahrelang nach dem richtigen Knopf den ich bei einer Frau treffen/drücken musste.*
- *Natürlich dürfen Frauen einen Mann als Versorger sehen/suchen.*
- *Meine ganze Art ist/war eher anbiedernd unterwürfig.*
- *Mein Vater ist selbst ein »Opfer«. Zu ihm habe ich ein relativ »normales« Verhältnis.*
- *Meine Freunde hatten »öfters« wechselnde Freundinnen.*
- *Ich würde auch weniger trinken, wenn ich dieses »persönliche Glück« hätte. So »kompensiere« ich das halt auf meine Weise.*
- *Da ich schon mal »schnellen Sex« hatte, weiß ich nicht, ob ich mit meinem »AB-Status« noch in deine »Zielgruppe« falle.* (Die Aussage dieses Satzes und ähnlicher Formulierungen verändern sich nicht, wenn man sämtliche Anführungsstriche weglässt.)
- *Mir war schon immer klar, dass ich »anders« bin. Das fing schon an, als andere Jungs Mädchen »blöd« fanden, also so im Grundschulalter. Irgendwie war ich nie ein richtiger »Mann«, fand Mädchen immer irgendwie anziehend. Gleichzeitig hatte ich einen enormen »Respekt« vor ihnen. Suchte aber gleichzeitig »Nähe« zu ihnen. Als ich in der sechsten Klasse war, gab es ein »Schlüsselerlebnis«.*
- *Fühlte mich immer nur geduldet, versuchte, Freunde über Gefälligkeiten zu »kaufen« und über diese dann »Eindruck« zu schinden, um bei den Mädels anzukommen.*

Nun habe ich unter anderem Sprachwissenschaft studiert und bin deshalb für stilistische Unebenheiten vielleicht besonderes empfindlich. Sie fanden sich natürlich auch nicht in jedem Text des Befragten, aber doch so häufig, dass ich sie irgendwann nicht mehr übersehen konnte. Beide Eigenheiten passen in das Bild, das die bisherige Forschung über Absolute Beginner zeichnet. Sie verraten eine Angst, als Person sichtbar zu werden und eindeutig Stellung zu beziehen – möglicherweise, weil die Betreffenden andernfalls unangenehme Angriffe befürchten. Lieber nimmt man sich selbst zurück, betrachtet sich wie von außen, macht sich ein wenig unsichtbar und versucht, in seinen Äußerungen so stark zu differenzieren, dass man möglichst nicht auf eine Position festgenagelt werden kann.

Bei einigen der Befragten (übrigens weit eher den Männern als den Frauen) hatte ich den Eindruck, dass sie sich schon fast schuldig fühlten, wenn sie nur eine eigene Meinung äußerten – umso verwerflicher, wenn sie diese Meinung für nur schwach durch zuverlässige Informationen belegt hielten oder wenn es andere Menschen gab, die diese Meinung offensichtlich nicht teilten. Dieses Vorgehen mag einem das Risiko ersparen, ins Kreuzfeuer zu geraten; allerdings dürfte es die Partnerfindung wesentlich erschweren. Überspitzt gefragt: Wer verliebt sich schon in einen Nebel?

Dieses Verhalten ist deshalb besonders auffällig, als die für dieses Buch Befragten ohnehin schon eine engere Auswahl darstellten: nämlich von Menschen, die ihre Ansichten anderen Menschen *mitteilen* wollten. Interessant wäre es, die Texte der anderen Teilnehmer in den AB-Foren unter diesem Blickwinkel zu untersuchen. Schon ein Querlesen der dortigen Postings offenbart als vorherrschendes Gefühl eines der mangelnden Selbstsicherheit. Diese zeigt sich vor allem auf zweierlei Weise: zum einen durch Fragen, wie man im Prozess der menschlichen Annäherung das eine oder andere »richtig« macht, zum anderen durch eine auffällige Aggression, die gelegentlich mit starken Abwertungen des Gesprächspartners verbunden ist. Wie jeder Psychologe bestätigen wird, stellt überbordende Aggression gerade *kein* Anzeichen für Selbstsicherheit dar, im Gegenteil. Und auch aktive oder passive Aggression, aufgestaute Wut, Verbitterung oder eine andauernde Vorwurfshaltung gegenüber dem anderen Geschlecht machen einem die Partnersuche nicht leichter.

Zusammenfassung: Aus welchen Gründen bleibt jemand unberührt?

Die dargestellten lebensgeschichtlichen Ursachen führen dazu, dass ein Betroffener aus folgenden Gründen aktuell nicht in der Lage sein kann, eine Partnerschaft aufzubauen:

- Er beherrscht das notwendige Verhaltensrepertoire nicht, um zu flirten (beispielsweise die verspielte, scheinbar absichtlose Kommunikation) oder um stabile Beziehungen herzustellen (beispielsweise Kompromissbereitschaft gegenüber Wünschen und Ansichten des anderen).
- Sein Selbstwertgefühl ist zu gering (was auf greifbaren Ursachen beruhen kann oder nicht). Er glaubt, in den Augen des anderen Geschlechtes nicht als vollwertiger Partner zu gelten und zurückgewiesen zu werden. Deswegen traut er sich entweder gar nicht, ist zu schüchtern und vorsichtig, zu unterwürfig (»nett«), wirkt verkrampft, statt spontan seine Gefühle zu zeigen oder ist auf die eine oder andere Weise fast dauerhaft aggressiv.
- Er besitzt nicht die nötige Oberflächlichkeit für Smalltalk.
- Er kann sich nicht angemessen reizvoll darstellen, ist beispielsweise ein Modemuffel.
- Er hat innere Blockaden vor zu viel Nähe. Intimität erscheint ihm als fremdartig und damit bedrohlich.
- Er hat insbesondere zu große Angst oder zuviel falschen Respekt, um eine sexuell gefärbte Kontaktaufnahme einzuleiten.
- Er verhält sich nicht seiner Geschlechterrolle gemäß (unweiblich/unmännlich).
- Er leidet an tiefer gehenden seelischen Problemen wie Depressionen, Sozialphobie, dem Asperger-Syndrom (einer mangelnden Fähigkeit, Beziehungen herzustellen) oder einer körperdysmorphen Störung (die Vorstellung, aufgrund wirklicher

oder vermeintlicher Körperfehler von allen für hässlich gehalten zu werden).

- Er besitzt keine Hobbys, hat keinen Freundeskreis oder ist in einer anderweitig unglückliche Lebenssituation, so dass ihm die nötigen Kontakte zum Beziehungsaufbau fehlen.
- Seine Interessensgebiete liegen fernab von dem, was ihn als Partner interessant machen könnte.
- Er hat zu hohe Ansprüche an einen möglichen Partner. Da er durch mangelnde Erfahrung in diesem Bereich auf der Entwicklungsstufe eines Heranwachsenden stehen geblieben ist, gewichtet er vor allem die äußere Erscheinung zu stark: Während er sich nur hochattraktive Frauen als mögliche Partnerinnen ausguckt, hält er sein eigenes Aussehen häufig für minderwertig.
- Er versteift sich über Monate, wenn nicht Jahre auf einen Wunschpartner, bei dem er keine Chance hat zu landen, statt flexibler zu sein und sich auch anderen möglichen Partnern zuzuwenden.
- Er hat sich eigentlich längst an sein Single-Leben gewöhnt und stellt nur manchmal fest, dass ihm ein Partner möglicherweise gut täte.

Wie finde ich doch noch einen Partner? Denkanstöße und Lösungsmöglichkeiten

Mit welchen Methoden kann ein Absoluter Beginner seine Partnerlosigkeit überwinden? Wenn es auf diese Frage eine einfache Antwort gäbe, würden sich vermutlich nicht so viele Leute seit Jahren gemeinschaftlich den Kopf darüber zerbrechen und dabei immer älter und älter werden. Da das Thema der Unberührtheit in der psychologischen Forschung kaum existiert, kann man von der Seite auch keine wissenschaftlich erprobten Methoden erwarten. Alles, was uns bleibt, ist der gesunde Menschenverstand. Als zusätzliche Schwierigkeit kommt hinzu, dass eine Strategie, die beim einen hervorragend funktioniert, weil sie genau seine Probleme berücksichtigt, beim anderen völlig wirkungslos bleibt.

Hilfreich bei der Erstellung dieser Liste von Ratschlägen waren das Forum der Absoluten Beginner, die mit ihnen durchgeführten Interviews, die dem Forum beigeordnete Wiki-Website, die oben erwähnte Incel-Website und Gespräche mit einer Verhaltenstherapeutin sowie einer Mental-Trainerin aus Wiesbaden.

- Führen Sie sich zunächst einmal klar vor Augen, dass Sie ein Problem haben, das Sie konzentriert angehen sollten. (Es sei denn natürlich, Sie fühlen sich in Ihrer Situation pudelwohl.) Einfach dieses Buch lesen, um es dann wegzustellen und auf das Beste zu hoffen, hilft Ihnen nicht. Viele Absolute Beginner bedauern es, sich allzu lange eingeredet zu haben, sie hätten noch so viel Zeit, einen Partner zu finden. Eva Margolies betrachtet das dreißigste Lebensjahr als die kritische Grenze, ab der es wirklich schwierig wird.

- Um Ihr Problem anzugehen, setzen Sie sich am besten jetzt gleich einen Moment hin und erstellen Sie eine Liste, welcher der hier zusammengestellten Ratschläge Ihnen speziell in *Ihrer* Situation hilfreich sein könnte. Denken Sie dabei auch an die im vorigen Kapitel vorgestellten Ratschläge Brian Gilmartins. Auf dieser Grundlage fertigen Sie einen Plan an, in welcher zeitlichen Reihenfolge Sie diese Punkte angehen wollen. Versuchen Sie, sich daran zu halten.

- Finden Sie heraus, ob es bei Ihnen ein Hauptproblem gibt, das allen anderen Versuchen, einen Partner zu finden, im Weg steht. Wenn Sie beispielsweise an einer seelischen Störung leiden, die Ihr Leben beeinträchtigt, wäre eine Therapie vermutlich eine gute Idee. Über das Internet können Sie sich informieren, ob Sie es vielleicht mit einer der für ABs typischen Störungen zu tun haben, also etwa Sozialphobie (www.sozialphobie.de), dem Asperger-Syndrom (www.asperger-online.de) oder dem Koerperdysmorphen Syndrom (http://psychonomie.de/uni/Dsm4/Koerperdysmorph.htm). Gehen Sie diese im Rahmen Ihrer Möglichkeiten an.

- Der vorhergehende Ratschlag kann allerdings auch zu einer Fallgrube werden, wenn Sie sich so lange der Lösung aller anderer Probleme widmen, dass Sie darüber die Partnersuche ständig zurückschieben: »Wenn ich erst mal XY in den Griff bekommen habe, dann …« Das kann Vermeidungsverhalten darstellen. Suchen Sie also schon gleichzeitig nach einem Menschen Ihres Herzens. Viele Leute haben gewichtige Probleme *und* einen Partner.

- Ein großes Problem für viele Absolute Beginner (und andere Menschen) ist, dass der Tag nur 24 Stunden hat. Es scheint ständig andere Dinge zu geben, die unsere Zeit, Energie und Aufmerksamkeit auf sich ziehen. Ist nicht das Studium oder die berufliche Karriere viel wichtiger, als »sinnlos« auf Partys herumzuhängen? Mit der seelischen Gesundheit verhält es sich ähnlich wie mit der körperlichen: Was man in frühen Jahren vernachlässigt, dafür muss man später oft teuer bezahlen. Ihr mangelndes Glück im Privatleben kann sich mit fortschreitendem Alter durch Depressionen etc. auch beruflich stark bemerkbar machen. Einsamkeit ist ein nicht zu unterschätzender Stressfaktor. Ein glückliches Privatleben hingegen macht Sie belastbar, selbstbewusst und durchsetzungsstark.

- Bei manchen ABs war eine Psychotherapie bei der Lösung ihres Problems nicht hilfreich, bei anderen schon. Was auf Sie zutrifft, werden Sie wie so oft im Leben erst herausfinden, wenn Sie es ausprobieren. Entgegen gängigen Gerüchten wird eine Therapie für Sie auch dann von der Krankenkasse übernommen, wenn Sie keine »echte« seelische Störung plagt, sondern Sie nur in vorgerücktem Alter noch partnerlos sind. Es kommt auf die richtige Antragstellung an, und die wiederum ist abhängig von Ihrem Leidensdruck. Vereinfacht gesagt: Wenn Sie Ihre Situation nicht depressiv machen würde, würden Sie keinen Therapeuten aufsuchen. Welche Art der Therapie für Sie die richtige ist, müssen Sie mal wieder selbst herausfinden: Dem einen hilft ein tiefenpsychologischer Ansatz mit ausführlicher Kindheitsanalyse, anderen eine pragmatische Verhaltenstherapie. Der Therapeut kann auch herausfinden, ob Sie Unterstützung durch Medikamente gebrauchen könnten, was insbesondere bei Sozialphobie und anderen Ängsten oft der Fall ist.

● Unabhängig von einer Therapie hilft es immer, wenn Sie jemanden finden, dem Sie sich anvertrauen und mit dem Sie über Ihr Problem sprechen können. Manche Menschen fühlen sich wie Außenseiter und Sonderlinge, weil sie »als einzige« noch keinen Partner gefunden haben und sich selbst die Schuld daran geben. Wenn sich in ihrem Bekanntenkreis niemand Entsprechendes findet, können Sie die AB-Foren als Anlaufstelle nutzen. Denken Sie aber daran, was viele Forenteilnehmer in ihren Interviews mitteilten: Ab einem bestimmten Punkt vermitteln einem die Foren keine neuen Erkenntnisse mehr, sondern wirken deprimierend und lassen einen an seinem momentanen Punkt der Entwicklung verharren.

● Viele Absolute Beginner sind in der Situation, dass ihnen nicht nur der Partner fehlt, sondern auch Freunde. Wenn Sie ebenfalls in dieser Situation sind, sollten Sie möglicherweise mit dem Aufbau eines Freundeskreises beginnen. Erstens lernen Sie über Freunde am einfachsten Menschen des anderen Geschlechts kennen, zweitens wirken Sie mit mehreren Freunden selbstsicherer und entspannter, drittens halten Sie Freunde von Ihren Grübeleien ab und viertens benutzen Sie, wenn Sie denn einen Partner gefunden haben, diesen nicht als Auffangstelle für jedes einzelne ihrer Probleme (was ihn überfordern würde), sondern haben auch andere Menschen, die sich um Sie kümmern.

- Egal ob Sie einen Partner suchen oder Freunde: Es wird am besten funktionieren, indem Sie neue Leute kennen lernen. Welches Ihrer Hobbys oder Ihrer Interessen könnte am ehesten dazu dienen? Welches könnten Sie neu entwickeln? Volkshochschulkurse werden häufig eher besucht, weil man dort Kontakte herstellen kann, als wegen ihrer inhaltlichen Brillanz. Kochkurse werden besonders stark von Frauen frequentiert. Es wäre allerdings unsinnig, in einen Kurs zu gehen, der Sie thematisch überhaupt nicht anspricht, nur um Menschen des anderen Geschlechts zu begegnen. Denn ihr Desinteresse am Thema wird vermutlich nicht anziehend wirken, und Sie haben zudem das Gefühl, Zeit zu vergeuden. Außer Volkshochschulen bieten sich Vereine, politische, soziale oder spirituelle Gruppierungen, Selbsthilfegruppen, Tanzkurse und vieles mehr an, um auch ohne einen Partner der Einsamkeit zu entkommen. Eine kostenlose Internet-Kontaktbörse speziell zum Aufbau von Freundschaften und Interessensgruppen ist new-in-town.de. Natürlich sind dort auch viele Menschen unterwegs, die eigentlich einen Partner suchen und das hinter anderen Dingen verbergen.

- Wenn Sie über einen einigermaßen stabilen Freundeskreis verfügen, stecken Sie ausreichend Energie hinein, damit er Ihnen nicht verloren geht. Es kann sein, dass dies größere Anstrengungen (Telefonate, Einladungen, Besuche, Hilfestellungen) erfordert, als Sie erwarten. Freunde, mit denen Sie früher um die Häuser gezogen sind, sind plötzlich in aufreibenden Jobs und partnerschaftlichen Beziehungen eingebunden. Stellen Sie sich der Mühe und den Frustrationen; langfristig dürfte es der Sache wert sein. Nicht wenige Leute haben stattdessen viel Energie in ihre vermeintlich sicherere berufliche Laufbahn gesteckt, dann brach beispielsweise der Neue Markt zusammen oder es kam zu anderen Schicksalsschlägen und sie standen wieder am Nullpunkt – und hatten zusätzlich alte Freundschaften verloren.

- Lassen Sie sich helfen. Viele Absolute Beginner haben es im Laufe der Jahre so sehr zum Teil ihrer Persönlichkeit gemacht, sich ganz allein um alles kümmern zu müssen, dass ihnen gar nicht in den Kopf kommt, andere um Hilfe zu fragen. Einer der für dieses Buch Befragten berichtete, wie er wegen eines kaputten Autos nicht zu einer Party kommen konnte, die er gerne besucht hätte. Hinterher fiel ihm erst ein, dass er einen Bekannten, der auch eingeladen war, darum hätte bitten können, mitgenommen zu werden. Oft haben die Betreffenden auch Angst, anderen zur Last zu fallen oder sich von ihnen abhängig zu machen. Tatsächlich freuen sich aber viele Menschen und fühlen sich wertvoll und geschätzt, wenn sie helfen können.

- Manche Absolute Beginner betrachten ihr Leben als eine Reihe verpasster Chancen und kommen zu dem Schluss, dass ihre Situation wiederkehrendem persönlichem Pech zu verdanken war. Sie übersehen, dass man dem Glück auf die Sprünge helfen kann, indem man einfach mehr Gelegenheiten schafft, bei denen es eintreten kann, um seinem Glück dann auch zu vertrauen.

- Sie haben noch keinen Freundeskreis und wollen trotzdem gelassen, selbstbewusst und attraktiv wirken? Verwöhnen Sie sich ein bisschen. Wem es auch als Alleinstehendem offensichtlich gut geht und wer in dieser Situation gute Laune ausstrahlt, der scheint sein Leben im Griff zu haben und wirkt dadurch besonders anziehend. Es kann ebenfalls helfen, wenn Sie Ihre innere Einstellung ändern: etwa durch die von Gilmartin vorgeschlagene Methode der Selbstbeeinflussung durch aufbauende Formulierungen. Auch hier kann Ihnen ein Therapeut Techniken beibringen, die funktionieren.

- Bei vielen Absoluten Beginnern besteht ein Problem darin, dass sie verkopft sind und der Rest ihres Körpers nur eine untergeordnete Rolle spielt. Zum einen sorgen sie nicht dafür, dass ihr Körper angemessen attraktiv ist. Das können Sie angehen, indem Sie Sport treiben, Gewicht abnehmen und sich mit Kleidung, Schmuck und Accessoires reizvoll ausstatten. Möglicherweise wird Ihnen eine Farb- und Stilberatung helfen. Achten Sie jedenfalls darauf, dass Ihre Kleidung zu Ihrem Typ passt und Sie sich darin wohl fühlen. Zum anderen fehlt vielen ABs mangels Partnerschaftserfahrung mittlerweile auch jedes Gefühl für Körperlichkeit. Sie wirken dann bei Berührungen ungelenk oder schrecken davor zurück. Es gibt aber verschiedene Möglichkeiten, seinen Körper auch außerhalb von partnerschaftlicher Sexualität auszuprobieren und zu entwickeln: etwa durch Sport, Tanzkurse, Bioenergetik oder Tantra. Bei letzterem vergessen Sie bitte nicht, dass Tantra eigentlich eine spirituelle Übung ist und keine esoterisch getarnte Gelegenheit zum Geschlechtsverkehr.

- Wenn Sie Körpererfahrung mit Entspannung verbinden wollen, weil Sie sich (auch bei Kontakten mit dem anderen Geschlecht) immer viel zu überreizt fühlen, überlegen Sie, ob Meditation, Yoga oder Tai Chi für Sie in Frage kommen könnten.

- Erfahrungen mit einer Prostituierten zu sammeln, wird von vielen Absoluten Beginnern skeptisch bis ablehnend beurteilt. Brian Gilmartin rät davon ab, weil Prostituierte keine Sex-Therapeuten sind und einem AB deshalb nicht das geben können, was er eigentlich braucht. Sie wollen sich aus verständlichen Gründen in einen männlichen Besucher nicht tiefgehend einfühlen, sondern ihn für die gezahlte Summe möglichst schnell und effizient zum Höhepunkt bringen. Insofern bieten sie keinen Sex, sondern Sex-Ersatz. Die meisten ABs suchen ja nicht die schnelle körperliche Befriedigung, sondern Intimität, Zärtlichkeit, Küssen und Nähe. Andererseits haben manche ABs mit Prostituierten auch gute Erfahrungen gesammelt. Wichtig ist vermutlich, sie nicht als Allheilmittel zu sehen (»ich hatte endlich Sex, und damit ist alles gelöst«), sondern als eine Unterstützung unter verschiedenen, um das eigene Problem anzugehen. Beispielsweise können Prostituierte einem AB dabei helfen, dass er die Scheu vor Berührungen verliert und die Scham, seinen nackten Körper zu zeigen. Wenn Sie aufgrund religiösen oder feministischen Einflusses Prostitution für verwerflich halten, empfehle ich Ihnen Tamara Domentats Buch »Lass dich verwöhnen«. In der »Deklaration der sexuellen Menschenrechte«, wie sie inzwischen auch die Weltgesundheitsorganisation WHO von der World Association for Sexology (WAS) übernommen hat, ist auch das Recht aufgeführt, sexuelle Dienstleistungen anzubieten und entgegenzunehmen. Generell sei gesagt: Wenn die Begegnung mit einer Prostituierten enttäuschend verläuft, versuchen Sie es mit einer anderen. Und wenn die Begegnung besonders gut verläuft, verlieben Sie sich besser nicht in die betreffende Frau.

● Denken Sie weniger, handeln Sie mehr. Überwinden Sie Ihre Angst vor dem Kontrollverlust. Viele Absolute Beginner verwenden enorme Energie auf eine ständige Selbstbeobachtung, statt das Risiko einzugehen, sich mit all ihren Schwächen und Fehlern so zu zeigen, wie sie wirklich sind. Aus der Furcht heraus, wegen eines sozialen Fauxpas abgelehnt zu werden, wirken sie lieber steif und unnahbar. Reagieren Sie, statt nur zu beobachten. Bringen Sie Ihre Persönlichkeit ein. Vermutlich ist das der Grund, warum selbst Zicken und Machos weniger abgelehnt werden als die typischen ABs: Man kann sich besser an ihnen und ihren Fehlern reiben. Lernen Sie außerdem, Ihre Bedürfnisse klar zu äußern und Grenzen zu setzen.

● Es kann eine gute Idee sein, wenn Sie eine Reihe von Flirtratgebern lesen, um sich nachträglich das Repertoire anzueignen, das Ihnen mangels eigener Erfahrung fehlt. Aber vergessen Sie das eigene Ausprobieren nicht. Ein Beispiel zur Verdeutlichung: Zwei Deutsche fahren zusammen in die USA. Der eine überlegt bei jedem Satz genau, wie die grammatischen Regeln lauten, die ihm im Schulunterricht beigebracht worden sind, und sagt nichts, ohne sich halbwegs sicher zu sein. Der andere plappert fröhlich drauf los, ohne Angst zu haben, dass er einen Fehler macht. Wer wird es wohl am schnellsten lernen, sich mit den Amerikanern zu verständigen? Lernen Sie entsprechende Ratschläge also nicht auswendig wie eine Betriebsanleitung, als ob Sie nur die richtigen Dinge in der richtigen Reihenfolge tun müssten. Lassen Sie sie lieber in Ihr Unterbewusstsein sacken, und richten Sie sich in der Begegnung nach Ihrem momentanen Gefühl.

- Nicht anders ist dieses Buch aufgebaut. Es ist nicht zufällig in zwei Sektionen unterteilt: die Lebensgeschichten und die Analysen, sozusagen in Herz und Kopf, in emotionale und intellektuelle Ebene. Bei vielen ABs scheint das eigentliche Problem darin zu bestehen, dass sie den Zugang zu ihrem Gefühlsleben verloren haben, nicht mehr spontan ihre Empfindungen zeigen und sich darauf einlassen können. Sie errichten eine innere Mauer, die auch von anderen Menschen wahrgenommen wird. Diese Mauer verhindert die für eine Partnerschaft notwendige Nähe. Es gibt verschiedene Wege, einen besseren Kontakt zu den eigenen Gefühlen herzustellen. Das können mehr psychotherapeutische oder aber eher körperorientierte Verfahren wie beispielsweise Tanztherapie sein. Auch hier muss der Einzelne herausfinden, was für ihn das Richtige ist.

- Schließlich kann ein spezielles Konfrontationstraining hilfreich sein. Begeben Sie sich in Situationen der Kontaktaufnahme, vor der Sie normalerweise Angst haben und lernen Sie, diese durchzustehen. Wenn Ihnen die Sache so ungemütlich wird, dass Sie *gar* nicht damit klar kommen, dann drosseln Sie das Tempo ein wenig und schieben Sie weniger belastende Herausforderungen dazwischen. Mit dieser Methode können Sie schrittweise Ihre Hemmungen überwinden.

Das erste Mal

Bei den Befragungen für dieses Buch schälten sich einige Fälle heraus, bei denen die Absoluten Beginner es zwar zu einer ersten sexuellen Begegnung schafften, durch das Verhalten ihrer Partnerin aber nur noch mehr verstört wurden. Daher sollen hier abschließend einige sinnvolle Grundregeln wiedergegeben werden, wie eine erfahrene Partnerin möglichst einfühlsam mit einem unerfahrenen Mann umgehen kann. (Ähnliches gilt natürlich mit vertauschten Geschlechterrollen.) Wie manche besonders dramatischen Erlebnisse zeigen, müssen offenbar auch Dinge noch einmal eigens erklärt werden, die eigentlich selbstverständlich sein sollten.

Aus der Vielzahl der hierzu gesichteten Texte über »Entjungferungen«, also Sex mit unerfahrenen Menschen, ragen zwei heraus, in denen die wichtigsten Grundlagen übersichtlich zusammengefasst sind. Andere Texte weisen oft nur auf allgemeine Ratschläge wie die Notwendigkeit von Safer Sex und Verhütung hin.

Grundlegenderes findet man übersichtlich zusammengestellt vor allem in Emmy Taylors und Lorelei Sharkeys »Nerve's Guide to Sex Etiquette« (Plume 2004). Darin heißt es: »Wie immer man es auch definiert, seine Jungfräulichkeit zu verlieren, ist ein gewaltiges Ereignis, ob mit 13 oder mit 30. (…) Deshalb ist es umso wichtiger, es ›richtig‹ zu machen. Jedem Sex sollte mit einem Mindestmaß an Respekt begegnet werden, aber besonders dem Sex mit einer Jungfrau. Zweifellos kann ein Mangel an Respekt zu vielen ›verrückten‹ Geschichten über ersten Sex führen, aber großartig und verrückt werden sie erst nach langer Zeit und mit viel Distanz – im tatsächlichen Augenblick sind sie schlicht traumatisch und deprimierend und werden über Jahre hinweg die Art ruinieren, wie wir über Sex denken. (…) Alle jungfräulichen Herren und Damen sollten ihren sexuellen Status ihrem Partner mitteilen, bevor ihr Partner diesen Status unwissentlich ändert. (...) Lasst euch Zeit. Atmet. Entspannt euch. (...) Macht euch keine Gedanken, wenn die Erde beim ersten Mal nicht bebt, denn jede neue sexuelle Umarmung wird erst durch Übung besser. Und denkt daran, ihr habt das Recht auf Sex, wie ihr ihn wollt, nicht wie eure Lehrer euch sagen, dass er sein sollte. (...) Die richtige Weise ist die, bei der ihr euch gut fühlt, solange euer Partner nicht verletzt oder erniedrigt wird.«

Für die »Entjungferer« ist die Aufgabe, daraus eine möglichst angenehme Erfahrung zu machen, ehren-, aber auch verantwortungsvoll. Wer mit dieser Verantwortung nicht umgehen kann, sollte es besser von Anfang an bleiben lassen, statt Schaden anzurichten, der sich nur schwer wieder reparieren lässt. Zum angemessenen Umgang mit dem unerfahrenen Partner gehört es, klar und offen zu kommunizieren, seine möglichen Schwächen und Unbeholfenheiten nicht abzuwerten, ihm die Wahl des richtigen Tempos zu überlassen und gut auf seine jeweiligen Reaktionen zu achten. Ob der »Mentor« bei einer solchen Begegnung selbst zum Orgasmus kommt oder nicht, kann nicht die wesentliche Rolle spielen. Es sind nicht seine Bedürfnisse, die im Vordergrund stehen. Taylor und Sharkey betonen: »Es sollte sich von selbst verstehen, dass der frisch Eingeführte sich nicht wie ein Versager vorkommen sollte, falls sein Partner es nicht zu seinem Höhepunkt schafft.« Nach dem Erlebnis, so empfehlen Taylor und Sharkey, ist es am besten, möglichst lange miteinander die gemeinsame Nähe zu genießen, den Rest des Tages oder der Nacht miteinander zu verbringen. Dem erfahreneren Partner teilen sie mit: »Wenn ihr keine Absichten hegt, zunächst an der Seite eures neuen Lovers zu bleiben und ihm zu helfen, seine sexuelle Technik zu verfeinern, solltet ihr das von Anfang an auf den Tisch legen. Alles andere wäre geradezu barbarisch.«

Einige andere gute Ratschläge für solche Gelegenheiten findet man im Internet unter der URL http://www.sex-project.com/his-first-time.shtml. Diese Tipps richten sich sämtlich an die sexuell bereits kundige Frau mit einem Absoluten Beginner als Partner im Bett: Steuere dem gesellschaftlich vorherrschenden Klischee von dem erfahrenen Mann, der sich die unerfahrenere Frau »vornimmt«, bewusst entgegen. Mach ihm klar, dass es nicht seine Aufgabe ist, die Sache zum Funktionieren zu bringen, sondern dass der Reiz daran für dich in seiner Attraktivität, seiner Lust und deiner Erfahrenheit besteht. Erkläre ihm, was genau du an ihm attraktiv findest. Übernimm bei körperlichen Berührungen sanft die Initiative, um seine Schüchternheit und Angst vor Ablehnung zu überwinden. Sag ihm danach, dass du gerne noch einmal mit ihm schlafen möchtest und rede mit ihm gemeinsam darüber, was ihr gemeinsam noch verbessern könnt, damit es beim nächsten Mal noch schöner wird.

Wie sich zeigt, sind eine gelungene Kommunikation und vertrauensvolle Zuneigung das A und O. Und es ist der stärkere, weil erfahrenere Partner, der seine Macht nicht dazu nutzen sollte, seine Bedürfnisse bei dem Schwächeren durchzusetzen, sondern diesen behutsam auf seine Stufe zu bringen – damit von da ab eine gleichberechtigte und erfüllende Partnerschaft möglich wird. Dies ist notwendigerweise mit einem gerüttelt Maß Verantwortung verbunden, aber das Ergebnis kann für beide überaus lohnend sein. Denn es wird der »Schüler«, der Neuling sein, der das Verhalten mehr noch als die Worte seines Mentors/seiner Mentorin spiegeln und in seine Sexualität übernehmen wird, wodurch er das zurückgibt, was ihm selbst entgegengebracht wurde.

Glossar

Absolute Beginner gab es zwar schon immer, aber dass sie sich zusammenschließen und als gesellschaftliche Gruppe allmählich auch erforscht werden, ist ein neues Phänomen. Dabei haben sich in dieser (Internet-)Subkultur einige ebenfalls neuartige Begriffe gebildet. Da diese Ausdrücke auch in den Protokollen und Interviews auftauchen, sollen sie hier näher erläutert werden.

Absolute Beginner (kurz: ABs oder ABinen): Menschen ohne Beziehungserfahrung. Sie gaben sich diesen Namen in dem Parsimony-Internetforum, das im Vorwort dieses Buches vorgestellt wird. Die englische Bezeichnung für diese Gruppe lautet »involuntary celibates (incels)«: unfreiwillig Keusche. Weibliche ABs werden als ABinen bezeichnet.

Wann jemand als AB gilt, ist mitunter schwer abzugrenzen: Kann ein 18-jähriger schon dazu gehören oder ist in diesem Alter Unerfahrenheit noch so häufig, dass sie als gerade noch »normal« gilt? Ist ein 40-jähriger nur deshalb kein AB, weil er mit Mitte zwanzig einmal zufällig eine Kurzbeziehung hatte? Eine weitere Aufsplittung, etwa in Hardcore- und Quasi-ABs, hilft hier nur bedingt. Aus diesen Gründen (und wegen der hohen Dunkelziffer) lässt sich auch statistisch nur schwer ermitteln, wieviele ABs es überhaupt gibt.

Der gemeinsame Nenner von ihnen allen ist, dass sie sich größerer Probleme bei der Partnerfindung bewusst sind.

Alphas (Alphamännchen oder Alphaweibchen): In der Verwendung mancher ABs erotisch und sozial besonders attraktive Menschen, die deshalb keine ernsthaften Probleme bei der Partnerfindung kennen. Alphas können sich etwa durch gutes Aussehen, sexuelle Erfahrung, ein dickes Bankkonto und Extrovertiertheit auszeichnen.

Arschloch-Theorie: Annahme, dass vor allem sehr dreiste und eigentlich unsympathische Männer bei Frauen Erfolg haben, weil sie von ihnen als aufregend und durchsetzungsstark wahrgenommen werden.

Bashen: ….
Deckel-Topf-Theorie: Behauptung, dass »irgendwann« schon jeder einen Partner finden wird, der zu ihm passt. Viele ABs beurteilen das aufgrund ihrer eigenen Erfahrungen als naiven Versuch des Trostes.

Hardcore-ABs: Menschen, die in ihrem bisherigen Leben keinerlei sexuelle Erfahrungen mit Partnern hatten, also auch keine Affären oder One-Night-Stands. Manchen fehlen diese Erfahrungen auch, wenn es ums Küssen, Umarmen oder Händchenhalten geht.

Kartoffelgrölies: Abwertende Bezeichnung mancher männlichen ABs für deutsche Frauen. Diesen ABs zufolge ist die Situation auf dem hiesigen Partnermarkt besonders verheerend, während Latinas und osteuropäischen Frauen noch eine größere natürliche Herzenswärme zugestanden wird.

Kumpelschiene: Typisches Schicksal vor allem sehr vieler männlicher ABs: Statt mit einer begehrten Frau sexuell und partnerschaftlich zusammenzukommen, erhalten sie den Status eines guten Freundes und »Seelenmülleimers«. Im schlimmsten Fall dürfen sie sich anhören, wie missbraucht sich diese Frauen durch die bei näherem Hinsehen offenbar »widerlichen« Männer fühlen, mit denen sie durch die Betten turnen. Die Frage, wie man die Kumpelschiene vermeidet – vor allem wenn man erst größeres Vertrauen mit einer Partnerin aufbauen muss, um sexuelle Spannung zu erfahren – ist eines der meistdiskutierten Probleme unter den Absoluten Beginnern.

Luxus-ABs: Menschen, die nur deshalb keinen Partner finden, weil sie zu hohe Ansprüche stellen. Vor allem weiblichen ABs wird von männlichen Schicksalsgenossen häufig der Vorwurf gemacht, sie seien »Luxus-ABinen«, da eine Frau in unserer Gesellschaft weit weniger Schwierigkeiten bei der Partnersuche habe.

Männerüberschuss-Theorie: Vermutung, dass viele Männer vor allem deshalb keine Frau finden, weil aufgrund einer höheren Geburtenrate von Jungen, Ausländerzuzug und anderen Gründen das Geschlechterverhältnis ungleich sei.

Omegas: Das Gegenstück der erotisch und sozial attraktiven Alphas. Viele ABs ordnen sich hier ein. Die Buchstaben des griechischen Alphabets, die zwischen Alpha und Omega liegen, tauchen in dieser Kluft nicht auf.

pc: politically correct. Politisch korrekte Gedanken wie: »Es sind nur die inneren Werte, die wirklich zählen« werden von manchen ABs aufgrund eigener Erfahrungen als falsch erkannt – etwa wenn sie wegen ihres Aussehens keinen Partner finden konnten.

posten: Einen Standpunkt oder eine Frage in einem Internetforum veröffentlichen.

Prä-ABs: Menschen im Kindes- oder frühen Jugendalter, bei denen man zu diesem Zeitpunkt bereits absehen kann, dass sie auf eine AB-Laufbahn zusteuern.

Quasi-ABs: Menschen, die zwar mittlerweile einen Lebenspartner haben, aber nach der Erfahrung jahrelangen unfreiwilligen Singleseins um ihre geringen Chancen im Falle einer Trennung wissen.

Die aktuellen Internetforen für Absolute Beginner:

Portal für Menschen ohne Beziehungserfahrung:
http://www.ohne-erfahrung.de

Absolute Beginners Plauderforum:
http://forum.myphorum.de/list.php?f=16462

Aktionsforum für Langzeitsingles:
http://f27.parsimony.net/forum67570/index.htm

Quellen zu Wolfgang Conrath: »Die Gesamtzahl der Betroffenen ist sehr hoch

[Gilmartin 1987]   Gilmartin, Brian: »Shyness and Love: Causes, Consequences, and Treatment«. University Press of America, 1987.

[Heitmeyer 2002]   Heitmeyer, Wilhelm. Studie des Instituts für Konflikt- und Gewaltforschung der Universität Bielefeld. Zitiert aus der taz vom 8. Nov. 2002.

[Hoffmann 2002]   Hoffmann, Arne: »Sind Frauen bessere Menschen? Plädoyer für einen selbstbewussten Mann«. Schwarzkopf und Schwarzkopf 2002.

[Juvonen 2003]   Juvonen, Jaana. Pediatrics, December 2003, Vol 112, S. 1231-1237. Zitiert aus WebMD: http://my.webmd.com/content/article/78/95696.htm

[Milgram 1987]   Migram, Stanley: »Das Milgram-Experiment – Zur Gehorsamsbereitschaft gegenüber Autorität«. Rowohlt 1987.

[Starke 2002]   Starke, Kurt: »Studentensexualität«. Unveröffentlichte Studie der Abteilung für Sexualforschung der Universität Marburg. Zitiert aus Arne Hoffmann: »Sind Frauen bessere Menschen?« S. 199, Schwarzkopf und Schwarzkopf 2002.

[Wickenhöfer 2004]   Wickenhöfer, Olaf: »Unfreiwillig Single – Eine Studie zur Sozialisationsgeschichte und kulturellen Alltags- praxis. Diplomarbeit im Fachbereich Erziehungswesen der Philipps-Universität Marburg 2004.

[Zimbardo]   Zimbardo, Philip: http://www.prisonexp.org u. a.